東北人初の陸軍大将
大島久直

渡部由輝

芙蓉書房出版

大島久直（1848-1928）
（『明治三十七八年戦役出征陸軍将官写真帖』より）

東北人初の陸軍大将　大島久直　目次

序章　江戸への旅立ち

雪国秋田は傑出した人物の少ないところである。現代の高校日本史の教科書には、秋田出身の著名人はわずか一人（平田篤胤《あつたね》）しか載っていなかったりする。だが、戦前版にはもう一人いた。本書の主人公大島久直《おおしまひさなお》である。

雄勝峠を越えて江戸へ

山国日本には、〝見返り峠〟との異名を有する峠は全国各地にある。そのうちの一つ、秋田・新庄藩境の雄勝《おがち》峠（四二七メートル）を登りながら時折、来し方の秋田方面を見返ったりしている一群の武士たちがいた。今から一五〇年ほど前、文久三年（一八六三）春五月のことである。

武士の群れには通常の旅人とは異なるところが一つあった。数人の大人の中に一人の少年が混じっていることである。公用者以外の藩境を越えての移動など厳重に規制されていた時代である。少年に公用があるとは思えない。事実、少年だけは江戸への勉学修業という私用での出立であり、したがって特に期限など定めない、当時の表現によれば「男児ひとたび志を立てて郷関を出ず、事、成らずんば死すとも還らじ」の覚悟を秘めての旅立ちであった。それをおもんばかってか、峠の最高所にさしかかったあたりで、引率責任者らしい年かさの者がこううながした。

「これで秋田は見おさめかもしれぬぞ。もう一度、とくと見ておくがよい」

少年とは本書の主人公大島久直（一八四八～一九二八）、当時、満十四歳になったばかりであった。少年の父大島源治は秋田藩の大目付という役職にあった。藩の外交・内治関係の事案をつかさどる家老に次ぐ要職である。ときは明治維新の五年前、源治は藩の外交関係の責任者として中央政界（京都・江戸）にひんぱんに公用使を派遣していた。その一つに息子を託したのである。

それでも久直の江戸への旅そのものは、今日でいえば修学旅行的なものだったのかもしれない。道中での危険も困難もほとんど想定されていなかったからである。

その七〇年ほど前、それこそ道中での野たれ死にも覚悟でただ一人、同じく江戸での勉学修業を目的として、雪の雄勝峠を越えようとした秋田藩の若者がいた。大和田正吉（十八歳）である。正吉が雄勝峠越えを試みた日付は正確にわかっている。寛政七年（一七九五）一月十一日であった。厳寒の候である。大雪が降り続く季節である。その時期に単独で峠を越えようとする者など、通常はいない。正吉があえてそれを敢行した理由は二つあった。

一つは路銀が乏しかったことである。正吉がそのとき懐中にしていた金額については諸説ある。一両ほどとしている書もあるが、それは多すぎる。今日的にいえば二〇万円ほどにあたる。五〇〇文くらいとしている説もあるが、それは少なすぎる。当時、旅籠賃《はたごちん》は一人一泊二食付きで一二〇～一五〇文ほどした（一両は六〇〇〇文）。五〇〇文では三日か四日しか泊まれない。

秋田から江戸まで二週間はかかった。がともかく、懐中が乏しく、したがって雪が落ち着くまで旅籠でのんびり滞在できる身分でなかったことは確かである。

もう一つは、道中手形など持たない脱藩者だったことである。大雪の日は関所（秋田側のそれは峠の麓、院内にあった）の警戒もゆるむ。それを見はからっての、吹雪の峠越えであった。当然、難渋した。正吉は後年、そのときのことをこう語っている。

「山道大雪なれば人一人も見ず。路もわからなくなりかつ腹も空き、手足も冷え、途方にくれた。そのとき頭上から、〝左り、左り〟という太々しい声が三度もきこえた。その声に従って左手に進んだらようやく本道に出られた」

遭難寸前のところ〝幻聴〟を聞き、それでかろうじて生還できた、ということである。なお、大和田正吉は無事江戸へ着き、苦学力行を重ねて国学の世界で名を挙げ、後に平田篤胤（一七七六～一八四三）と名を変えた。

大島久直、大和田正吉（平田篤胤）という二人の秋田藩の若者の郷里出立の状況を詳述した。この二人にはいくつか共通点、もしくは関係がある。

まず、戦前には秋田が生んだ二大著名人であったことである。久直は明治の二大外戦（日清・日露戦）で武名を挙げた。特に日露戦では第九師団長（中将）として旅順・奉天の難戦で武勲を果たし、参戦した十数人の師団長中功績随一とうたわれ、戦後、東北人初の陸軍大将となった。平田篤胤は荷田春満（一六六八～一七三九）、賀茂真淵（一六九七～一七三九）、本居宣長（一七三〇～一八〇一）と並んで国学における四大人の一人として、今日の高校日本史の教科書にも載っている。

また、正吉の実家大和田家は秋田藩の目付、つまり大島家の直接の配下にあたる家柄であった。両家は同職者として、ともにＪＲ秋田駅にほど近い（直線距離にして五〇〇メートルくらい）現秋田市中谷地町に居住していた。

さらに重要な関係もある。平田国学の特色の一つは政治性にある。皇国日本、神国日本を唱導し、それが明治維新の原動力となり、以後もわが国の国体の形成、進展に重要な影響を与えた。その意味では平田が提唱した路線を実践者（軍人）として疾走した一人が大島であると、言ってよいとも思われるからだ。ただし、大島自身は明治期の軍人の常として、例の軍人勅諭（「軍人はただ忠節を本分として、政治には拘わるべからず」――明治十五年制定）のためもあり、特に平田学に傾倒したというふしは見られないが。なお、平田国学が昭和期の軍国日本の元凶となった、とされていたりするが、それは後世人の曲解である。平田自身は皇国日本、神国日本とは提唱しているが、軍国日本とまでは言っていない。

〝次男以下〟が主役であった幕末維新期

さきに私はこう述べた。秋田が生んだ二人の著名人は若い頃、ともに勉学修業を目的として江戸へ旅立った、と。ただし、それは究極的、もしくは表面的理由であった。本音は別にあった。久直は後年、そのことについてこう語っている。

「士族の次男ほど肩身の狭いものはない。日蔭者人生だった。その境遇からとにかく脱がれたかった」

現代人にこの感覚はわからない。現代は次男（もしくは次男以下）ほど気楽なものはない。

家族間の結びつきが弱くなったとはいえ、長男は親を看ることを要求される。家業があればそれを継ぐことを期待される。そこへいくと次男以下は気楽である。どこへ行ってなにをするにも自由気まま、可能性が大きく開けている。それに挑戦するもしないも自分の腕しだい、才覚しだいの時代である。

江戸時代はそうでなかった。特に武家の次男は、である。長男は家職の継承者として家を継ぐ。だが当時、若年者の死亡率が高かった。三人に一人程度は成人（元服）するまでに死んでいたものである。後継ぎの男子がいなければその家は断絶し、老親、祖父母は路頭に迷いかねない。次男はそのような不測の事態に備えての〝予備〟であった。

予備でしかないから、家庭内の待遇も良くない。何をするにも長男が第一、食卓では長男にはおかずが一品多くつき、衣服も長男は新品で次男以下はそのお下がり、来客があれば挨拶に出るのも、したがって御祝儀をもらえるのも長男だけ、というふうに差別的待遇を受けていたものである。

成人してからの境遇はさらに悲惨であった。長男が無事成人し、結婚し、男児が生まれたら予備の役目から解放される。あとは久直が言うように、それこそ〝日蔭者人生〟である。よほど運が良ければ他家から養子の口がかかってきたりするが、財政面の逼迫《ひっぱく》のためどの藩でも武家の数が厳重に規制されていた江戸時代後期、それも期待薄、というわけで生涯、独身のまま、兄の養い人として実家の片隅で居候的人生をおくらざるをえなかったりする。気概があり、気骨がある者ほど、そのような人生からの脱却を志す。久直の江戸への勉学修業の旅はその目的のためでもあった。

それでも次男は長男の附属物でしかなくても、日蔭者としてでもとにかく平穏に世を送ることは可能だった。久直のような上級士族家では特にである。中級以下士族のしかも三男、四男ではそれも望めなかったりする。大和田正吉はそのようにして実家を〝追われた〟中級士族の四男であった。

大和田家の世禄は一〇〇石であった。当時、四公六民が標準であったから、実収は白米にして四〇石。一石二〇万円として年収は八〇〇万円ほどになる。だが、そのころ秋田は稲作の北限的地帯、少々の天候不順でも稲は実らず、平均して四年に一度はケカチ（凶作）であった。凶作は三年たたる、と言われていた。ある年、凶作とする。米が獲れないから藩から備蓄米を半知だけ支給される。その時点で藩庫は空になる。翌年、平年作とする。空になった藩庫を補充するため又々半知だけ支給される。その次の年、平年作であったとしても、不時の出費に備えるというような名目をつけてやはり半知だけ支給、というふうに当時、秋田藩では毎年のように名目的知行の半分程度しか給付されないものだった。年収四〇〇万円では一家族七、八人、カスカスの生活である。

というわけで正吉は生まれて間もなく、子のない足軽家へ養子にやらされた。口減らしのためである。だが六歳のとき養父が急死し、お家断絶となり（後継ぎの男子が元服前だとそうなる）実家に戻された。さらに八歳のときやはり子のない町医者家に又々養子にやらされた。士族から一般庶民階級者へのさらなる下降である。だが三年後、実子が生まれて用ずみとなり再度、実家に還された。もちろん、実家での境遇は益々悲惨になった。そのころのことを正吉は後年、こう語っている。

「(実家では) 飯たき掃除草むしり使いばしり肥汲みと、追い廻された」

年収四〇〇万円では使用人を置く余裕はない。下男下女がわりにこき使われていたのである。そのような〝余り者人生〟からの脱却のためもあっての、雪の峠越えだったのである。

なお、正吉が実家を出奔《しゅっぽん》したのは一月八日のことであった。その日付には意味がある。当時、どの家庭でも子供は正月勘定であった。その日だけは小遣いや御祝儀がもらえる。正吉はその(出奔した年の) 一年ほど前から郷里脱出計画を練っていたらしい。親戚知人宅に何かと顔を出し、用を足したりしていたらしい。正月にそれらを廻ると御祝儀がもらえる。それがあまり減らないうちにとの、あえて大雪の時期の出立だったのである。

上級士族 (久直)、中級士族 (正吉) でさえこうである。それ以下の下級士族、卒族 (足軽・仲間《ちゅうげん》)、さらに一般庶民階級者の次男以下となると、境遇はさらに悲惨であった。生まれ落ちたときから、実家では居場所などなかったりする。幕末維新期、京都・江戸では浪士・志士と呼ばれたアウトロー的人物が横行した。それらの多く、というよりほとんどは、たとえば坂本竜馬は町人郷士の次男、新撰組の三羽がらすにしても近藤勇は農家の三男、土方歳三は同じく農家の十人兄弟の末っ子、沖田総司だけは戸籍上は足軽家 (白河藩) の長男であるが、父が病弱のため後継ぎを早く定めておこうと長女に婿養子をとった後に生まれたため、実家に居づらくなって出奔した実質的には次男、というふうに、だいたいは生家を追われた次男以下の境遇者だったものである。

かつて昭和三十年代「次男坊鴉《がらす》」という唄が流行《はや》ったことがあった。歌手白根一男が歌って大ヒットし、今日でも懐メロ番組ではうたわれたりする。

「どこへ飛ぶのか次男坊がらす
　笠にみぞれの散る中を……」

唄の筋は旗本の次男に生まれた主人公が、（日蔭者人生を嫌って家出をし）やくざ社会に身を投じて諸国を渡り歩くというもので、それはもちろんフィクションであろうが、久直・正吉など当時の次男以下の境遇者は、その心境は理解できたに違いない。

〝馬乗り小僧〟から引きこもりの〝ガリ勉青年〟へ

ともかく久直は日蔭者人生からの脱却を目指して、江戸へ勉学修業に赴いた。満十四歳の春、今でいえば中学三年生の年頃である。落ち着いた先は浅草鳥越にあった秋田藩の下屋敷である。そこで久直は一変した。それまで久直はどちらかといえば〝体育会系〟であった。一転して〝ガリ勉系〟になった。

草深い東北の田舎からいきなり花のお江戸の、しかも浅草である。ホームシックやカルチャーショックくらいにはかかりそうなものであるが、久直はそんなものにはあまり縁はなかったらしい。その理由の一つに、久直は子供の頃から実家を離れての生活に慣れていたこともあったものと思われる。

久直は幼少年時〝里子生活〟を経験している。それも一度や二度ではない。何度か、である。もちろん、正吉のように口減らしのためではない。大島家は二〇〇石とりの重役、当時は家禄の他に役職者はそれに応じた手当が支給された。それは一般に家禄と同等かそれ以上あった。さらに源治は剣（新影流）の達人として若殿の剣術指南役でもあった。他にも大目付として他藩や中央政界への出張も多かった、それらの手当て等を含めると年収は半知支給の年でも、今日的価格にして二〇〇〇万円以上はあったものと思われる。経済的理由で息子を他家へ預けなければならない家計ではない。久直が活発にすぎたためである。

近在の悪童連中のリーダーとして合戦ごっこに熱中した。他家の庭木はへし折る、塀垣はこわす、畑は荒らすと、手のつけられない腕白ぶりであった。重役の息子であるから表立っての苦情はあまりなかったのかもしれないが、所業の一端は父の耳にも入る。そのたびに訓戒を垂れていたらしいが、どうしても直らない。はては刀を抜いて手討ちにしてくれると脅《おど》したこともあったらしいが、それでもききめがない。とうとう持て余し、こんな乱暴者は町場には置けないと、乳母の里（秋田市郊外四キロほどの仁井田村――現秋田市仁井田）に、臨時の里子にやらされていたのである。もちろん、充分な養育手当付きであったものと思われる。

そこでも素行は直らなかったらしい。その仁井田村における久直の異名が伝わっている。

「馬乗り小僧」。他家の納屋に勝手に入り込んで馬を引き出し、それに乗って相変わらず悪童連中の大将然として、合戦ごっこに明け暮れていたのである（明治中期以前までの馬は現在の木曾馬のような小型種で、子供でも乗り廻せるものだった）。

ただし養家、もしくは仁井田村における久直の評判は悪くなかったらしい。農繁期には武士の子、重役の息子などと尊大にかまえてなどいず、袴《はかま》を脱ぎ捨てて（当時、武士の子弟だけはふだんでも袴を着用しているものだった）農作業を手伝ったからである。久直は大柄で力も強かったから、若衆なみに働いたと伝えられる。ともかく、与えられた環境には素直に順応できるタイプであった。その性癖のためもあり、花のお江戸での勉学生活という環境の激変にも、適応できたものと思われる。その浅草下屋敷における久直の行状の一端が伝わっている。

「部屋の一隅に座りきりで書見に励んでいた。あまりにも一か所だけに居座っていたため、そこだけ（体温のため）畳がくさってしまった」

幼少年時の〝馬乗り小僧〟から、青年期には引きこもりの〝ガリ勉系〟に一変したのである。読書内容は「太平記」「太閤記」「日本外史」などの歴史書から中国関係の四書五経、さらに「三略」「孫子」「呉子」などの戦書等々、当時藩の書庫にあったほとんどの書籍を読破したと伝えられる。そのようにして将来、自らの進むべき方途を模索していたものと思われる。

もっとも、幼少年期の馬乗り小僧からいきなり青年期のガリ勉青年に変わったわけではない。その中間期の少年期にすでに勉学系にかなり変わっていた。息子の江戸行き志望を知ったとき、父は当時、久直が通っていた藩校明徳館の教師に相談に行っている。「（息子を）江戸に行かせて大丈夫だろうか」と。今でいえば中学卒業にあたり、父が担当教師に進路相談に行ったようなものである。教師の答えはこうだった。「（久直君は）文武両道の俊才です。性格面もしっかりしています。江戸へ行かせても何ら心配はないでしょう」。その保証どおりの精励恪勤《せいれいかっきん》ぶりだったのである。

ただし、青年期の若者の常として、ときには盛り場を浮遊するとまではいかないまでも、当時から花の名所として知られていた、浅草からほど近い上野の山あたりまで散策することくらいはあったらしい。後年、その上野近在（JR上野駅から直線距離にして二キロ程度）の田端与樂寺を菩提寺としていることが、その証明である。

なお、久直には軍人として二つの〝貌《かお》〟がある。一つは戦時においては野戦軍の指揮官として戦場を駆け巡る〝貌〟である。実際、そのようにして戊辰戦争（そのときは一兵卒でしかなかったが）、西南戦争（大隊長、少佐）、日清戦争（第六旅団長、少将）、日露戦争（第九師団長、中将）と、明治四大戦争すべてに従軍し、相応の武勲を果たしている。

もう一つは、平時にあっては学研者として書斎に籠り、東西の戦史・戦術の研究に没頭するという〝貌〟である。その〝貌〟により、陸軍大学校の教官、そして校長も勤め、さらに陸軍大臣、参謀総長と並んで陸軍における最高位である教育総監の地位にまで登りつめ、『騎兵操典』『歩兵操典』の制定、改訂の主監者となっている。そういった二つの〝貌〟の一端が、若い頃の修業時代にすでに芽をのぞかせていたのである。

平田学派が開いた明治のとびら

戦前期において秋田が生んだもう一人の著名人大和田正吉こと平田篤胤に話を戻すと、篤胤はその間、日本の歴史を大きく変えたといわれるある事件の源泉になっている。

十九世紀半ばから後半にかけて、わが国の以後の歴史を左右した重要な事件がいくつか発生した。国体面、もしくは統治体制面に関していえば、その中で最も重要なものはおそらくは文久二年（一八六二）七月、島津久光が薩摩兵一千を率いて挙行した江戸〝討ち入り〟であった。

嘉永三年（一八五三）五月、米提督ペリーが軍艦五隻を擁して江戸湾に至り、わが国に開国を迫った。ペリーが江戸湾に入ったのは、日本国の統治者、もしくは最高的権力者は徳川幕府であると認識していたためであった。ところが幕府には当事者能力がなく、それ（開国するかどうか）を公論にかけた。国内は開国か攘夷かゆれ動いた。そのさい、攘夷せよとの孝明天皇の勅書をたずさえて勅使大原重徳《おおはらしげとみ》が、島津久光と薩摩兵一千を従えて東下し、江戸城においてそれを十四代将軍家茂に上座から手渡した。日本国の主権者、もしくは最高的統治者は天皇家で、徳川幕府はたんなる一時的代理者にすぎないことを、満天下にあらためて知らしめた行為だった。

それで徳川幕府の権威が一気に崩壊した。あとはしっちゃかめっちゃか、勤王か佐幕かその中間の公武合体かと日本国全体がゆれ動き、結局勤王側が勝利をおさめて明治維新に至ったことは、どの日本史の教科書にも記されている。

それにしても久光の所業は前代未聞であった。それまで江戸開府以来二五〇年間、一大名が参勤交代以外の用で、しかも自藩兵一〇〇〇も従えて江戸入りすることなど絶えてなかった。いわば外様大名の江戸討ち入りである。久光にはもちろん、幕府が実力（軍事力）でそれを阻止しようとしたら、戦端を開く覚悟であった。

そのような薩摩藩の存亡を賭した挙兵の源泉をなしたのは、篤胤の著した『古史徴』であったといわれる。〝徴〟とは隠されていたもの、もしくは一般にはあまり知られていなかった事項を〝露わにする〟というふうな意味合いを有する。つまり『古史徴』は、わが国の古代における ある秘密的事項を明らかにすることも目的とした書であった。そしてその秘密的事項とは、高千穂の峰（宮崎県）における天の岩戸開闢《かいびゃく》以来、わが国の主権者、もしくは最高的統治者は天皇家であり、南九州一帯に居住していた隼人族が天皇家を護衛して畿内に至り、大和朝廷を築いたと記されている。さらに隼人族は以後も天皇家の守護人として、事ある毎に海を越えて奈良・京都に至り、その役を果たしていたとも記されている。薩摩人はその隼人族の末裔《まつえい》である。久光の所業は先祖の以上のような故事を意識してのことであったのはいうまでもない。

ただし、久光は自家のそういった故事に関しては、先祖からの言い伝えなどでうすうすは承知していたが、正確な史実については知らなかった。『古史徴』は当時、禁書のようなものだったからである。苦心してそれを手に入れ、久光に献上したのは大久保一蔵（利通）であったといわれる。大久保ももちろん、久光に随従して江戸入りしている。

なお、今日では天の岩戸の頃はともかく、五世紀の大和朝廷以後はわが国の主権者、最高的統治権力者は天皇家で、徳川氏など朝廷とは何の縁もゆかりもない三河（愛知県）の一土豪上がりにすぎないことは常識であるが、当時はそうでなかった。徳川氏も九世紀半ば頃の清和天皇につながる家系であると自称し（そのことを示す家系図なるものも偽作していた）、統治権力の正統性をうたっていた。『古史徴』はそれを間接的、もしくは婉曲的に否定したのである（直接的に否定したら著者の首が飛ぶ）。そのあたりを意識してのことと思われる。篤胤は『古史徴』の記述を清和天皇の二五〇年ほど前の、推古天皇紀あたりまでに止めているが。

以上のように『古史徴』は旧幕府側にしてみれば、読まれては困る禁書であったが、逆にいえば反幕府側にとっては必読書ともなりうる。というわけで当時の勤王派志士たちのほとんどは同書を読んでいるか、少なくともおおよその内容については知っていたといわれる。

篤胤が明治維新の扉を開くにあたって貢献した書はもう一冊あった。『霊《たま》の真柱《まはしら》』である。それは現代風にいえば地獄極楽論の篤胤版とも言うべきもので、現世で善行を積んだ者は神となって天上界、もしくは生者の近辺にあってこの世を見守っておれるが、悪行を果たした者は真っ暗闇の地底界（冥界）に落ちると説いている。そしてその善行とは、たんに精進潔斎《しょうじんけっさい》や祈《き》祷勤《とうごんぎょう》行などをすることではなく、もっと社会的に意義のある実践行動のことを意味する、ともしている。

つまり篤胤は（一）『古史徴』で日本国の真の主権者・最高的統治者は天皇家であるとし、（二）『霊の真柱』で実践行動をせよ、と説いているのである。当時は徳川の世である。となれば、（一）（二）を結びつけると「尊皇倒幕」という答えが出る。実際にその答えを得て活動した代表者ともいえる人物がいる。土佐勤王党の主導者武市半平太である。武市は文久元年、『霊の真柱』一書をたずさえてまず中国地方（広島、長州）に渡り、その地の勤王派志士たちと交わり、さらに北九州から南九州にまで足を延ばし（薩摩にまでは行っていない。同行者の岡田以蔵を薩摩藩の支藩である佐土原藩に遣わしている）、同地のやはり勤王派に倒幕のための実践行動をせよと、扇動している。もちろん、武市自身もそれを実行している。翌年、自藩の旧幕府派の参政（家老代表）吉田東洋を暗殺し、それが露見して逮捕され、明治維新の二年前、獄中で切腹させられている。

以上のように『霊の真柱』はともかく、『古史徴』は幕末時、禁書のようなものだったから、それを著した本人は無事にはすまない。篤胤は明和五年（一八四一）江戸払いの刑を受け、著述一切を禁じられて郷里秋田に還された。直接の罪状は『天朝無窮暦』という私的な暦法書を発行したというものであるが（いつの世でも度量衡や暦法の制定は時の為政者の専権的事項である）、それは今でいえば別件逮捕、本件は『古史徴』であったことは言うまでもない。

なお、篤胤は秋田に還されて二年後、生家にほど近い現秋田市中亀ノ町の仮寓《かぐう》で六十七歳の生涯を閉じた。久直の生まれる五年前である。もちろん、明治新政府は維新の扉を開くにあたり、平田学派が重要な役割を果たしたことは正確に認識していた。明治元年、後継者の養嗣子（娘婿）平田鉄胤《かねたね》が新政府の参与として登用され、宗教行政の最高的責任者となり、さらに翌年からは明治天皇の侍講もつとめている。篤胤自身も明治十六年、今日的にいえば各省大臣にも相当する正四位の官位を追贈されている。

江戸を脱出、嵐の中の帰郷

久直が浅草の秋田藩下屋敷で引きこもっている間、時勢はさらに大きく変わっていた。禁門の変（一八六四年七月）とそれに続く同年九月の一次征長で、倒幕派の長州藩を一時的に屈服させたものの、幕府の権威の再興はならず、二次征長（一八六六）の失敗で翌年十二月九日、大政奉還に至った。誰も彼も時勢の行く末など見通せず、ただ事態の成り行きを茫然と見守っているだけであった。京洛も江戸市中も騒然としていた。幕府側を挑発して武力倒幕の口実を作ろうと、薩摩藩の過激派が不逞《ふてい》浪士たちを使嗾《しそう》して江戸の街を荒らし廻ったりした。その挑発に耐えかねて慶応三年（一八六七）十二月二十三日、当時江戸市中取締りの任にあった庄内藩兵が高輪の薩摩藩邸を襲い、死者五十数名が出た。江戸はもはや内乱状態であった。

その中で秋田藩の対応は素早く、そして賢明であった。騒動の渦中からはとにかく身を避けるに限ると翌二十四日、藩主夫妻をはじめ全藩挙げて江戸を脱出した。大政が奉還されて、つまり徳川の世でなくなった以上、参勤交代のため藩主が江戸に居なければならない理由はない、との判断によるものであった。

ただし、道中は難渋した。特にお国入りのさいの雄勝峠越えではそうだった。総勢一千名にも及ぶ大行列である。大雪に降りこめられたため、藩士、近在の住民を総動員して雪をかき分け、雪道を踏み固めたりしてようやく通過できたと『秋田藩記』は伝えている。それもあって、通常なら二週間程度ですむ秋田帰還も十八日もかかった。

その藩主一行の秋田帰還に久直は同行していない。久直の身分は正式の家臣ではなく、部屋住み（藩士の子弟）のままだったためかもしれない。あるいは、父源治の身辺が忙しくなりすぎて、江戸で勉学修業中の次男に心を配る余裕がなかったためかもしれない。

大目付とは平時には君側にあるが、戦時には軍目付として最前線に出たりして、軍全体の統制をつかさどる職種である。時代は特に東北方面はその戦時になりつつあった。鳥羽伏見戦（一八六八年一月四、五日）で勝利をおさめた薩長を主体とする新政府軍は、その勢いのまま土佐・大垣など新しく勢力下に入った勤王側諸藩兵も加え、五万の大軍勢となって関東に向かってきた。旧幕府側はその勢いに抗しきれず、前将軍慶喜《よしのぶ》は恭順の姿勢を示し、江戸は無血開城となった。だが、それをよしとしない旧幕府側の残党は上野の山に籠ったため彰義隊戦争に至り、それにも敗れて残党は奥州に逃れてきた。それら残党軍も加えて奥州における旧幕府側の二大雄藩（会津と庄内）が、新政府側に抵抗の姿勢を示したことで第一次奥州戦争に至った。慶応四年、つまり明治維新の年の春閏四月（その年は閏年で四月は二回あった）のことである。秋田藩はそのときは新政府側によしみを通じていたから、隣藩庄内との交戦に至った。秋田藩ではこのときのことを「春の御陣」と称している。

春の御陣では秋田藩兵は庄内側に海岸口（小砂川方面）と山道口（矢島方面）の二方向から攻め入ろうとしたのであるが、そのさい大島源治は山道口方面軍の軍目付・旗奉行（実質的には最高司令官）として秋田藩兵約六〇〇名を率いて戦っている。いや、戦おうとしている。実際は秋田軍庄内軍とも積極的戦意はなく、前哨部隊《ぜんしょう》による小衝突があっただけで、秋田側の死者はわずか二名（そのうち一名は暗夜のための同士討ち。一方庄内側の死者はゼロ）という軽微な損害で双方とも撤退したからである。そのときの秋田藩兵のいでたちについて、『由利戊辰戦史』は次のように伝えている。

「（秋田藩兵の）多くは甲冑《かっちゅう》をまとい、旗指物《はたさしもの》を吹き靡《なび》かせ、鉦《かね》・太鼓を鳴らし、武器は刀槍を主として、弓矢を持つものもあり、銃は非常に少ない。まるで元亀・天正の昔を見るようである」

二五〇年も前の戦国時代そのままの兵備だったのである。それもそのはず、秋田藩は大坂冬の陣（一六一四年）以来、一戦もしていない（翌年の大坂夏の陣には参戦していない）。もちろん秋田藩当局にも、もはや弓矢や刀槍の時代ではないとの認識はあった。だが、財政面での不如意のため、兵備の近代化が間に合わなかったのである。

時勢はますます混沌《こんとん》としてきた。軍目付として藩全体の軍事行政をつかさどる大島源治にも、ことによったら全藩を挙げての大戦乱に至るかもしれないとの予感はあったものと思われる。もはや次男をのんびり江戸で勉学させておく時勢ではない。そこで急遽、久直に「帰国せよ」との指令が至った。春の御陣が終わって間もなくのことであった。

久直は丸々五年ぶりで雄勝峠を越えて秋田の土を踏んだ。そのときの心境について後年、特に語ってはいない。だが、満十九歳の当時としては十分兵役年齢に達していた久直には、秋田藩の戦士の一人として戦場に赴くことになるかもしれないとの思いも覚悟もあったはずである。

実際、道中の奥州街道上の要所は、すでに殺気立った各藩兵で満ち満ちていた。宇都宮・白河あたりには、第一次奥州戦争の余燼がまだくすぶっていた。そのこともあり、久し振りの郷里の春をなつかしむ心の余裕などはなかったに違いない。

第一章　戊辰戦争——秋田藩の戦士の一人として

戦争とは政治の一形態でもある（クラウゼヴィッツ）ともいわれる。戦争によって複雑な政治の局面が一気に単純化される、というふうな意味合いを有する。その典型的なケースが戊辰戦争であった。戊辰戦争で勝利を得た薩長土肥を主体とするいわゆる官軍（本書では以後、新政府軍とも記す）が、幕末時の錯綜《さくそう》としていた政治の様相を一気に単純化・効率化させ、明治日本の飛躍的発展にもつながった。その戊辰戦争に本書の主人公大島久直も、満十九歳の若者ながら秋田藩の戦士の一人として参戦し、新政府軍勝利のための一役を担っている。

新政府軍幹部桂太郎との出会い

慶応四年（一八六八）六月初めのことである。旧暦は新暦と五〇日ほどのズレがあったから、今日的にいえば七月の下旬、暑いさかりである。秋田藩領能代《のしろ》（現秋田県能代市）の海岸近く、通称を風の松原といわれる広大な防風林帯に隣接したとある寺院の門前で、しきりに内部をのぞきこんでいる一人の若者がいた。本書の主人公大島久直である。用件はその願勝寺に寄宿している新政府軍部隊の責任者に秋田藩大目付、つまり父源治からの書簡を届けることだった。

当時、願勝寺には新政府軍部隊のうち長州藩隊一〇〇名ほどが止宿していた。

久直は遠慮がちに寺院内に入って行った。一人の小柄な若者が庭掃きをしていた。呼び止めて用件を告げた。

「秋田藩大目付からの書簡を預かってきました。できましたら隊長殿にお目にかかって直接、お渡ししたいのですが」

屋内に招き入れられ、一室に通された。間もなく襖《ふすま》が開き、さきほどの若者が現れた。平然と上座につき、こう口を開いた。

「それがしが本部隊の隊長桂（太郎）です。書簡を受けたまわりましょう」

これには驚いた。その驚きには二つの意味があった。まず、隊長のあまりの若さにである。どう見ても自分より一つか二つ年下のようである（実際は一歳年長であったが）。さらに庭掃除という秋田藩では最下級の新兵がする雑用を、隊長自身がしていたことである。

久直が持参した大目付、つまり父源治からの書簡には、当時の秋田藩の内情がまず記されていた。その頃、秋田藩は表面上は新政府軍と対立する奥羽越列藩同盟に加盟していたが、実際は勤王（新政府側）か佐幕（同盟側）かの決着がまだついておらず、藩論はゆれ動いていた。桂の属する薩長筑（小倉）を主体とする新政府軍奥州鎮撫隊《ちんぶたい》約三〇〇名は、その鎮撫の役を果たすべく、戊辰の年の春、まず仙台に派遣された。だが当時、仙台・米沢を盟主とする奥州各藩は同盟を結んで新政府側と対抗する姿勢を示そうとしていた。そのため奥州鎮撫の役は果たせず、同盟側各藩に追われるようなかたちで仙台から山形、秋田へと〝漂流〟し、その一か月ほど前、勤王か佐幕かまだ腰の定まらない秋田城下を素通りして北上し、港町能代に至っていた。

能代からは海路函館に転陣するか京都に帰還するか、方針を決めかねていた。そのような情勢を見越し、源治の書簡にはまず「藩論を大目付としての自らの責任で必ずや勤王に至らしめるから、能代からの移動はしばらく見合わせてほしい」と記されていた。さらに末尾にはこうも添え書きされていた。「本書簡の持参者は愚息久直である。官軍と秋田藩勤王派との連絡者として派遣するものである。以後、愚息を御隊でしばらく預かってほしい」。

以上のようなわけで久直はその六月初め頃から約一か月間、桂のもとに近侍していた。桂には後年、こんな異名がある。「人たらし」。人間的魅力、如才のなさ、人当たりの良さなどにより、周辺の人物を良く言えば自らの親派とする、悪く言えば手なづけること、である。その一か月ほどの間に久直も存分に〝たらし込まれて〟しまった。その理由の一つに隊長自らが庭掃きをするというふうな階級性の希薄さ、隊全体の風通しの良さにあった。食事などは全隊員平等、どころか隊長が最も粗末だったりした。そのことに関する証言がある。桂部隊が秋田に至ったさい、県南地方で宿舎としていたある豪家の婦人が後に語ったものである。

「献上物の鯉なんかがあるとすべて部下の人たちに与え、桂さん自身はごぼう汁や大根汁をうまいうまいと召し上がっておられました」

さらに桂隊長の陽気で開けっぴろげな性格である。それについてもこんな証言がある。桂部隊が秋田に至る前、山形地方で同盟側の主力藩である庄内藩軍と激戦をくり返していた頃、宿舎としていたある旅館の女主人によるものである。

「桂さんはあるとき腕と股に負傷してこられました。特に股の傷は深く、随分と血が流れていました。それでも平気で食事の後は（隊員たちの前で）唄って踊っておられました」

隊全体の融和・士気の鼓舞《こぶ》のため、ときには隊長自身が道化役を演じたりしていたのである。もちろん、そんな気配りだけでは人はついてこない。自らを律する厳しさも必要である。それについては久直が証言している。

「桂隊長は自らを持すること厳しかった。酒は飲まず早朝五時、六時には起きて事務をとり、さらに午前中は隊員たちと共に調練に精を出していた。また、いつもチョコマカと元気よく動き回り、下っぱの隊員にも気軽に声をかけたりすることもあり、隊全体が和気あいあいとした雰囲気であった。だが、いったん緊急的事態に至ったときは、全隊員一致結束して事に当たるものだった。官軍・王師とはかくもありなんとの思いがした」

以後の両者の関係をかいつまんで記すと、初めての出会いから二十数年後の日清戦争時、桂は第三師団長（中将）として中朝国境から中国東北部に攻め入り、清軍の最強力部隊といわれた宋慶軍を粉砕したことが戦勝の要因とされた。そのさい久直は、桂師団の先鋒軍《せんぽうぐん》の将（第六旅団長・少将）として奮戦している。さらにその十年後の日露戦争時、桂は首相として戦争指導役、後方支援役の最高的責任者であったがそのさいも、久直は実戦部隊の長（第九師団長・中将）として旅順・奉天の難戦を戦い抜き、そして勝ち抜き（参戦した十数人の師団長中功績随一とされた）、戦勝に至らしめた。いわば桂の策定した路線を直属の配下として疾走し、その責を善く果たした一人が久直であったといえる。それについての詳細は後述する。

〝江戸帰り〟の久直への反感

源治が久直を新政府軍部隊に派遣した意味は二つあった。まず〝人質〟である。大目付という藩の外交面の最高的地位者の息子を人質として送るということで、秋田藩勤王派の〝本気度〟を示したのである。かりに秋田藩があくまでも同盟側の一員として行動し、つまり軍事的に新政府側と対立する事態に至り、能代に滞在する鎮撫隊に攻撃部隊をさし向けたような場合、人質の生殺与奪《せいさつよだつ》は自由にしてかまわないということである。

　そのような事例は戦国時代にはよくあった。対立する二勢力のいずれかに加担するような場合、最高的地位者の息子などを使節（実際は人質）として送り、事態が解決するまでその陣営に留めておく、ようなことである。当時は東北秋田あたりには戦国の気風がまだ残っていたものと思われる。ただし久直本人は、自らが人質であると認識していたかはわからないが。

　もう一つは久直自身の別の意味での身の安全のためである。久直は戊辰の年の春、五年振りで秋田の土を踏んだ。その頃、秋田藩の勤王派・佐幕派のせめぎあいは激しさを増しつつあった。秋田藩は表面上は奥羽越列藩同盟に加担していたから佐幕派とされていたが、それは仙台・米沢ら大藩に圧服されてのことで、藩論そのものの決着はまだついていなかった。秋田藩は始祖の時代、常陸《ひたち》（茨城県）で六〇万石を領する大々名であった。だが、関ヶ原では我関せずと傍観していた。そのため家康の怒りをかい、秋田二〇万石に追いやられたという経緯もあり、元々は反徳川であった（秋田藩士の息子平田篤胤が反徳川的な論調の著作を多く書いた理由も、そのあたりにあったものと思われる）。

　その勤王派・佐幕派の色分けは内官、つまり藩主の側近にあって実際に政務をとる用人・目付・納戸方《なんどかた》など城内勤務者は佐幕派が優勢で、郡《こおり》奉行・寺社奉行・番方（軍事関係者）といった城外勤務者には勤王派が多い、というふうになっていた。源治は内官であるが勤王派で周囲の多くは佐幕派であった。久直ももちろん、源治の影響を受けて勤王派であった。帰郷早々、かつて藩校明徳館で共に学んでいた朋輩たちと交友を持った。彼らの多くは内官の子弟であるから佐幕派である。その中では少数派の久直は異端視され、反感を持たれたらしい。さらに久直に対しては〝江戸帰り〟という境遇に対するねたみ的感情もある。重役の息子がその地位を利用して江戸で五年も〝遊学〟してきた。秋田の事情など何も知らないくせに、（江戸帰りを鼻にかけて）エラそうなことを言う、との思いもある。それが嵩《こう》じて久直を闇討ちしようという徒輩もいたらしい。それが珍しくない時代であった。久直を秋田城下においていたのでは危険すぎる、ということもあっての能代派遣であった。

なお久直は、秋田人のそのような反感、というよりは羨望やねたみ的感情には後年になっても苦しめられている。久直はのちに陸軍大将・軍事参議官・教育総監など、明治陸軍における要職を歴任した。派閥的には長州閥の一員というふうに色分けされていた（それは近年に至ってもそうである。たとえば『日本軍閥興亡史』松下芳男著、芙蓉書房出版など）。それはもちろん、長州閥の巨頭である桂太郎と、その上司である山県有朋との長年の縁によって取り沙汰されたものである。つまり一部の秋田人の眼には長州閥にこびを売っての出世と映ったのである。そのため、要職に就くたびに秋田人から、「長州閥にこびを売って出世するとは何事ぞ」というふうな内容の詰問書を送りつけられたりしていた。はては「秋田人の恥、切腹せよ」と、短刀まで同封されていたこともあったらしい。

事実は逆で、こびを売ってきた、もしくは近寄ってきたのは桂や山県の方である。桂や山県にしてみれば、いくら「陸の長州」といっても、長州人ばかり陸軍の要職に就けるのはマズイ。

といって、他藩人はどのような思想信条を有するのかわからない。その点、大島なら気心を知っているし（久直は後年は桂よりむしろ山県と親しかった。同じく十文字槍を主武器とする宝蔵院流槍の遣い手で、共に武人的気質の持ち主ということもあったらしい）、人物も申し分ない、ということで起用されただけで、久直本人は自らが長州閥の一員であるとは認識していなかったはずである。

その郷党人の（成功者に対する）やっかみやねたみ的感情もあったものと思われる。久直は生涯、秋田にはほとんど帰っていない。秋田から著名人や偉人があまり出ていない理由の一つには、このうまくいった者に対するねたみ的感情と無縁ではないのではないか（閑話休題）。

秋田藩の内官・外官の主導権争いの問題に話を戻すと、結果的には外官（勤王派）側の勝利に終わった。もちろん、当時のならいとして穏便にではない。血を流してである。ただし、血を流した（もしくは流させられた）のは秋田人ではない。他藩人である。

七月初め頃、秋田藩内の勤王派・佐幕派のせめぎ合いは頂点に達しつつあった。それには仙台藩からの使者も大きく関係していた。同盟の主導藩である仙台藩は使者を派遣して秋田藩に次のような要求を突きつけたのである。

（一）（能代にいる）奥州鎮撫隊から薩摩・長州兵を切り離し、沢副総督ら首脳部一行は以後、米沢藩兵に警護させよ。

（二）（切り離した）薩摩・長州兵はすべて討ちとるか、もしくは京都方面に帰還させよ。

いずれも実行不可能的な難題である。（一）の切り離すにしても、離される側の薩長兵二〇〇名がはいそうですかと、素直に応ずるか。（二）は確実に戦闘に至る。いずれにしても実行不可能的な、もしくは実行しようとすれば大量の血が流されること必至の難題である。いや、実行が容易な、そしてより少量の血を流すだけですむ良案があった。仙台藩の使者を抹殺《まっさつ》することである。というわけで七月四日夜、秋田城下の旅館に止宿していた仙台藩からの使者六名が殺害された。下手人はもちろん、秋田藩の勤王派である。以後、秋田藩は同盟を離脱し、新政府側の一員として行動することになる。

なお、秋田藩のその同盟からの離脱の理由の一つに、藩主佐竹義堯《よしたか》の意向もかなり重要的に関係していたといわれる。義堯は野馬追いで有名な相馬藩（福島県・六万石）主中村益胤の三男、つまり養子であった。相馬藩は桓武天皇の第六子平将門《たいらのまさかど》を始祖とすることもあり、終始一貫として勤王を藩是としていた（ただし徳川の世ではそれをあまり表沙汰にするのは控えていたが）。そのこともあり義堯も内心は勤王派であったといわれる。また、相馬藩も結局は秋田藩と同様の行動をとっている。周囲の大藩、特に隣藩である仙台藩に強要されて一応は同盟入りしたものの、新政府軍が藩境に迫るやたちまち降伏し、以後は新政府側の一員として同盟側と戦っている。

秋田藩の〝裏崩れ〟

以上のように秋田藩は戊辰の年の七月初旬、同盟を離脱し、一転して新政府側に加担するに至った。そのように同盟を結んでいた勢力の一部が敵対者側に寝返ることを、戦史的には〈裏崩れ〉という。裏崩れが発生するとほとんどの場合、発生した側は壊滅的惨敗にも至るものである。その典型的事例が賤《しず》ケ岳の戦い（一五八三年）における前田利家部隊の独断撤退であった。

賤ケ岳で対峙《たいじ》したときの秀吉軍は約五万、柴田勝家軍は二万五〇〇〇ほどといわれる。兵力的には秀吉軍が約二倍とはるかに多い。だが陸戦では、兵力の少ない側が必ずしも不利というわけではない。その二十三年前の桶狭間《おけはざま》戦のように、兵力的にははるかに劣る側が（今川軍約二万五〇〇〇に対し、信長軍は五〇〇〇ほどといわれる）一致団結して戦い、勝利をおさめられたというケースは少なくない。だが、そのときの勝家軍は一致団結ではなかった。勝家軍の右翼に位置していた前田利家部隊約一万が、秀吉軍と干戈《かんか》を交える前に戦いを放棄し、独断で所領の金沢に逃げ帰ったのである。それに応じて他部隊のいくつかも右ならえをしたり、もしくは戦意をなくしたりして結局、秀吉軍が一撃しただけで勝家軍全体が崩壊した。勝家部隊はそのまま根拠地の北の庄（福井市）に逃げ帰ったのであるが、そのときの兵力は五〇〇ほどに減じていたといわれる。もちろん一日で城は陥《お》ち、勝家と夫人お市の方は自害して果て、戦国時代においては日本史上十指のうちに入るほど重要な戦いといわれる賤ケ岳戦はあっけなく決着がついた。

戊辰戦争も結果的にみれば秋田藩の〈裏崩れ〉によって同盟側が劣勢になり、新政府側の圧勝に至った。ただし、賤ケ岳戦のように一日で勝敗が決するとはいかず二か月もかかり、裏崩れした当事者の秋田藩は死者約四五〇名という、当初、同盟を結んでいた三十一藩のうち、会津・仙台に次ぐ人的損害を被《こうむ》るに至ったが。

ともあれ、秋田藩は奥羽越列藩同盟から離脱し、一転して今度はその同盟側と戦う事態に至った。七月十日頃のことである。同盟側が秋田に攻め入る道筋は、山道口（今の奥羽本線沿い）と海道口（今の羽越本線沿い）の二方向が想定された。山道口方面は沢副総督に率いられた薩長部隊が主力になり（桂は長州部隊の隊長兼、全軍の副参謀であるからこの方面戦に参加している）、応援として秋田兵・新庄兵らがつき、海道口方面は秋田藩兵が主力となり、応援としてその海道口に位置する由利郡内の小藩（亀田・本荘・矢島）兵や、佐賀・弘前兵がついた。このうち、本書の主人公大島久直とその父源治が配属された新政府軍海道口部隊の兵力的状況は次のようなものだった（数字はすべて概数）。

秋田藩兵	一五〇〇名	（三五〇名）
本荘藩兵	二〇〇名	（　五〇名）
亀田藩兵	二〇〇名	（　五〇名）
矢島藩兵	一五〇名	（　四〇名）
弘前藩兵	二〇〇名	（　五〇名）
佐賀藩兵	三〇〇名	（二〇〇名）
合計	二五五〇名	〈七四〇名〉

一方、相手側の庄内軍の兵力は三番大隊、四番大隊それぞれ一二〇〇名くらいずつの合計二四〇〇名ほどであった。兵力比はほぼ互角である。だが、いざ戦端が開かれてみると秋田側の惨敗であった。開戦当初の七月十三日、秋田側連合軍（以後新政府軍海道口部隊とも記す）、は勇み立って今の秋田・山形県境の小砂川《こさがわ》あたりから庄内領目指して攻め込んだものの、各所で庄内軍に圧倒され、撤退に次ぐ撤退を重ね、結果的には秋田城下二里（八キロ）ほどの雄物川河《か》畔《はん》にまで攻め込まれてしまった。その理由の一つに両軍の実兵力差にあった。

前項の「秋田藩兵一五〇〇名（三五〇名）」をもう一度、見ていただきたい。かっこ内が本当の兵力、つまり実際に刀槍や銃砲など武器を持ち（刀槍が多かったが）、戦った戦闘員の人数である。とすれば一五〇〇引く三五〇の一一五〇（名）はどうなんだと思われるかもしれない。それは三五〇名の戦士に附属する従者など非戦闘員の人数である。たいていは主人（戦士）家の下男やその友人など、武器を持たない一般庶民階級者で、それらがナベ・カマ・食糧・寝具といった今でいえばキャンプ用具を持って一人の戦士につき三、四人くらいずつ附属しており、一戦終わって夕刻になると、近在の農家の納屋などに陣取り、そのへんから木切れを拾ってきたりして煮炊きをし、翌朝になるとまた同じようなことをして主人（戦士）を戦場に送り出し、戦いに至ると物陰に隠れていて、主人の武者ぶりはいかにと見守っていたりする、というふうな状況であった。ようするに戦国時代そのままの兵制的状態だったのである。一方、庄内側の二四〇〇名はほぼ全員が戦闘員であった。実兵力比は秋田側は庄内側の三分の一以下、しかも庄内側は全軍銃を具装していたのに対し、秋田側はまだ刀槍が主体であった。戦いにもなににもなるものではなかったのである。

なお、かっこ内の実兵力は新政府軍側から海道口部隊に監軍として派遣された山本登雲介（長州人）が算定したものである。山本は諸藩の隊長を集めて軍議の席上、激高《げきこう》のあまり亀田藩の隊長を殴ったりしたこともあり、秋田人には評判の悪い人物であるが、山本にしてみればこんな前近代的な兵制の軍隊で戦えるかとの、憤懣《ふんまん》の思いも相当にあったのだろう。

話を本書の主人公大島久直に戻すと、久直はこの惨敗した海道口戦で生まれて初めて実戦に参加している。身分は軍目付に附属する小隊の一隊員であった。父源治は秋田藩部隊の首脳部の一人で、軍目付兼旗奉行であった。事前に作戦を立てたり、戦場を往来して戦況を見守ったりし、状況に応じて新たなる作戦を立案したりする参謀的役割を受け持つ。自らの付属小隊三〇名ほどを常に帯同しており、ときには実戦にも参加したりする。久直はその小隊の一員として、父のボディガード役も兼ねていたものと思われる。また、源治が（久直も）秋田藩の海道口部隊に配属されたのは、秋田藩海道口部隊の主将渋江内膳との関係もあったものと思われる。内膳は秋田藩を代表する勤王派の要人（三〇〇〇石とりの家老）として、他藩人にも知られていた。吉田松陰が嘉永五年（一八五二）、諸藩の勤王派志士を歴訪する旅の途次、秋田に至ったさい、訪問して一夜歓談したことで幕末史にも登場する人物である（吉田松陰著『東北遊日記』より）。同じく勤王派である源治が幕僚の一人として配属されたものと思われる。

観音森での初陣

久直は父の扈従《こしょう》役、ボディガードの一人として、生涯において初めて戎衣《じゅうい》（軍服）を帯び、実戦に参加した。そのときのいでたちは、腰には大刀を差し、手には九尺五寸の十文字槍を持ち、さらに背中にはもう一本大刀を斜めに背負うという仰々しいものだった。大刀を二本も携帯したのは、一本だけだと敵兵とチャンバラに至ったさい、折れたり刃が欠けたりする事態も想定されたからである。さらにそのときの心境についてこう語っている。

「嬉しくてたまらなかった。昔は一番槍三〇〇石、一番首三〇〇石といわれたものである。戦争というものは実にわれわれ日蔭者にとって有難いものである。一番首は難しいが、一番槍は易々たるものだ。ひた走りに駆けに駆け、槍を突き刺し、我こそは一番槍なりと大音声を挙げて名乗ればよいのだ。これは有難い。戦《いくさ》さえやれば三〇〇石はただで取れると、家来代わりに父の伴をして行った」

三〇〇石という（一時的）褒賞《ほうしょう》が欲しいのではない。真に欲しいのは三〇〇石とりという（半永久的な）身分なのである。つまりこの期《ご》に及んでも、次男坊という日蔭者の境遇からの脱却を目指し、勇躍として戦場に赴いたのである。

久直が属する秋田藩海道口方面隊は七月十日、出陣した。目指すは現秋田・山形県境の三崎峠付近に布陣している庄内軍約二四〇〇名である。そのさい、秋田藩軍部隊の軍目付源治は、当時の戦いの常道ともいえる作戦をとっている。全軍をまず大多数の正兵と少数の奇兵に分ける。正兵部隊は敵部隊に正面から激突する。それは大体、膠着《こうちゃく》的事態に至る。そのスキに奇兵部隊が間道を通ったりし潜行して迂回《うかい》し、敵部隊に横合いから奇襲的に突入する。それで敵軍の陣形が乱れると、正兵部隊が正面から力攻めをかけ、敵軍全体を敗勢に至らしめる、というようなものだった。そしてその奇兵部隊約一〇〇名を源治自らが率いた。より危険と困難が想定される部隊を軍目付自らが指揮しようとしたものと思われる。久直はもちろん父の従者であるから奇兵部隊の一員として行動している。

七月十三日、奇兵部隊は図1に示すように象潟《きさかた》で正兵部隊と分かれて山道に入り、まず小滝という集落に至った。名勝奈曾の白滝のあるあたりであるが、もちろん奇兵部隊員には、巾十メートル、落差三十メートルを誇る名瀑《めいばく》を鑑賞する時間的心理的余裕などはなかったに違いない。小滝集落から目指す鳥海山の支峰観音森（六八五メートル）までは杣《そま》道しか通っていない。観音森の頂上には庄内軍の監視部隊少数が駐屯していた。それを奇襲的に攻撃して追い払い、

図1 明治元年頃の秋田藩とその周辺

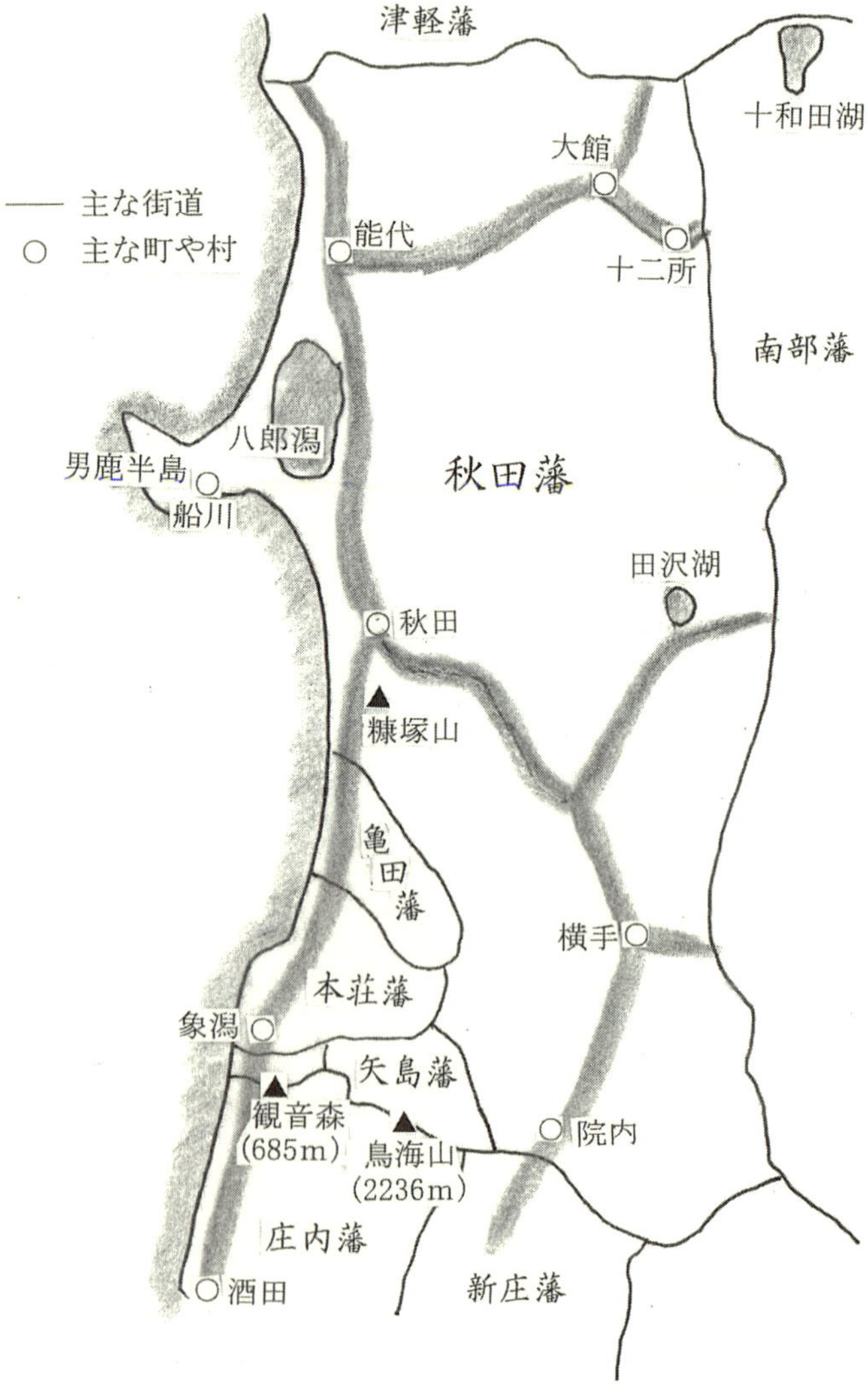

さらに山道を一気に駆け下って庄内陣に横合いから奇襲的に突入する、という作戦であった。

庄内側の監視部隊は一小隊、三〇名ほどであった。あのあたりは深い森で四六時中ガスがかかっている。森とガスにまぎれて潜行し、敵監視部隊に奇襲的に突入し、追い落とした。そこまでは想定どおりにことが運んだ。だが、観音森から庄内陣目指して駆け下る、ことはできなかった。正兵部隊がいざ庄内軍に挑んでみると、膠着的事態どころかたちまちにして敗勢に至り、撤退に次ぐ撤退に追い込まれてしまったからである。奇兵部隊だけで戦闘はできない。ほどなく、奇兵部隊にも撤退指令がきた。そのときのことを久直はこう語っている。

「しかし父は若干の兵を指揮していたから、（撤退指令を）非常に悔しがっていた。それも父の部隊は立派に勝っていたのに本道、即ち中堅の味方が敗走したため、已むなく退却せねばならなくなったからだ。しかも父の部隊は殿軍《しんがり》になり、中堅の退却を援護したから悪戦苦闘、一時は敵の十字砲火の中に陥って、全滅しそうな形勢になった」

本道の海岸線を行く正兵部隊の退却があまりにも早すぎたため、象潟で奇兵部隊が本道に戻ってみると最後尾あたりになっており、庄内軍の追撃に遭い、命からがら逃げのびたということである。

正兵部隊の退却が早すぎたのは、庄内軍が秋田側の想定よりはるかに強かったからである。当時の全国三〇〇余藩の軍事的強弱番付を作るなら、東の正横綱は文句なしに薩摩、長州がそれに次ぐが大関まではいかずせいぜい関脇程度、佐賀と庄内が小結あたりに入り、役力士はそのくらいで、あとは土佐と和歌山がようやく前頭上位に入り、会津と仙台あたりが前頭下位、秋田などは十両以下、といったところだったろう。ともかく庄内と秋田では開戦当初は、役力士と十両くらいの力（軍事力）の差があった。戦いにもなにもなるものではなかった。

敗走また敗走

庄内軍の強さの源泉は〈財政力〉にあった。当時、おそらく全国でも有数の富裕藩だったからである。庄内藩は石高的にみればたかだか十四万石、秋田藩の二〇万石に比べてはるかに少ない。だが、実勢は三〇万石くらいあった。庄内藩は徳川四天王の一人、酒井忠次を始祖とする生粋の譜代藩である。秋田・仙台・米沢ら外様雄藩の抑え役、もしくは監視役として山形におかれた。それら大藩に〝にらみ〟をきかせる必要もあり、表高の他に裏高ともいうべきものもあった。藩内に左沢《あてらざわ》・丸岡など、実質的には庄内領とも言うべき幕領をいくつか抱えており、支藩の松山藩（山寺付近、二万石）も合わせると、それら付属領だけで一〇万石近くあった。また幕末時には新徴組を領内預かりとされたさい、その手当として三万石を加増され、実質的には総計して三〇万石くらいになっていた。

さらにやはり幕末時、蝦夷《えぞ》地の警備・管轄《かんかつ》の役も受け持った。その頃、蝦夷はサケ・マス・ニシン・コンブなどなどの宝庫、それら無尽蔵といえる海産資源を北前船で関西地方に運ぶ利権を一手に握っており、それによる収益が莫大であった。

加えて庄内平野そのものの豊潤《ほうじゅん》さである。周囲を鳥海山地・出羽三山丘陵・朝日山地に囲まれた平坦な沖積平野ということもあり、気候が温暖で作物、特に米穀が良く実った。江戸時代、その庄内平野の米作に関し、こんな俗謡があった。

「酒田照る照る、堂島くもる。江戸の蔵前、雨が降る」

酒田地方は米穀が良く実って景気が良い。それを北前船で堂島（大坂）に運ぶから大坂もまあまあの景気。それをさらに江戸に廻航するから（経費がかかって）江戸は不景気、というふうな意味である。庄内藩の富裕ぶりは次の二つの挿話をつけ加えるだけで十分であろう。

まず、領地替え騒動である。幕末時の宝暦十年（一八四一）、川越藩（埼玉県・七万石）が庄内に移封させてくれと幕府に願い出た。もちろんそれまでに、妻妾合わせて二十数人、産ませた子五〇人あまりといわれた十一代将軍家斉の（始末に困っていた）二十何番目かの娘を藩主夫人に迎えるなど、幕閣《ばっかく》に十分手回ししてのことである。それは庄内藩が官民一体となって抵抗した（領内の農町民が大規模な反対運動を起こし、藩当局もそれを扇動した）ことで頓挫《とんざ》したが、ともかく庄内藩の裕福ぶりは全国的にも名が轟いていたのである。

さらに酒田の豪商本間家による七〇万両献金事件である。本間家は酒田の廻船問屋で、蝦夷地の開発権や北前船の運航権を一手に握っていた。自らも米穀地帯庄内平野の大地主でもあった。幕末時、藩の軍事力強化の資金にでもと、七〇万両という大金を献金したのである。秋田藩の年収の二倍半にもあたる。今日的にいえば一五〇〇億円ほどにも相当する。ついでにいうと、一企業がそれほどの大金を貯められたのは当時、法人税という概念がなかったからである。企業者はもうけはすべて自らのものにできた（長州藩でもやはり白石屋という廻船問屋が金主になって坂本竜馬や高杉晋作ら勤王派志士たちを支援している。さらに鳥羽伏見戦で勝利を得た薩長を主体とする新政府軍が関東に向けて進発するさいの費用約三〇〇万両を拠出したのも、大坂の豪商三井家であった。ともかく法人税がなかったら今日でもトヨタ自動車やＮＴＴなど大企業は、数年で中進国なら国家予算に近いほどの大金を貯められる）。

庄内藩はその大金を兵備と兵制の刷新にあてた。まず兵備である。当時の最新的兵器であるミニエー銃を大量に購入し全軍に配備した。ミニエー銃は有効射程距離（人馬を殺傷できる距離）が五〇〇メートルほどもあり、それがせいぜい一〇〇メートル程度でしかない火縄銃などとは比較にならないほど優秀な兵器である。二次征長のさい、十五万の旧幕府軍が五〇〇〇の長州軍に大敗したのは、旧幕府軍が火縄銃主体であったのに対し、長州側は全軍ミニエー銃を具装していたためでもあった（他にも、旧幕府軍は戊辰戦争時の秋田藩軍と同様、十五万の多くは戦士の従者で実兵力はせいぜいその五分の一程度でしかなかったのに対し、長州側の五〇〇〇はほぼ全員が戦闘員であったためもあった）。秋田藩当局ももちろん、ミニエー銃が優秀なことは知っていた。だが、購入資金がなかった。ミニエー銃は当時、一挺あたり十四、五両くらいしたからである。今日的にいえば三〇〇万円ほどに相当する。そのため、秋田藩のミニエー銃部隊は一〇〇名くらいしかいなかった。

さらに兵制である。さきに私はこうのべた。秋田藩兵は実際の戦士は少なく、多くは（戦士の）従者など非戦闘員であったと。さらに新政府軍海道口部隊の約二五〇〇名のうち、実際に武器を取って戦ったのはせいぜい七〇〇名そこそこにすぎなかったと。一方、庄内軍の約二四〇〇名はほぼ全員が戦士であった。庄内側にももちろん、従者役の一般庶民階級者はいた。だが、彼らも実戦に至るや、武器を取って戦うものだった（農兵部隊と称していた）。しかも農兵部隊は勇敢で強かった。十分な危険手当も報奨金も与えられていたからである（秋田兵の首一つとれば何十両、槍一筋奪えば何両というふうに細かく定められていたらしい）。それもこれも結局は、七〇万両という眼もくらむような大金が用意されていたためであることは言うまでもない。

以上のようなわけで開戦早々の七月十五日あたりから、秋田藩軍を主体とする新政府軍海道口部隊は、庄内軍に一方的に圧倒され続けていた。その頃の俗謡が伝わっている。

「渋々と嫌な戦《いくさ》に来たけれど、進む気持はさらに内膳」

秋田藩軍の主将渋江内膳をもじって当時の戦況を諷《ふう》したものであることは言うまでもない。ともかく秋田軍は敗走に次ぐ敗走であった。昔の酒田街道、今の国道七号線あたりの海岸部を敗兵が陸続として連なっていた。私の郷里はその敗兵が重い足取りを運んでいた現秋田県由利本荘市松ヶ崎（当時は亀田藩領松ヶ崎村）であるが、その頃の古老の話が伝わっている。

「夜となく昼となく敗走の官軍兵が三々五々十と続いていた。村人たちは日中でも戸締まりを厳重にし、雨戸のすき間からのぞいて見ていた」

その敗走兵の中に本書の主人公大島源治・久直父子が混じっていたことは言うまでもない。弱り目にたたり目ではないが敗走の途次、大島父子はある〝事件〟を引き起こしている。時は七月の下旬、今で言えば二百十日頃、場所は道川（現由利本荘市岩城道川）あたりのとある民家の納屋であった。雨の夜で、潮風がしたというから海岸近くだったらしい。風も強かった。火を起こした。その火が源治の蓑《みの》に燃え移った（軍服の上に雨具として蓑を着ていた）。燃え上がった火を消そうとしているうち、久直の蓑にも燃え移った。それで久直は左手と後頭部に火傷を負った。左手の傷はじきに目立たなくなったらしいが、後頭部のそれはかさぶたになり、そこだけ頭髪が抜け落ち一銭銅貨大の禿《はげ》になった。それをもじって後年、大島の一銭銅貨といわれたものである（のちに久直が旅団長、師団長になったさい、幕僚たちは仲間内では大島閣下などとは言わず、（親しみをこめて）〝うちの一銭銅貨〟などと呼び合っていたものらしい）。

小藩の苦悩

ここで図1を見ていただきたい。図1は本書が関係する現秋田県の概略図であるが、図でもわかるように県南部の海岸地帯（由利地方という）は秋田藩領ではなく、三つの小藩と一つの旗本領（仁賀保氏二〇〇〇石）が入り組んでいた。それら小藩勢も当然、戊辰戦争の波に飲み込まれた。だが、各藩それぞれ総兵力せいぜい二〇〇名程度と少ない（そのうち実戦力は五〇名くらい）こともあって、独自の戦いはほとんどできず、秋田藩軍や庄内藩軍に組み込まれるようなかたちで右往左往したようなものである。このうち、対照的な行動を示した二藩（亀田藩と本荘藩）の動向を追ってみよう。

まず、亀田藩二万石である。亀田藩は基本的には日和見であった。新政府側、庄内側どちらでも強そうな、もしくは勝てそうな側につくという姿勢であった。そのような挙動を見透かされ、新政府軍海道口部隊が亀田領の松ヶ崎村に至った七月十日頃、「どちらにつくか態度をはっきりさせろ、返答のしだいによっては当方にも覚悟がある」との、詰問書を送りつけられている。あわてて家老が飛んできた。「もちろん勤王一途です。早速、兵を派遣します」。日ならずして二〇〇名ばかりの一隊を送ってきた。だが、旧式兵備でまた実兵力はせいぜいその四分の一ほどの五〇名程度でしかなかったためもあり、ほとんど戦力にならず、秋田藩兵と同様に敗残の身となり、八月の初め頃、庄内軍に藩境にまで攻め込まれた。そのさい、今度は強い側につこうと降参した。ただし、当時のならいとして以後は庄内軍の先兵として新政府軍側と戦わせられている（戊辰戦争時、降参藩はそれで無罪放免とはならず、それまで抵抗した罰として今度はかっての味方軍と戦わせせられるものだった）。

さらに九月下旬、庄内軍の進撃が秋田城下二里（八キロ）ほどの地点で食い止められて敗勢に至ると、庄内軍と同様に敗残の身となった。そして新政府軍部隊が藩境に迫ると藩主一族をはじめ、藩士とその家族ことごとくが庄内領に避難し、城は焼け落ち城下のほとんども灰燼に帰した。また戦後は二〇〇〇〇石の減封処分を受けた。その程度の軽罰ですんだのは、小藩のため勢いのある側につかざるをえなかったという情状が酌量されたものと思われる。

一方、本荘藩二万石は亀田藩のように右往左往などしなかった。方向性は終始一貫として変わらず勤王一途、すなわち新政府軍側に加担であった。新政府軍奥州鎮撫隊が仙台を進発して新庄に至った五月初め頃、まず使者を送って勤王の意を通じている。さらにその一か月後の六月八日、当時、能代に至っていた鎮撫隊に再度、今度は藩主の親書を添えて代理として家老を派遣している。その頃、鎮撫隊一行は苦境の極《きわみ》にあった。新庄から雄勝峠を越えて秋田領入りしたものの、秋田藩は勤王か佐幕かの方針がまだ定まっておらず、藩論は揺れ動いていた。それを知って秋田城下を素通りし、今の奥羽本線沿いに北上して当時、勤王の意を通じてきていた弘前藩目指して大館《おおだて》（現秋田県大館市）に至った。ところが、頼みの弘前藩に拒絶され（藩論が佐幕に変わっていた）、米代川《よねしろ》をイカダで下って港町能代に至った。能代からは海路函館に転陣するか京都に帰還するか、方向性が定まらない漂流的状態にあった。そのとき本荘藩から藩主の親書が届いた。内容は次のようなものだった。

「弊藩は勤王一途です。鎮撫隊の行路が定まらなかったら是非、弊藩においでください。小藩ではありますが藩主・藩士一同、一身をもって一行を守護いたします」

沢副総督をはじめ桂ら鎮撫隊の首脳部にとっては、干天に慈雨の思いであったろう。海路転陣するといっても当時、舟航など風まかせ波まかせ、いつ来るかわからない舟便をあてにするより、とりあえず秋田城下まで行ってみよう。秋田藩の腰がまだ定まっていないままだったら、本荘に避難し、（本荘も小さいながら港町であるから）そこで舟便を待つか、それがかなわなかったら官軍として最後の血戦をするのみ、というわけで再度の秋田城下入りが決まったといわれる。

戊辰奥州戦争は無用の戦争であった。奥羽越列藩同盟三十一藩の藩主のうち、朝廷もしくは徳川に代わって自らの政権を樹立しようなどともくろんでいる者など、一人もいなかった。にもかかわらず東日本一帯を巻き込んだ大戦乱に至ったのは当時、正確な情報が行き渡るのに時間がかかったためでもあった。東北諸藩人にとっては、なにやら西の方で巨大な戦雲（鳥羽伏見戦）が渦巻いている。それがさらに勢いを増し、東へ向かってきた（大総督府東征軍）。その正体が定かでない。とりあえず奥羽諸藩は同盟を結び、共同してそれに対処しようとしているうち、もののはずみ（鎮撫隊の世良参謀暗殺事件など）で新政府軍側との戦端が開かれてしまった、だけのことである。

当時、内戦などしている国際的情勢ではなかった。西欧列強、特に英・仏・露の東洋進出がますます急を告げつつあった。隣国中国はすでにその波に飲み込まれ、上海・香港など海岸部の要地は植民地化されていた。わが国にも早晩、その余波が押し寄せてくるのは確実であった。実際その頃、北海道は露国の半ば植民地のようなものだった。函館港には露国の軍艦や商船が自由に出入りしており、函館の町にはロシア正教の教会も露人が経営する病院まであった。内戦などに明け暮れていず、全国民一致団結してそれら列強に対抗すべき国際的情勢であった。その内戦の早期終結に至らしめた要因は秋田藩の〈裏崩れ〉であるが、それをひき起こしたのは本荘藩であったともいえる。本荘藩は結局、戊辰戦争終了後、一万石の加増という褒賞を得たが、(戊辰戦争という)無用の戦争の早期終結にあたり本荘藩の果たした功績は褒賞以上のものがあった、と言ってよいのではないか。

なお、本荘藩のそのような勤王一途の姿勢を主導したのは藩主六郷政鑑《まさあきら》であったといわれる。幕末時、本荘藩の藩校では皇道学が講じられていた。平田国学のことである。政鑑は当時、満十八歳の若き藩主であった。若者らしい正義感により、純粋に平田国学を実践しようとしたものと思われる。大藩なら老臣やら大身者やら取り巻きが多く、藩主の意向がそのまま藩論になることはあまりなかったりする。本荘藩は小藩であるからそのような障害が少なかったためもあったものと思われる。

ただし、その勤王一途の方向性を実践したがために、本荘藩が蒙《こうむ》った被害は小さいものではなかった。本荘藩兵約二〇〇名も、新政府軍海道口部隊の一員として七月中旬頃から庄内軍との戦いに至った。が、前述したようにたちまちにして敗勢に至り、秋田藩兵らとともに酒田街道を敗走した。また庄内勢が藩境に迫るや、藩主一族をはじめ藩士とその家族らも秋田城下へ避難したのであるが、進駐してきた庄内軍により城は焼かれ、城下の多くも灰燼《かいじん》に帰し、老人や女・子供など非戦闘員は(戦闘員の足手まといになるのをおもんばかり)、出羽丘陵の山地の間道や杣道を徒歩で三日間、ほとんど彷徨《ほうこう》的な逃避行をした。深窓の姫君も奥女中たちも手足は茨で傷だらけになり、夜は雨露をしのぐばかりの樵《きこり》小屋で身を寄せあって仮寝するといった難行軍であったと伝えられる（以上『由利戊辰戦史』より）。

抵抗しつつ退却

ともかく、秋田藩兵を主体とする新政府軍海道口部隊は各所で庄内軍に打ち負かされ、七月下旬あたりから海岸線を敗走した。その敗残の状況を海上から目撃した記録が残っている。新政府軍海上部隊の一員、薩摩藩の艦船春日丸（約一二〇〇トン）の艦長赤松源六によるものである。

「ことに秋田兵は砲機（銃砲）少なく、過半は槍・長刀のおしゃれにて、道川と長浜との間、勝手（現由利本荘市岩城勝手）という所にて敵賊は嶮地《けんち》に拠り、味方を見下ろすほどの要地なり（中略）。艦を海岸より四、五丁（四〇〇メートルくらい）のところまで寄り付け、砲弾を惜しまず賊兵の中に打ち込みたるところ、暫時の間砲声も止み、敵は退却の体に見えた。しかれども陸官軍は一歩も進まず、賊兵よりは射すくめられるばかりで土台の側に伏し、敵の弾道を避けるのを先とし、我の銃を射るのを後とする。敵からは雨のように銃丸を飛ばし、味方は四、五発ずつぼしゃぼしゃと射出すくらいにて、目も当てられぬ次第なり」

秋田兵は銃は少なく、大半は槍・刀というおしゃれ（見かけばかりで役に立たない）的武器のためもあり、庄内軍から射すくめられる一方だったので、海上から援護射撃してやったということである。春日丸は海岸から四〇〇メートルくらいまで近づいたらしい（あのあたりは遠浅であるためそれ以上は近づけない）。そこから戦場まではさらに三〇〇メートルや四〇〇メートルは離れていたはずだから、一キロ近い遠距離からの視認にしては細かい描写であるが当時、双眼鏡はまだなかったが単眼の望遠鏡はあった。また、火薬も無煙化されておらず、一発でも発射すると一瞬、あたりが見えなくなるくらい大量の黒煙が出る有煙火薬だったので、両軍の撃ち合いの様相がこのように正確に判別できたのである（春日丸には当時満二十歳の若き士官東郷平八郎も乗り組んでいた）。

このように新政府軍海道口部隊は各所で庄内軍に圧倒され、敗走に敗走を重ねた。ただ、敗走にも二種類ある。算を乱しての、つまり軍隊という形態を捨て、銃も砲もなにもかも放棄して我先に逃げるという〈潰走〉と、一応の戦闘態勢を保ったまま（もちろん武器類は捨てず）ある程度整然と退く〈退却〉である。前者は立ち直るまで相当の時日を要するものであるが、このときの海道口部隊はそこまではいかず、後者の退却に近い状態だったようである。その理由については敵方である『庄内藩記』に記されている。

「秋田軍は逃げる一方ではなく、時折反撃してきたから壊滅はできなかった」

その反撃してきたのは佐賀兵約二〇〇名の後装銃部隊であった。佐賀兵だけは当時、庄内軍に優る超優良兵器といえる現代のライフル銃に相当するスナイドル銃など、後装《こうそう》式施条《せじょう》銃を具装していた。他藩兵隊が壊滅されそうになったとき、佐賀兵が駆けつけて来て庄内軍を圧倒したりして、自軍を潰走には至らしめず、せいぜい退却程度に止めてくれたということである。

反撃態勢整う

ただし、佐賀兵約二〇〇名だけでは庄内の大軍に対しては、せいぜい退却援護くらいの役しか果たせない。庄内軍を食い止めさらに押し戻すためには海道口部隊全体のさらなる戦力の充実がとうしても必要である。それはかないつつあった。まず援軍の到着である。それを次に記す（『戊辰秋田藩戦史』より。数字はすべて概数）。

七月二十四日	長崎振遠隊	四〇〇名
同二十九日	佐賀兵	八五〇名
八月一日	同	二〇〇名
八月十四日	大村兵	二〇〇名
同	島原兵	三五〇名
八月十七日	薩摩兵	七五〇名
同	平戸兵	四〇〇名
九月四日	筑前兵	三五〇名
同八日	因幡兵	四五〇名

総計約四〇〇〇名である。これらすべてが海道口部隊に配属されたわけではないが（半数程度といわれる）、ともかく、北九州方面からの援軍が続々と男鹿半島のつけ根の良港船川港に到着していた。

加えて、海道口部隊の主力をなす秋田藩軍そのものの兵備の刷新である。秋田藩は八月二十九日英商人から次のような大量の新式銃を購入している。

①エンフィールド銃	二三〇〇挺	（一挺あたり一七両）
②ミニエー銃	一五〇〇挺	（一挺あたり九両）
③スナイドル銃	九〇〇挺	（一挺あたり二六両）

④シャスポー銃　　三〇〇挺（一挺あたり三〇両）

①②は前装式施条銃、③④は後装式施条銃で合計五〇〇〇挺ほど、これで秋田藩兵はほぼ全員新式銃を具装できたといわれる。しかも③④は庄内勢のミニエー銃より優秀な、当時としては超優良的兵器である。それにしてもシャスポー銃は一挺あたり今日的価格にすれば六〇〇万円くらい。高級乗用車一台ほどの値段である。同じく後装式銃でも④が③より高いのは、③は銃身が長くて扱いにくいのに対し、④は騎乗兵の使用にも耐えられるように銃身を短くしており（そのためシャスポー騎銃ともいわれていた）、日本人の体格に合っていたためと思われる。また、以上の他に一〇万発の銃弾と火薬など付属物も合わせると合計一〇万両ほどになったが、秋田藩では藩庫をカラにしてもそれだけの大金を調達できず、不足分の一万両ほどは納戸金（藩主一族の私的費用）から捻出したといわれる。

なお、本書では砲戦についてはほとんどふれていないが、それは戊辰戦争の特に秋田方面戦では、砲戦が戦いの主役になったことはまずなかったからである。各藩もしくは各部隊、それぞれ砲を何門か具備しており、砲兵部隊も少数ながらあった。だが、当時の砲は融点の低い鋳鉄《ちゅうてつ》製のものがほとんどで、数発も発射するとその衝撃で砲身にひびが入ったりすることもあり（それ以上発射すると砲身破裂という事故が発生し、砲側員が死傷したりする。そのため砲側員は妻帯者にはあまりさせないものだった）、それほど有用な武器ではなかった。また砲弾もただの鉄の塊や、当たったらせいぜい数片に砕ける瑠弾《りゅうだん》でしかなく、陣地破壊用くらいにしか使えなかったりした（たいていはこけ脅しくらいにしか役に立たないものだった）。

糠塚山の決戦

明治と改元されたのは慶応四年九月八日のことである。その二日後の明治元年九月十日から十二日にかけて、秋田藩軍を主体とする新政府軍海道口部隊と庄内軍との間で、最終的決戦が行われた。舞台は現秋田空港の北西端あたり、雄物《おもの》川本流と支流（岩見川）に挟まれた中州地帯であった。

それまで二か月間、新政府軍海道口部隊は庄内軍に圧倒され続けていた。各所で連敗を重ね、雄物川本流も突破され、支流を背にした文字通り背水の陣であった。庄内軍はその中州地帯の西側に位置する糠塚山《ぬかづか》（一〇二メートル）という小丘に主陣地をおき、新政府軍側はそれより一・五キロほど北西側の椿台《つばきだい》（標高約九〇メートルくらい）という現在はゴルフ場になっている台地一帯に布陣した。岩見川を渡られたらあとは秋田城下まで二里（八キロ）ほど、途中に防衛拠点はないから一瀉千里《いっしゃせんり》的に到達される。椿台の守備陣は秋田側にとっては絶対に破られてはならない最終的防衛ラインであった。その三日間の両軍の戦いを時系列的に追ってみよう。

〈九月十日〉　先に動いたのは庄内軍の方だった。白地に赤毬《まり》の藩旗（日の丸の旗に似ている）三流《りゅう》を先頭に押し立てて、糠塚山から降りてきた。あわよくばこの日一日で新政府軍部隊を破り、秋田城下に殺到しようとのもくろみがあったといわれる。そうはさせじと新政府軍側も椿台から降り、その二つの台地の間の灌木まじりの低草地帯がこの日の主戦場になった。このときの戦況は『本荘藩記』が詳しい。秋田藩側の記録（『戊辰秋田藩戦史』）は海道口部隊の主戦場になった由利地方は当時、秋田藩領ではなかったためもありあまり詳細ではない。『本荘藩記』はまず、次のように伝えている。

「明け方、敵は大挙して襲来。その勢力はおよそ千人、官軍椿台を降り（糠塚山と椿台の中間地帯の低草地帯に）散布して防ぐ。鬨《とき》の声が山谷にひびき、銃声は百雷のようで、銃火や砲煙で雲がかかったようになり、その間から見える原上はことごとく兵で満ちていた」

両軍とも主陣地から降り、入り乱れての混戦・接近戦になったのである。そして戦いの決着はつかず、昼どきになるとどちらともなく兵を退き、自陣地に引き上げて行った。ただ、そのような戦況は庄内側にとっては意外だったらしい。それまで二か月近く、庄内軍は戦えば必ず勝つ、すなわち庄内側は押す一方で秋田側は退く一方、のようなものだった。この日初めて秋田側は退かなかった。どころかむしろ秋田側が押し気味でさえあった。それはもちろん、秋田側には北九州方面から援軍約二〇〇〇名が新しく加わっていたことと、秋田藩兵のほぼ全員に新式銃が行き渡っていたため、双方の戦力が逆転していたことによるものと思われる。

〈十一日〉　前日は偵察戦、前哨戦のようなもので、この日が本格的決戦に至るであろうことは、両軍とも認識していた。本荘藩はその決戦に備えて、虎の子の予備部隊約四〇名を投入している。さらにその予備部隊の出陣にさいしては藩主六郷政鑑自らが全隊員を集めて訓示を垂れ、出征を見送っている。本荘藩にはあとは少数の藩主護衛部隊しか残っていない。

この日、先に動いたのは新政府軍側であった。先に台地を降り、糠塚山から降りてくる庄内軍を待ち構えていた。前日の戦いで自軍の方が戦力的に優勢になっているとの意識があったものと思われる。前日同様、はじめは乱戦・混戦に至った。それを制したのは結果をいえば新政府軍側であるが、その要因は二つあった。

一つは新着の薩摩藩軍五個小隊約一〇〇名による突撃である。戦況が膠着的事態に至ったとみるや、銃火の中をものともせず、庄内軍の本陣目がけて突入をはかった。『本荘藩記』はそのときの状況を次のように伝えている。「味方の旗色が悪くなったとき、薩摩兵が堂々と、なにやらわけのわからない喚声を上げて敗兵を叱咤しながら、糠塚山の敵陣に突入して行き、（それに励まされて）味方も続いた」。さすがは薩摩隼人である。

もう一つは秋田藩軍槍部隊二〇名による、間道を通って潜行して横合いからの、やはり庄内軍本陣目がけての決死的突入である。それは秋田藩隊の軍目付である源治の立案した作戦であるから、その二〇名の中に久直が入っていたことは言うまでもない。庄内軍の主武器であるミニエー銃は瞬間的には撃てない。それを見越しての奇襲的攻撃であったろう。久直もこのときとばかりに、手なれた九尺五寸の十文字槍を存分に振るったものと思われる。庄内軍の本陣が乱れ、それを見てとって新政府軍他部隊も続き、糠塚山頂上に翻《ひるがえ》っていた庄内の藩旗が倒され、代わって純白の秋田藩旗（白鳥を模したもので〝しらとり旗〟とも呼ばれていた）が掲げられた。正午ころのことだったらしい。

それがこの日の戦いの、そして海道口戦全体の分岐点であった。「以後（糠塚山占領後）賊の勢いは阻喪《そそう》した」と『本荘藩記』は伝えている。海道口戦の記述に関しては冷淡な『戊辰秋田藩戦史』もさすがにこの日ばかりは、「戦いは全勝を占めたり」と誇らしげに記している。

〈十二日〉　ただし、庄内軍は戦い慣れしていた。自軍が敗勢に至っていることは認識していたものと思われるが、簡単には引き下がらなかった。早朝時、今度は糠塚山の新政府軍に対して、やはり藩旗を先頭に押し立てて襲撃してきた。だが、「（新政府軍側が糠塚山を降りて）逆襲すると敵は退却して行った」と『本荘藩記』は伝えているから、撤退に対する追撃をさせないため、もしくは追撃軍の発進を遅らせるための偽装的攻撃であったものと思われる。実際、『戊辰秋田藩戦史』は「この日賊は陣営を自焼して去る」と記しているから、前夜のうちに撤退の準備をしていたものと思われる。さらにその撤退のさい「遺棄死傷体百あまり」とも記している。当時は死傷が一〇名もあれば大損害といわれたものである。壊滅的損害といえる。以後、大規模な戦いは行われず、海道口方面戦は新政府軍側の勝利となって決着に至った。

九月十三日以降、庄内軍の海道口部隊は潮が引くように秋田方面から撤退して行った。海道口部隊が退いたら秋田におけるもう一つの戦線、山道口部隊も持たない。庄内軍山道口部隊も九月十五、十六、十七日のおそらくは追撃軍の発進を遅らせるための偽装的攻撃を最後として、秋田領から撤退して行った。奥州方面におけるもう一つの戦線会津方面戦における米沢藩の降伏は九月四日のことであるから、その頃には秋田方面にもその情報が届いていたものと思われる。同時に戊辰奥州戦争全体も新政府側の勝利となって終わった。九月下旬のことである。

なお、この戊辰秋田方面戦において特筆すべきことがある。庄内軍の軍規の厳正さである。庄内軍は結局、現秋田県南部の海岸地帯の大半を一か月半ほど軍事占領していたのであるがその間、一般住民に対する暴行略奪的事件はほとんど、というよりおそらくは皆無的に発生しなかったということである。実際、その軍事占領された側はこう伝えている。

「庄内軍は勇敢で善く戦った。しかも規律は行き届き、非戦闘員に対して暴行を加えるようなことは少しもなかった」（『矢島町史』）。

終戦、そして十二所で煩悶の日々

久直の戊辰戦争は終わった。秋田藩は結果的には勝者側に至ったのであるが、久直にとっては勝利の喜びや達成感よりも、徒労感や挫折感の方がより大きかったものと思われる。戦いに臨むにあたって抱いていた夢が何一つとして実現しなかったからである。一番槍、一番首三〇〇石、もうそんな時代ではなかった。刀槍をふるって敵陣に躍り込み、あたるを幸いなぎ倒し、突きまくるというふうな戦況ではなかった。一度だけその真似ごとをしたにすぎなかった。そのような個人的接近戦が戦いの主役になる時代ではなかった。敵の顔も見えないような遠距離からの銃砲撃戦、集団戦の時代に至っていた。しかもそのような趨勢《すうせい》は今後、ますます進展するであろうことは確実であった。

明治元年の冬が過ぎ、翌二年の春になった。そのとき久直は秋田城下を離れ、県北東端の僻村十二所（現秋田県大館市十二所）にいた。十二所に郡代として赴いた父源治に従ってである。源治が新任地に久直を伴なった理由は、おそらくは久直自身の将来の身の振り方を慮《おもんぱか》ってのことと思われる。当時、官職はおおむね世襲であった。秋田藩の大目付の家職は長男久誠に継がせ、次男は十二所の郡代にとの思いもあってのことである。それはもちろん久直にも通じていたろう。そのこともあり、久直はいわば郡代見習いとして十二所管内を精力的に歩きまわっていたと伝えられる。

だが、なんといってもまだ満二十一歳の独身青年、十二所など全戸数三〇〇ほどの、半日も歩けば管内のほとんどに至れるような小村。かつては江戸の浅草という日本有数の繁華街で五年も暮したこともある身である。とりあえずは次男坊という日蔭者の身分からは脱却できそうだとの安心感の他に、こんな片田舎の小役人として生涯を過ごすのかとの思いも相当にあったはずである。

さらに十二所の郡代という〝就職先〟も、それほど安定的なものではなくなりつつあった。時代は激しく揺れ動いていた。藩籍奉還は大島父子が十二所に至る前、明治二年の正月にすでに行われていた。名目上ではあるが、日本全土は封建領主（藩主）による間接的統治から天皇による直接的統治の時代に至っていた。実際に直接的統治、すなわち廃藩置県により藩主が強制的に東京に移住させられ、各藩が中央政府から派遣された藩知事に管轄されるようになるのは明治四年七月あたりからであるが、時代は大きく変わりつつあり、したがって自分たちの将来もどうなるか分からないとの認識は、大島父子にもあったはずである。

ともかく十二所では久直は、さまざま思いに揺れ動く日々ではなかったのか。そのような煩悶のはてに、川辺で日がな一日、ただなんとなく釣り糸をたれていたこともあったらしい。実際、久直が後年陸軍大将という顕職に登りつめたさい、村人たちは「いつもぼんやりと川辺で釣り糸を垂れていたあの郡代の次男坊が」と、噂していたと伝えられる。

ただ、久直は後に日清戦勝後の明治二十八年、十二所を自らの本籍地としていることから、そののどかな田園地帯で過ごした一年余りの煩悶の日々を、それなりに意義があったと考えていたのは間違いないものと思われる。

第二章　西南戦争——実戦部隊の指揮官として

久直は明治三年春、草創期の陸軍に身を投じ、ようやく次男坊という日陰者の身分からの脱却を果たせた。そして西南戦争（明治十年）では東京鎮台第一連隊第一大隊長（少佐）として出征し、部下約六〇〇名を率いて七か月にわたって九州各地を転戦した。特に最後の一か月ほどは西郷隆盛軍本隊を追って延岡から高千穂峡を経て椎葉村・米良庄・小林（いずれも宮崎県）、さらに横川（鹿児島県北部）と九州山地の中央地帯を縦断し、最終的決戦といえる城山（鹿児島市）戦では突入部隊の指揮官として敵陣地への銃剣突撃を敢行している。

兵部省出仕

明治三年（一八七〇）の冬が開けた。奥羽山脈の麓の地十二所の冬は厳しい。ほぼ半年間、雪に降り込められ、人はみな息をひそめて春を待つ。生地の秋田城下は海岸沿いとあって雪は深くない。降ってもせいぜい一尺（三〇センチ）か二尺、三尺も積もることはまずない。十二所は三尺どころか、ときには一丈（三メートル）ほどにも達する豪雪地帯である。久直にとっては初めての経験だったろう。加えて数えではもう二十三歳。平均寿命が五十歳に満たなかった当時では中年にさしかかっていると言ってよい。身分（就職先）はまだ定まっていない。郡代見習いといっても久直、もしくは父源治が勝手にそう予定しているだけで、藩当局が正式に認定しているわけではない。いや、前年の廃藩置県により、秋田藩そのものが消滅してしまいそうな世相である。父子ともども相当に鬱屈《うっくつ》した心境であったものと思われる。

そのとき秋田城下から久直の生涯を決定した重大な報が届いた。吉報であった。明治新政府の軍人、しかも幹部将校という就職先である。その頃、明治新政府は国軍の形成途上にあった。その任にあたったのは兵部大輔（陸軍大臣）であった大村益次郎である。大村は元々は長州藩の医師である。近代医学を修めるべくまず蘭語を学びそれに長じた。さらに蘭語による兵書を翻訳しているうち近代兵学にも通じ、二次征長のさいは長州軍部隊の指揮官、はては戊辰戦争時は東征総督府軍の最高的司令官にまで登りつめた。明治新政府においても当然、兵制面の整備・刷新の任にあたった。

大村は非武士階級出身という自らの出自のためもあり、国軍の兵士を士族に限定せず、士農工商全階級から広く募集するとした。それは明治三年十一月十三日のいわゆる「辛未徴兵」となって実現した。辛未徴兵は身分・経歴を問わず全国二七〇余藩から、大藩（十五万石以上）は九名ずつ、中藩（五万石以上）は六名ずつ、小藩（一万石以上）は三名ずつを拠出させ、総計一〇〇〇名ほどの国民軍をまず形成することであった。身分を問わずであるから、士族階級者は一般庶民階級者と同列に扱われることを嫌ってあまり応募せず、非士族階級者が主体になることが想定された（実際にそうなったらしい）。それら一般兵卒を統率する幹部将校も必要であるが、それの急造は難しい。というわけで軍事的事象の経験者、つまり士族階級者に限定し、辛未徴兵に先立つ明治三年の春あたりから将校の募集も行われた。それには次のような条件があったといわれる。

（一）志操堅固にして身体壮健なる者。
（二）戸主ではない二男以下の独身者。
（三）年齢は二十～三十歳。

いずれも当然の条件であるが、（一）の「志操堅固」が問題であった。いかなる属性をもって志操堅固とするかである。その具体的基準はない。というわけで当時の志操堅固とは勤王思想を有すると同義的であったから、戊辰戦争における勤王側のそれも大藩に限定し、幹部将校の募集も行われた。

その幹部将校募集通知が東北最大の勤王藩といえる秋田藩にも届いた。さらにそれが久直に至った経緯について、（久直に関する）評者は一般に「珠玉はどこにいても光を放つ。久直は明治三年、兵部省に招かれるようなかたちで出仕した」というふうに、ある種の偶然であるかのように伝えているものであるが、人事に偶然はない。明治新政府軍の幹部将校というような重要事に関しては特にそうである。ある種の必然であった。

将校募集通知が秋田藩に届いたとき、藩政における最高的地位者（大参事）は須田盛貞といって、旧藩時代は大島源治の直接の上司であった。須田は戊辰戦争時、秋田藩勤王派の主導者の一人で、久直が（勤王派の書簡をたずさえて）能代に至ったさい、その書簡作製にも関係していた。久直とももちろん面識はあり、その人となりも見知っていたものと思われる。須田を通じて久直に新政府軍幹部将校の募集通知が届いたのである。

雪の中で半年間逼塞《ひっそく》していた久直が応じないはずはない。しかも勤務地の江戸（当時はすでに東京と改称されていたが）はかつて青春の五年間を過ごした懐かしい地でもある。

というわけで明治三年の春四月、久直はまだ雪の残る雄勝峠を七年ぶりで秋田側から越え、東京に至った。落ち着いた先は浅草の旧藩邸で、当初の身分は小隊司令（少尉）であった。浅草から勤務地の市ヶ谷にあった兵舎までは片道六キロほどの道のりであるが、司令といっても部下はまだいないから、特に定まった仕事はない。出勤も毎日ではなく（江戸時代までの武士は一般に隔日出勤であった）、しかも午前中だけの勤務であるから、しばらくは浅草から通勤していたらしい。

十代後半という人間形成における最も重要な時期に、ある意味では自由気ままに過ごした五年間の含む意味は大きい。生地秋田は幼少年時はともかく、帰郷後の二年間は志を得られない日々であった。久直にとって東京はもはや第二どころか第一の故郷のようなものだったに違いない。以後、久直は東京に居を定め、秋田にはほとんど帰っていない。

七年夢の如し

たちまち頭角を現した。そもそも久直ほど軍人、それも明治草創期の高級将校に適した資質・境遇の者などそうそういない、と言ってよい。

まず体格・運動能力である。久直は当時としては大柄で五尺六寸（一七〇センチ）ほどあった。辛未徴兵における一般兵卒の応募基準のうち、身長は五尺（一五〇センチ）以上であったことでもわかるように、当時の兵士はたいていそれより二寸か三寸高い程度の、今日的感覚からすれば低身長者が多かった。それを統率する幹部将校は見栄えや威厳等の問題により（かつての英軍では士官たる者の条件の一つは高身長者であった）、高身長者であることが望ましい。それに十分適格し、さらに筋肉質のやせ型、宝蔵院流十文字槍の練達者と運動能力も抜群。加えて当時の幹部将校たるに必須的修得技術といえる乗馬術においても、幼少年時の〝馬乗り小僧〟以来、お手のものである。

性格面においても同様である。さきに私は秋田人の悪弊の一つといえる成功者やうまくいった者に対するねたみ、そねみ的感情についてのべた。だが、美質もある。一つのことを愚直に粘り強く追い求めるという性癖である。その代表例が南極探検の白瀬矗《のぶ》（秋田県由利郡金浦町——現仁賀保市金浦生まれ）であった。白瀬は十代の初め南極探検を志した頃より、寒中でも薄着をし火には当たらず湯を飲まずといった鍛練を自らに課していた。全生涯を南極探検という一事に徹して生きたといってよい。

久直も白瀬ほどではなかったのかもしれないが、合戦ごっこに明け暮れていた幼少年時代、さらに浅草で引きこもっていたガリ勉時代の挿話でもわかるように、一つのことに熱中する粘着型性癖の持ち主であった。軍事という平時にはほとんど縁のない特殊技術の習得とその熟達には、ある程度長期にわたってそれに集中できる性格者が望ましい。というわけで性格面においても久直は高級軍人たるに十分の適格者であった。また実際にその性癖をよく発揮し、平時においては陸軍大学校の教官・校長を務め、さらに軍事参議官・教育総監として軍における教科書といえる『歩兵操典』『騎兵操典』の編纂にかかわり、戦時にあっては日清戦争時には第六旅団長（少将）、日露戦争時は第九師団長（中将）として大陸に出征するなど、生涯を「軍事」一途に徹して生きたと言ってよい。

なお、白瀬も久直より十三歳下の元軍人である。日露戦争では第八師団に所属し、予備役少尉として出征している。さらに明治三十八年一月の黒溝台戦では腕と股に銃弾を受けて負傷し、除隊となっている。もちろん白瀬は久直のことは、同郷の軍人としての最高的地位者として知っていたろう。ただし久直の方は、後年白瀬が有名になってからはともかく、軍人時代のことは承知していなかったものと思われるが。

久直が明治草創期の幹部将校たるに適していたのは資質面だけではなかった。境遇面でも同様であった。大島家が代々秋田藩の大目付であったことである。大目付とは平時にあっては軍の編成・統制の任にあたる。明治三年の暮れあたりから、辛未徴兵によって徴募された新兵が続々と入営してきた。その頃の久直に関する軍内部での評判が伝わっている。

「大島は話せる男」。元々は家職のようなものであるから当然のことかもしれないが、それら新兵の教育・編成・統制等に有能ぶりを発揮したということである。翌明治四年には中尉に昇進した。もう少壮将校ではない。中堅幹部である。その頃、久直が郷里の知人にあてた書簡には、こう記されていたと伝えられる。

「七年如夢（七年夢の如し）」

その七年とは浅草で引きこもっていた五年と、それに続く秋田における戊辰戦争時の一年、さらに十二所での一年を合わせたものだったろう。その間ひたすら次男坊という日蔭者の身分からの脱却を志して生きてきた、ということである。それにしても独立して一家を構えることがそれほどの念願事・重要事であったとは、生まれ落ちたときから一家の主のようなものである現代人の感覚では理解できない。

中尉に昇進して前途の目はしがあるある程度ついたその頃、久直は身を固めた。相手は茨城県の旧士族赤松源六の妹ナオ（後年貞子と改名）であった。大島家は秋田藩譜代の臣である。秋田藩主佐竹氏が江戸時代初期、常陸（茨城県）から移封されたとき、共につき従ってきた家柄ということである。そのこともあり、茨城は大島家にとっても故地であった。その縁であったものと思われる。

七年、少佐に昇進した。正式な身分は東京鎮台第一連隊第一大隊長である。当時、東京鎮台には全兵数約三〇〇〇名の中で佐官以上の高級者は司令長官（少将）、第一・第二連隊長（それぞれ一名ずつの大佐、または中佐）、大隊長（六名、階級は少佐）の合わせて九名しかいなかった。その中の一人であるから、もう軍の帷幕《いばく》に列する最高的幹部といってよい。

もちろん草創期の組織であるから尉官程度ならともかく、佐官以上の幹部の昇進には本人の力量の他に人脈も重要である。久直にはそれはありすぎるほどあった。前章で私はこうのべた。久直は戊辰戦争時、能代に至っていた新政府軍奥州鎮撫隊に秋田藩からの連絡官として派遣されたと。さらにその奥州鎮撫隊の隊長桂太郎のもとに一か月ほど近侍していたと。その桂が久直と同様に維新後、明治陸軍に身を投じてその頃、陸軍省参謀部少佐という軍の最高的幹部の一人になっていたことである。同じく少佐でも会社でいえば桂は本社の人事課長、久直は支社の営業課長のようなものである。桂には東京鎮台だけでなく、他の鎮台も含めて軍の人事を一手に左右できる権限があった。

加えて桂の上役といえる山県有朋との縁である。その明治陸軍草創期、山県は大村に代わって（大村は明治二年十一月に暗殺された）兵部大輔の任にあった。久直が山県の知遇を得たのは、当初は桂を通じてであったろうが、久直と山県には桂以外にも縁があった。桂が戊辰戦争時に率いていたのは長州藩の卒族（足軽・仲間）部隊であったことである（桂自身は上級士族であったが）。山県は元々は長州藩の卒族（足軽）である。共通の知人も少なからずいたものと思われる。加えて両者には槍術における宝蔵院流の同門者で、同じく武辺的気質の持ち主という共通点もある。というわけで久直は明治陸軍のエリートコースを順調に昇っていった。

なお久直は桂や山県との縁もあり、派閥的には長州閥の一員とされていたりするが、自分自身は後年、陸軍大将・教育総監という軍の最高的地位に登りつめても、自らの派閥なるものを作らなかった。晩年は孤高の将軍として世を送った。そのように衆に群れようとしないのも、（美質か欠点かはわからないが）秋田人の特質の一つである。そのことも関係するのではないかと思われる。秋田出身で名を成した政治家も財界人もほとんどいないと言ってよい。首相は一人も出ていないし、大臣もほんの数えるほど。有名な財界人もまずいない。

鎮台とはもともとは〝台〟すなわち、ある地点から見晴らせる一帯で叛乱や騒乱的事態が発生した場合、それを〝鎮める〟役を果たす、というような意味あいを有する。明治初年期、実際にそのような騒擾的事態が各地に発生した。佐賀の乱（明治七年）、萩の乱（山口県、明治九年）、神風連の乱（熊本、明治九年）、秋月の乱（福岡、明治九年）などである。それらはほどなくその地の鎮台兵らによって鎮圧されたが、明治十年、一地方的鎮台などでは対処しきれない大乱が発生した。いうまでもなく「西南戦争」である。

田原坂戦で参謀官〝失格〟

西南戦争は期間は二月下旬～九月下旬、総兵力は政府軍約六万、西郷軍（賊軍、あるいは薩摩軍としている書もあるが、〝賊〟などという差別的用語は使いたくないし、熊本人や大分人、宮崎人も相当数加担しているから、薩摩軍とするのも適切とは思えない。ただ、西郷隆盛がいなかったら西南戦争も発生していなかったと思われるから、本書では以後、このように表記する）約三万による、七か月に及ぶ大戦であった。

久直はその大戦の初期の田原坂戦から最後の城山戦に至るまでほぼ全期間参戦し、九州各地を転戦している。身分は東京鎮台参謀部副長兼第一連隊第一大隊長（少佐）であった。日清戦争以後の日本陸軍では参謀官と実戦部隊の長を兼ねさせることはまずなかったが、当時はまだ軍の草創期、佐官以上の高級者が少なかったためと思われる。

ただし、参謀官の方は緒戦時の田原坂戦で〝失格〟となった。失格の判定を下したのは他者ではない。おそらくは久直自身であった。その理由については特に語ったというふしはないが、田原坂戦があまりにも凄惨にすぎたこともあったものと思われる。

田原坂戦は三月四日～二十日の十七日間にわたって行われた。その間の政府軍の死者数だけを次に記す（数字はすべて概数）。

四日〈六〇〉、五日〈三〇〉、六日〈二五〉、七日〈八〇〉、八日〈四〇〉、九日〈三五〉、
十一日〈四〇〉、十二日〈一五〉、十四日〈一〇〇〉、十五日〈二〇〇〉、十七日〈七〇〉、
十八日〈五〇〉、二十日〈一二〇〉

死者の出ない日は戦場整理、もしくは次なる戦闘の準備のため休戦としたからである。総計

約八五〇名。〈傷〉は通常〈死〉の二倍半から三倍ほどは発生するものであるから、死傷合計三〇〇〇名あまり。田原坂戦に参加した政府軍部隊は全六十数個中隊約一万名であるから、全軍の三分の一近い損害である。軍隊では一般に全軍の半数程度の死傷が発生したら〝全滅〟といわれる。それに近い惨状といえる。なぜそのような凄惨な状況に至ったのか。最も死者数の多かった十五日のある戦いの様相をみてみよう。

田原坂は山中を深く切り開いて人工的に造成した、つまり全体的に凹状の形態をした坂道である。西郷軍はその坂道の一箇所の拠点につき、くぼみの部分（本道部）とその両側の突起部にそれぞれ一つずつの計三個の堡塁《ほるい》を築いていた。それら三個の堡塁のうち突起部のそれの攻防戦が田原坂戦全体の主たる戦場となった。（政府軍が）突起部の堡塁の一つでも奪えれば、銃砲力に優る政府軍はそこから他の二個の堡塁は容易に制圧できるが、逆に奪えないと本道部をいくら大部隊で進撃しても（突起部側の塁から）俯射されて容易には進めないからである。田原坂戦とはその意味では西郷軍の突起部に構築された堡塁に対する政府軍による攻略戦、のようなものだった。その一つを西南戦争に関しては最も詳細な（全四巻合計三一〇〇ページ余もある）根本史料といえる、旧参謀本部編による『征西戦記稿』から抜き出してみよう。

「第十四連隊第二大隊第二中隊約一五〇名は今暁、鉢割山の賊塁攻略の任を帯び、早天境木の本陣を発す（略）。森林地帯を東北より進むが弾丸が雨のように降り注いできた。賊塁近くでまず先頭を行く乾少尉が斃《たお》れ、次いで指揮官の戸田中尉も重傷を負って退く。にもめげず、原田少尉補が代わって指揮をとり猛進したが、原田もまた斃され、一隊の将校ことごとく死傷した（一つの中隊には通常将校は中尉、少尉、少尉補の三名しかいない）。部隊少なからず動揺したが工藤・菱刈・河原井の三軍曹代わって指揮をとり、部下の動揺を鎮め、なお戦う姿勢を示し、先頭になって進む。ほどなく工藤・菱刈が斃れ、河原井も傷つき、またも兵は動揺したが、篠原曹長・星野伍長がそれら潰兵を山麓に集めて戦う姿勢を示す。そのとき応援の警視隊と第十四連隊第三大隊の第二中隊が来た。合計三中隊を二分し、一隊は右方の森林地帯を、一隊は左方の渓谷より射撃しながら猛進し、遂に進軍喇叭《らっぱ》の号令とともに賊塁に突入し、大いに賊を破った」

将校が斃されたら軍曹が、軍曹が同様になったら伍長が代わって指揮をとり、一部隊の幹部ことごとく死傷というような事態に至ってもまだ戦意を失わず、敵陣地へ向かっての突貫攻撃を敢行したということである。なぜそれほどにまで田原坂突破に執着したのか。当時、福岡方面から熊本に至る道筋のうち、図体が大きくて重い砲車を通せるのは田原坂街道しかなかったからである。

結果をいえば俗謡に「越すに越されぬ田原坂」とあるように、田原坂は〝抜けなかった〟。そのように攻撃部隊が全滅を期しても抜く必要のある塁が、田原坂全体に一二〇ほどもあった。政府軍の全六〇数個中隊をすりつぶしてもまだ足りない。『征西戦記稿』が「三月二十日、田原坂を正面からだけで攻めるのは損害が多すぎるからと、賊軍の後方にも（部隊を）廻り込ませたことにより、賊は（田原坂から）後退した」と記しているように、政府軍が植木方面（熊本から見て右方）の間道を通って別働部隊を廻り込ませ、田原坂を前後から挟撃する体勢を示したことにより、西郷軍が後退しただけである。

その田原坂戦において久直は後年、「自分は（田原坂戦のときは）後方にあって留守をしており、自らの指揮下にある四中隊のうちの三中隊を人に貸していた」と語っているように、(久直は留守などという韜晦《とうかい》的表現をしているが)実際は第一旅団の参謀部副長として作戦指揮を担当していた。兼職していた実戦部隊の指揮官と参謀官のうちの参謀官の仕事をしていたのである。そのさい、久直は一つの「抗命事件」を発生させている。

野津司令官ら第一旅団の首脳部を集めての参謀会議の席上であった。ある作戦について久直にはどう考えても「無理攻め」のように思われた。それで旅団長・参謀長らにその作戦の中止を具申した。『征西戦記稿』には政府軍内部の〝内輪もめ〟的事件はこれ一例くらいしか載っていないところをみると、それはよほど強硬なものだったらしい。結局、久直の言い分は通らず作戦決行となった。さらに、前述したほどではなかったのかもしれないが損害が多数発生し、作戦自体は失敗に終わった。

ただし、それをもって単純に久直の言い分が正しく、参謀長らのそれが間違っていると、決めつけるわけにはいかない。参謀官とは目前の多少の犠牲を払っても最終的目的(この場合は田原坂を抜くこと)完遂のために尽力しなければならない立場であるのに対し、実戦部隊の指揮官は実際にその〝目前の犠牲を被る立場〟にある。その二者は両立しないのである。

なお、西南戦争以前の軍隊では両立しえた。久直家の家職である大目付がそうであった。大目付とは戦時では戦目付《いくさ》となり、後方にあってまず作戦を立て、さらに自ら実戦部隊を率いて最前線に出て戦ったりする。久直の父源治が戊辰戦争時、秋田藩の大目付(戦目付)として実際にそれを行ったことは前述した。父の事例を身近に見ていたこともあり、久直は西南戦争でもそれは可能と考えていたのかもしれない(西南戦争時、佐官以上の高級者が少なかったための兼職だったものと思われる。乃木希典少佐も（高級者が少なかったため）通常なら中佐か大佐しか就けない地位の第十四連隊長として西南戦争を戦っている。ただし、乃木の身分は正式には連隊長心得（仮の連隊長という意味）であったが）。だが戦争全体が大規模的かつスピーディ的にさらに過酷的にもなった近代戦ではそれはできないのである。なお、西南戦争以後は参謀官と実戦部隊の指揮官は原則として別々に養成するシステムになり、特に日露戦争期では参謀官には実戦部隊の指揮権はない、というふうに定められた。

ともあれ、久直はおそらくは田原坂戦で参謀官と実戦部隊の指揮官のどちらを選ぶかの岐路に立たされた。そのどちらをとるかは本人の資質や人生観、それまで歩んできた人生行路等に規定されるものと思われる。その結果、後者を選び、西南戦争以後は参謀官的地位には二度と就いていない。さきに述べたように、明治草創期の陸軍の人事権を一手に握っていたのは盟友桂太郎である。桂は西南戦争時は欧州地域担当の武官として独公使館に勤務していて日本にはいなかったが、帰朝後は桂は陸軍省、久直は東京鎮台とともに東京に居住していたこともあり、軍と鎮台との連絡会議などの席で顔を合わせることも少なからずあったはずである。そのさいは「実戦部隊だったらどこへ行かされてもかまわない。そのかわり、参謀官だけはカンベンしてくれ」くらいのことは、伝えておいたのかもしれない。

指揮官としての初めての実戦

田原坂戦以後、久直は第一旅団の中枢部から離れ、実戦部隊の長（東京鎮台第一連隊第一大隊長）として部下六〇〇名ほどを率いる身となった。田原坂が陥ちたのは三月二十日、久直部隊が属する正面軍が熊本城に達したのは四月十五日、その間二十五日ほどかかったことになる。田原坂と熊本城の間はわずか十四、五キロほどしかない。馬乗なら一時間、徒歩でも三時間もあれば行ける近距離である。それなのになぜそれほどの時日を要したのか。その間、熊本城を指呼の間にして各所で〝小〟田原坂戦が展開されたからである。あのあたりは小丘やら叢林やらが連綿として連なっている丘陵地帯。西郷軍はそれらの各所に田原坂と同様の堡塁を築いており、各塁にはそれぞれ数十名から一〇〇名ほどの守備部隊をおいていた。政府軍はそれらに対し、田原坂戦と同様、まず砲撃によって制圧し、さらに銃撃を加えて射すくめ、最後は銃剣突撃を敢行したりしてしらみつぶしに攻略しながらの進撃であったから、それほどの日数がかかったのである。しかも西郷軍はただ塁に籠って守備しているだけではなかった。ときには塁を出て逆襲してきた。その一つが、久直が生涯において初めて実戦部隊の指揮官として戦った滴水《たるみ》戦であった。

滴水は田原坂の南方三キロほどにある小集落である。西郷軍はそこに振武隊長貴島清率いる八〇〇名ほどの守備隊をおいていた。振武隊とは西郷直属軍八大隊のうち、特に勇猛の士を選抜して結成された遊軍的部隊であった。政府軍は三月二十三、二十四の二日間かけて総攻撃を敢行して敵塁をいくつか奪い、貴島部隊を退却させた。その間の政府軍側の損害は次のとおりであった。

二十三日、死〈五〇〉、傷〈一五〇〉。

二十四日、死〈三〇〉、傷〈八〇〉。

死傷合計約三〇〇名、田原坂戦に劣らない惨状である。政府軍は熊本城を目前にして、このあたりで力攻めをかけようとしたものと思われる。一方、貴島部隊の方は死だけで一〇〇名ほどもあった。それで貴島部隊を制圧できたと思った。だが、そうではなかった。翌二十五日、逆襲してきた。この日、朝から霧が深かった。霧の深さは銃砲が少なく、あっても瞬間的には撃てない旧式銃が主体の西郷軍に有利である。それを見てとってのことと思われる。貴島部隊は抜刀し、全軍躍動してきた。兵力は六〇〇程度であったらしい。『征西戦記稿』はこう伝えている。

「官軍諸部隊皆損害を受け、大いに潰《つい》ゆ」。さらに「諸隊皆敗退して退く」。政府軍の諸部隊は各所で貴島隊に蹂躙《じゅうりん》され、いったん奪った堡塁をまた奪い還されたりしたのである。その結果、政府軍のこの日の損害は死〈一〇〇〉、傷〈三〇〇〉ほど、田原坂戦以来の大損害であった。久直はこの日の戦況についてこう語っている。

「賊はいわゆる瓢悍《ひょうかん》の徒で、得意の斬り込みには官軍も散々に悩まされたものだ。特に三月二十五日の滴水における斬り込みは最も壮絶を極めたものであった。敵将は勇猛をもって名のある貴島清で、朝靄《あさもや》に蔽われて急に斬り込んで来たのである。敵は鋭鋒、残念ながら（味方は）散々に打ち破られた。（官軍は後退したから）敵は背進するを得たりと一層勢い猛に斬り込んでくる。一時、味方は意気地がなかったが、近衛部隊の奮戦により、ようやく全隊の潰滅を免れえた」

当時、政府軍の一般兵士は農・工・商など非士族階級出身者が多かったこともあり、抜刀しての白兵戦に至ると西郷軍に及ばず、逃げの姿勢であったりした。ただ、近衛部隊だけは士族階級者上がりがほとんどであったので、格闘戦に至っても西郷軍と対等に斬り結んだものである。なお、振武隊長貴島清と久直は面識があったものと思われる。貴島は元近衛軍の少佐、同じく東京地域駐在部隊の佐官として、連絡会議などで顔を合わせる機会もあったはずであるから。

以上のように、熊本城を目前にして各堡塁を取ったり取られたりしての攻防戦が続いた。戦線は凹凸しており、両軍の堡塁は近接していた。二十七日の『征西戦記稿』にはこのような状況もあったと伝えている。

「官軍と賊軍の塁はごく近く、二、三十間（四〇～五〇メートル）とない。声が届くから互いに罵声《ばせい》を浴びせ合ったりする。興がのって塁から立ち上がりからかいあったりする徒輩もいた」

そのはてにこの日は戦いもなかったのに政府軍側に十二名もの死傷が出た。

「オマエらのひょろひょろ弾など怖くないぞ、悔しかったら撃ってみろ」などと塁から身を乗り出したりし、実際に撃たれたりしていたのである。いつまでもからかい合っているわけにはいかない。熊本城には飢えに苦しむ政府軍将兵とその家族ら三五〇〇人ほどが籠城している。翌二十八日、久直の部隊に旧戦線を回復せよとの命令が下された。久直は後年、このときのことをこう語っている。

「生まれてこのかた、兵を指揮して戦《いくさ》をするのはこれが初めてであった」

十年前の戊辰戦争で実戦の経験があると言っても、あのときは一兵士として指揮官の命ずるままに行動すればよかった。今度はその指揮官として一大隊六〇〇名ほどの部下を率いて敵陣に突入する立場である。戦場においては一般兵卒と指揮官では事前の心構え、覚悟等々、随分と異なるものらしい。特に緒戦となると生涯の記憶に残るといわれている。その思い出の緒戦の状況も、久直自身に語ってもらおう。

「僕は必ず敵は頑強に抵抗するだろうと思っていた。相隔《へだ》つること一町（八〇メートル）もない程で、敵の情勢が明らかにうかがえる。何程のこともなかろうと、最初はまず銃を発射して敵状色めき渡る頃、『着けー、剣』と号令を発し、（銃に銃剣を装着し）進軍喇叭を吹いてソレっとばかりの鬨《とき》の声を挙げて突っ込んでいくと、敵は直に退却して何の苦もなく戦線を回復しえた。思ふに敵は既に退却するつもりで居たのかもしれぬ。以上が僕の（西南戦争における）戦歴の概略である」

久直の実戦に関する回顧談にはこの種の諧謔《かいぎやく》、もしくは韜晦的なものが多い。「勇戦敢闘して敵部隊を殲滅《せんめつ》した」というふうなものはまずない。人柄だろうか。それとも「勇将、兵を語らず」の古戦訓を処世の戒めとしているためなのだろうか。

なお、その〝勇将〟うんぬんについて付言しておくと、〝兵〟とはまず兵士のことではない。〝戦さ〟つまり実際の戦闘行為のことを意味する。勇将ほど実戦においては敵兵を多く殺傷したりする。それは戦時においては正規の戦闘行為として許されても、平時にあっては犯罪のしかも重罪である。したがって平時にいてそれを聞かされる一般人には異様にも受け取られたりするから、戦時における戦闘行為などを（平時では）軽々しく語ってはいけない、というふうな意味合いも有する（私も十代後半の頃、日中戦争に従軍したある元日本兵から、敵陣地に銃剣突撃を敢行したさい敵兵の胴体を銃剣で刺突したところ、意外と簡単に突き刺さるものだった、という経験談をきかされてショックを受けたことがある。それは六十年近くたった現在も鮮明に記憶しているほど強烈なものだった――閑話休題）。

正面軍熊本城到達一番乗り――挺進と擅進と

西郷軍は以上のように戦いながら退くという戦法だった。そのように各堡塁を奪ったり奪られたりしながら持久しているうち、熊本城の兵糧が尽き、もしくは籠城兵の戦意が衰えるのを待って総攻撃をかけたりして（城を）陥とす、ようするに時間かせぎである。

その〝時間〟は結果をいえば政府軍の方が勝った。政府軍の正面軍、つまり第一、第二旅団が西郷軍の守備陣を各所でつぶしながら熊本城に迫ったのが四月十四日。翌十五日を期して、両旅団から選抜された左翼隊・中央隊・右翼隊の三部隊による熊本城への一斉進撃指令が発せられた。久直は中央隊の指揮官であった。以後の戦況は『征西戦記稿』の記述を借りる。

「十五日早暁、三部隊同時的に進発した。各部隊熊本城下に入り、（市内各地に潜伏している）余賊を追って進む」

その進撃速度が速すぎ、かつ各隊バラバラ的になりすぎたため、首脳部（第一、第二旅団長ら）はいったん兵をとめて集合させ、三隊まとめての進撃とさせようとしたが

「諸隊、積日の（停滞の）鬱積を晴らさんと、さながら逆流の堤を決壊せんが如き状況となり、制止するをえなかった」

熊本城を指呼の間にして二十数日も遅滞していた。今ようやくそれから解放され、各隊はやりにはやって進撃し、その勢いは（首脳部がいくら制止しようとしても）止められないほどであったということである。

その奔流のような進撃軍の先頭を行くのが中央隊、つまり久直率いる第一旅団東京鎮台第一連隊第一大隊兵約六〇〇名であった。久直部隊は「硝煙空を蔽う」熊本城下に達し、一人の老人を見かけた。熊本城までの道のりを尋ねると「二町（二・六キロ）ばかり」と言う。さらに勇躍として本道（京町口）を猛進し、遂に熊本城に達した。午後三時頃のことだった。そのとき、「城兵官軍なるを知らず銃撃してきたが、我兵銃を振り、隊旗を掲げて官軍なるを知らしむると発砲は止んだ。そして我兵は賊塁に整列し城兵とともに万歳を三唱した。ほどなく城側から樺山・林・児玉の三佐官が出てきて、久直と会見した」

児玉（源太郎、当時少佐）とは久直が第九師団長（中将）として旅順・奉天で戦った日露戦争時、満洲派遣軍総参謀長（大将）であったその人であることは言うまでもない。

ただし、熊本城はその一日前の十四日、衝背軍によりすでに解放されていた。正面軍の進撃が西郷軍の抵抗のため遅滞しているのを憂慮して政府軍首脳部は三月末、八代に別働第二旅団と新撰旅団の二軍団を海路派遣し、熊本城に南方からも迫っていた。それら衝背軍は西郷軍主力が正面軍との対応に追われている間隙を突いて進撃し、その一日前の十四日、すでに熊本城の正面口（天守閣・城門のある方面）に到達していたからである。そのときの情景も『征西戦記稿』をかりる。

「衝背軍右翼隊指揮官山川（浩）中佐隊は、一大隊約六〇〇名を率いて十四日、城に迫った。（城下の）各所から火の手が上がっている。辰巳橋に近づくにつれて（城を包囲している）賊の抵抗が激しくなってきたが、それを排除してさらに進み（城門にかかる）下馬橋に達する。そのあたりで城内からも発砲してきた。兵を止めて整列させ、隊旗を先頭に掲げて進む。

それを見て城兵初めて官軍なるを知り、(城からの)発砲は止んだ。さらに城内からは歓喜感激の声が湧き上がり、傷痍《しょうい》の人も杖を突いたり、戦友の肩にすがったりして城壁に群がり、重傷者の床に伏している人も(床から)這い上がり、戸外に出たりした。医官もそれを制止できなかった。さらに樺山中佐以下の幹部将校は城を出て迎え、山川中佐は城内に入って守城軍司令官谷干城《たにたてき》少将と面会した」

西南戦争に関する史書類には必ずと言ってよいほど引用されている感激的シーンである。久直部隊が熊本城に達した十五日には、このような(傷者も病者もこぞって出迎える)というような場面が見られなかったのは一日前、すでに衝背軍が到達していたからである。

ただし、山川の行為は後に衝背軍司令官山田顕義少将より「譴責《けんせき》」処分を受けている。当初は正面軍、衝背軍同時に十五日に熊本城に殺到するという予定だったのに(その頃、両軍を結ぶ電話線は開通していた)、山川部隊だけがそれを守らず、一日早く到達してしまったからである。十五日を期し、政府軍の全軍、全部隊うちそろって西郷軍全部隊を包囲攻撃し、壊滅させるという作戦だったのに、山川部隊の独断的突出行動によりそれが果たせず、結果として西郷軍本隊も含むかなりの数の敵軍を、東方の低山地帯などに逃がしてしまったことに対してである。

またその譴責にさいし、山田は山川の行為を「擅進《せんしん》」とまで決めつけている。己のほしいままの自分勝手なわがままな行為、ということである。さらに、たんに一番乗りをするだけなら衝背軍の他の部隊、たとえば三好・高島・中村隊(衝背軍はそれら四部隊が先頭になって進軍していた）だって山川隊より先にできていたかもしれないのに、彼らは軍命令を守って十四日は兵を止めていたと述べている。一方、久直部隊の正面軍熊本城到達一番乗りは、『征西戦記稿』によれば、「挺進《ていしん》」とされている。たんに他部隊と競争し先を争って進撃した結果としての、（他隊より）抜きんじての到達ということである。

なお、山川は元会津藩の一千石とりの家老、戊辰戦争時は会津藩部隊の主将の一人として籠城軍を指揮して戦った。そのさい、攻城側の新政府軍首脳部の一人が当時、土佐藩兵を率いていた谷干城であった。明治新時代に至り、賊軍との汚名を着せられて市井で逼塞《ひっそく》していた山川を知り、その剛勇を惜しんでその頃、新政府の要職にあった谷が引き立てた。それもいきなり陸軍少佐という厚遇であった。恩人谷に報いる意味もあっての、山川の一日早い独断的熊本城到達であったといわれる。がやはり、そのような私情に一分の理を認めるにしても、西南戦争全体の帰趨《きすう》からすれば、譴責処分を受けても仕方のない山川の独断的行為であったといえる。もしかすると、つまり山川隊の突出的進撃がなくて正面軍・衝背軍の全軍うち揃っての十五日の包囲攻撃に至っていたら、西郷軍のかなりの部隊を殲滅《せんめつ》でき（西郷軍の首脳部を含む本隊は包囲される前に熊本の東南側の益城郡あたりに撤退していたらしいが）、西南戦争そのものもその時点で終了という事態にも至っていたのかもしれないのであるから。また、政府軍首脳部にはそのようなもくろみもあったといわれている。

ある秋田人の〝殉死〟

熊本城は解放された。だが、西郷軍はまだ戦意を失ったわけではなかった。熊本城の東南三キロほどの保田窪・健軍《たけみや》（いずれも現熊本市）あたりに蝟集《いしゅう》し、なお継戦する姿勢を示していた。政府軍にすればそれらを排除するための戦い、つまり政府軍が西郷軍に総攻撃をかけた四月二十、二十一日の保田窪・健軍戦は、田原坂戦以後最大的規模の攻防戦といってよいものだった。兵力は政府軍約三万、西郷軍一万程度であったらしい。そのうち特に激戦であった二十日の保田窪戦について結果だけ記すと、両軍の損害は次のようなものだった。

政府軍、死〈八〇〉、傷〈二〇〇〉

西郷軍、残屍だけで一〇〇〇あまり

残屍とは死体を収容することができず、（それを放棄したまま）後退した、つまり敗走に至ったということである。それが一〇〇〇以上ということは、戦場ことごとくに西郷軍の戦死体に満ち満ちていたというふうな状況である。翌日の健軍戦も合わせると、その二日間で西郷軍は潰滅的損害を被ったものと思われる。実際、以後は西郷軍による組織的抵抗は止んだといってよい。

その保田窪戦で一人の秋田人の〈死〉があった。中村恕助（三十三歳）という。中村は代々、秋田藩の祐筆筆頭を務める一三〇石どりの家柄の長男に生まれた。幕末維新の動乱期、人はそれぞれ夢を抱き、（動乱に乗じて）その夢の実現に向かって行動を起こしたりしていたものである。大島久直の夢は次男坊という日蔭者の身分からの脱却であったことは、繰り返しのべた。中村は長男であるから、そのような生きて行くためといった切実な夢ではない。もっと高邁《こうまい》な（？）理想、「征韓」であった。征韓論は西郷隆盛が初めて主唱したかのようにとらえられていたりするが、そんなことはない。神宮皇后の三韓征伐（それは伝説らしいが）、秀吉の朝鮮出兵以来、わが国の一部の民族主義者たちの間で連綿として受け継がれてきた共通の〝夢〟といってよい。そのことは日本国周辺の地図を開いてみればわかる。朝鮮半島はわが国の横腹に突き刺すような形状をしている。その間の距離は二〇〇キロほど。それは手こぎ船や帆船の時代なら相当の遠距離であったが、動力船の時代に至るとわずか数時間で到達できる近距離である。それほどの近国がわが国と政体を異にする強国の支配下に入ったら、日本国民は安閑としておられない。実際、近代ではないがそのような事態に至りそうなことがあった（元寇）。というわけで、できたら朝鮮半島を日本国の支配下においておきたい。それがかなわなかったら、せめて日本側の統制を受ける政体にしてしまいたいというのは、近代日本における一部の民族主義者たちの夢であった。

明治新時代になり、中村は実際にその夢の実現に向かって行動を起こした。諸国を歴訪して同志をつのり、軟弱外交（征韓を実行しようとしない）を続ける新政府の転覆を企てた。それが露見し、捕えられた。明治三年のことである。同時に捕えられた同志が三〇〇人あまりいた。江戸伝馬町の牢獄に入れられ、詳しい鋒起計画、さらなる同志を白状せよと連日、拷問《ごうもん》にかけられた。だが、最後まで口を割らなかった。その結果、下された判決は「士籍を剥奪《はくだつ》して庶民の列に下し、終生牢獄入り」というものだった。ようするに「終身刑」ということである。

その剛直ぶりが同じく征韓論者の西郷に伝わった。その頃、明治新政府の最高的実力者であった西郷が、終生牢獄入りなら東京の牢に入れるのも鹿児島のそれに入れるのも同じことと、（鹿児島の牢舎に入れるという条件で）引き取った。ところが中村が鹿児島に送られてみると、牢舎入りどころか邸宅を与えられ、行動は自由、もちろん身分は士籍のまま、という厚遇だった。さらに明治六年、西郷が征韓論に敗れて下野し鹿児島に帰ると、私学校の教授に迎え入れられた。むろん、西南戦争では幹部の一人として従軍した。正式な身分は遊撃八番大隊軍監であった。隊長の補佐役として後方にあって指揮をとる首脳部の一人ということである。

だが、保田窪戦では後方になどいなかった。戦況が不利になるや軍監自ら最前線に出て戦ったといわれる。そのはての〈死〉であった。そのころ、おそらく中村には西南戦争全体の帰趨《きすう》は正確に見通せていたものと思われる。田原坂で（西郷軍の）進撃は食い止められた。熊本城も奪還された。自軍の戦勢は日に日に非勢になりつつある。一方、敵（政府軍）方は日を追うごとに強大になっているということは、後方にあって指揮を取っている身には切実にわかる。西郷軍の崩壊もそして西郷隆盛本人の終末も近い、との認識はあったものと思われる。恩人西郷に先駆けての「殉死」ではなかったのか。

なお、中村家は大島家と同じく秋田藩の内官（城内勤務者）である。幕末時、秋田藩では百石取り以上の内官は五〇家ほどしかいなかったから、久直はもちろん中村家のことは知っていたものと思われる。年齢は中村が四歳上であったから、直接の交友関係などはなかったのかもしれないが、藩校明徳館の先輩として顔くらいは見知っていたはずである。ただし、久直の部隊は保田窪戦には参加していない（後方警備の任にあたっていた）から、中村が鹿児島に至ってからは秋山貞一と変名していたこともあり、（久直が）中村の死を知ったのは西南戦争のずっと後年のことだったものと思われる。

中村がおそらくは予測していたように、政府軍が保田窪・健軍戦に続いてもう一押しか二押しすれば、つまり全軍全部隊で西郷軍に総攻撃でもかけていたら、西南戦争もその時点で終了、ということになっていたのかもしれない。だが、その一押し二押しができず、一時的休戦となった。政府軍の武器弾薬のうち、特に銃弾の備蓄が残り少なくなっていたことにもよる。緒戦の高瀬戦（二月二十五日）から熊本城解放戦に至るまでの五〇日間で、政府軍が消費した銃弾の記録が残っている。総計約一六〇〇万発。一日当たり約三二万発である。それに対して当時、国内では唯一の兵器製造工場であった大阪工廠《こうしょう》における銃弾製造能力は、一日あたり約四万発でしかなかった。もう一度、田原坂戦規模の戦いをするだけで銃弾の必要量は五〇〇万発ほど、つまり四か月も待たなければならない。そんな悠長なことはしておられないから、国内の各鎮台からかき集めたり、緊急に諸外国に発注したりしてある程度の量の銃弾を調達するまでに二か月ほどかかったということである。

なお、保田窪戦で久直部隊が最前線には出ないで後方警備役であったのも、その銃弾の消費の問題による。各部隊はそのように当初、配分された銃弾が十分でなかったため（というよりは激戦続きで予想よりはるかに多く消費したため）、久直部隊についていえば、熊本城解放戦では第一線で戦い、次戦の保田窪戦では第二線以下に待機しているというふうに、常に各部隊の銃弾の（もちろん人員ついても）消費量・消耗量を均一的にする、というふうにしていたからである。

三田井（高千穂峡）で民政官の日々

その二か月の休戦の間に、西南戦争は新しい局面を迎えつつあった。それの一つが三田井（現宮崎県高千穂峡）における当時の表現によれば〝草賊〟の問題であった。

西南戦争勃発時の三月下旬、西郷軍の鋒起に呼応して大分県北部地方で大規模な騒動が発生した。「中津暴動」である。西南戦争における西郷軍は士族階級者が主体となっていたので〈戦争〉といってよいものだったが、中津の方は『征西戦記稿』が「凶賊数万人が蝗集し、竹槍を手にし莚旗《むしろばた》を押し立てて気勢を上げ」と記しているように、明治新政府の為政に不満を抱く（新政府になって旧幕時代よりかえって重税が課せられたりした）一般民衆主体の〈一揆〉のようなものであったから、簡単には収束しない。主力はほどなく政府側の警察部隊によって鎮圧されたが、残党は豊後（大分県南部）の重岡・竹田、さらに日向（宮崎県）地方にまで逃げた。それに保田窪・健軍戦で敗れて東方に逃れた西郷軍の残党が合流し、北九州東部の山岳地帯において、政府軍に対する一大抵抗戦線を形成しつつあった。その拠点のうち最大のものが、今日では高千穂峡として知られる三田井（宮崎県）であった。

三田井は天皇家発祥の地（近くに天の岩戸神社がある）とされていることからもわかるように、古くから開けた方三キロほどの広豁《こうかつ》な盆地である。東は延岡、西は熊本、北は竹田、南は椎葉村を通って米良庄《めらのしょう》（いずれも宮崎県）に通ずる山間の要衝でもある。その拠点奪還、もしくはそこに蟠踞《ばんきょ》する抵抗戦線の鎮圧のため大島部隊、つまり東京鎮台第一連隊第一大隊を主体とする約八〇〇名が派遣された。六月末のことである。三田井地方における大島部隊の任務はまず、それら抵抗戦線の排除であった。その一部を『征西戦記稿』から抜粋する。

〈七月二日〉　馬見原（熊本・宮崎県境の峠）を越えて三田井に攻め込む。この日、賊を斃すこと無数。味方の損害は死〈三〉、傷〈十二〉。

〈七月四日〉　再度、三田井に攻め入る。さらに（三田井地方の）賊を追い以後、本営を（占領した）三田井におく。敵は小村ごとに五〇、一〇〇と分散している様子。この日、官軍の死〈五〉、傷〈十五〉。

〈七月八日〉　賊、延岡方面から大挙して襲来。その数約一五〇〇。賊部隊は砲二門を有する。だが（無施条の旧式砲のため）射程距離が短く、砲弾は味方の塁には届かない。官軍、塁から出て銃剣突撃を敢行して追い払う。この日、賊軍からの投降が多い。それによって賊軍の内情が判明する。指揮官クラスは西郷軍の残党で、延岡・三田井近辺の一般住民を強制的に徴集して兵卒としているとのこと。だが、苦役を課せられるため、民心も次第に西郷残党軍から離れていきつつあるとのこと。

以上のように七月初旬あたりから三田井地方は完全に大島部隊の支配下に入った。ただ『征西戦記稿』が「塵戦《じんせん》日ならず」と記しているように、時折少数のゲリラ的部隊が襲来したりしていたが、それも次第に収束していったらしい。

大島部隊は結局、七月初め頃から八月中旬あたりまで一か月半ほど三田井に駐屯していたのであるが、その間は一種の軍政を敷いていた。さらに民政官のような仕事もしている。その一つが橋の架設であった。高千穂峡は五ケ瀬川の最上流部、峡谷は深く、流れは激しい。大雨が降るとたちまち一丈（三メートル）ほども増水し、その間、両岸の往来は不可能的になる。橋があると住民の交通にも軍の迅速な展開にも便利である、というわけで高千穂峡に吊橋を架けたのである。軍の工兵が主体になり、土地の人を人夫として使って長さ三〇間（五六メートル）、幅一間（一・八メートル）ほどの橋を架設した。二〇日くらいかかったらしい。そのさいの工賃の支出記録が残っている。

材料費・約一〇〇円
人夫賃・約三〇〇円
合計約四〇〇円。当時の一円は現代の価格にすれば一万五千円ほどに相当する（白米一石（一五〇キロ）が四円程度であった）から、今日的にいえば六〇〇万円くらいかかったことになる。ただし、それには工兵の費用は入っていないから、それも含めると総額一〇〇〇万円程度になるだろうか。現代でも山間の渓谷に吊橋を架けるとなると、それくらいはかかるものと思われる。
なお人夫賃、つまり土地の人の使役賃は一人一日あたり三〇銭であった。今日的に言えば四五〇〇円くらいに相当するが、他に昼食代として五合の白米つきであるから、当時の山間僻地における人夫賃としてはこの程度のものなのかもしれない。ついでに言うと、田原坂戦さらにそれに続く熊本城周辺戦でも、政府軍は土地の人を多数人夫として使役したが、そのさいの賃金は一人一日あたり五〇～六〇銭（七五〇〇～九〇〇〇円）であった。危険手当が含まれる分、高かったのかもしれない。
さらに大島駐屯部隊は道路の補修・整備・新規開設など、三田井における久直の役目はほとんど民政長官のようなものだった。さきに私はこう述べた。久直は戊辰戦争後、郡代を夢見て秋田の山間の村に至ったと。その〝夢〟の一部が十年後、高千穂峡において実現したということである。
ただし、失敗もあった。駐屯部隊の炊事人として土地の婦人を（もちろん賃金を払って）雇ったことである。実戦部隊という殺伐とした男所帯の中に女性が加わると、どうしても和らいだ雰囲気が醸成《じょうせい》される。その駐屯している間にも時折、敵ゲリラ部隊が襲来して来たりする。くつろいでいた兵士がいきなり死ぬ生きるの修羅場的状況に至れるものではない。というわけでほどなく女性の炊事婦は廃止され、男性の老人に代えられたという。

以上のように、政府軍は土地の人を使役するさいは必ず対価を払った。そのためもあり、西南戦争全体に費やした費用は約四〇〇〇万円に達した。当時の年間予算ほどにも相当するから、今日的にいえば一〇〇兆円近くになるだろうか（そのためもあり西南戦争以後は国内全体がしばらくインフレ的になった）。一方、西郷軍は全戦費は一〇〇万円程度でしかなかった。西郷軍は地元民を使役するさいも、金がないから十分な対価を払えず、払っても西郷札（ただの紙切れに金額を書いただけの私的紙幣）であったりした。そのようなこともあり、当初は西郷軍の挙兵に同情的であった南九州地域の民心も次第に離れ、はては（西郷軍そのものの）崩壊にも至ったということである。

長井村付近で西郷軍包囲網に加わる

この間の西郷軍本隊の動静について記すと四月下旬、保田窪・健軍戦で壊滅的惨敗を喫した後、人吉（熊本県南東部）地方に逃げた。五月初め頃のことである。人吉は四方を急峻な山岳や狭い峡谷に囲まれた天然の要害。そこで二か月ほど持久した。その間、両軍の本格的交戦はほとんどなかった。政府軍が（人吉に）攻め入る道路の整備に時間がかかったことの他に、前述したように武器弾薬のうちの特に銃弾の補充のためでもあった。

それがある程度整った六月末、政府軍は本腰を入れて人吉攻略に取りかかった。その頃の政府軍は第一から第四までの四旅団、さらに別働のやはり五旅団、新撰の二旅団、熊本鎮台、警視隊等、合計十三軍団約六万名にまでふくれ上がっていた。一方の西郷軍は正確な統計はないが（土地の一般人を強制的に徴集し、武器を持たせて兵士としたりしていた。そのうちのどの程度までを〝西郷軍〟とするかで数字はそれぞれ異なる）、主力はせいぜい五〇〇〇〜六〇〇〇名程度であったらしい。銃器は西郷軍はまだ前装式の旧式銃が多かったのに対し、政府軍にはその頃、全軍に新式の後装式銃が行き渡っていた。なによりもまず、政府軍には銃弾が十分に補充されており、西郷軍には新規補充はあまりなかった（そのためもあり、この頃は西郷軍の一般兵士は一人につき数発の銃弾しか携帯できなかったらしい）。以上のようなわけでその六月末あたりには、両軍の戦力比は十数倍から数十倍にも開いていたものと思われる。したがって、政府軍が本格的に人吉に攻め入ったあたりからは両軍による会戦、つまり本格的交戦はほとんど発生せず、政府軍は攻める一方、西郷軍は逃げる一方、のようなものだった。その西郷軍の進路というよりは逃走経路と、併せてそれを追う久直部隊の進撃経路を図2に示す。

逃走路がこのように入り組んでいるのは、たとえば人吉を進発した当初は鹿児島に帰って再起を図ろうとしたが、政府軍の大部隊がすでに待ち構えていて行けない。というわけで都城に至ったが、そこにも政府軍が海路追撃部隊を派遣してくる。そこで今度は比較的警備が手薄な宮崎県の海岸地方を北上し、というふうに、常により突出しやすい方にと流されていったからである。

そのはてに延岡に、さらに長井村（延岡市郊外）に至った。そのあたりで進退窮した。北からも南からも西からも政府軍が圧迫してくる。西郷軍には海軍力はないから東方には行けない。

図2　西南戦争時の大島久直部隊と西郷軍の進路（明治10年）

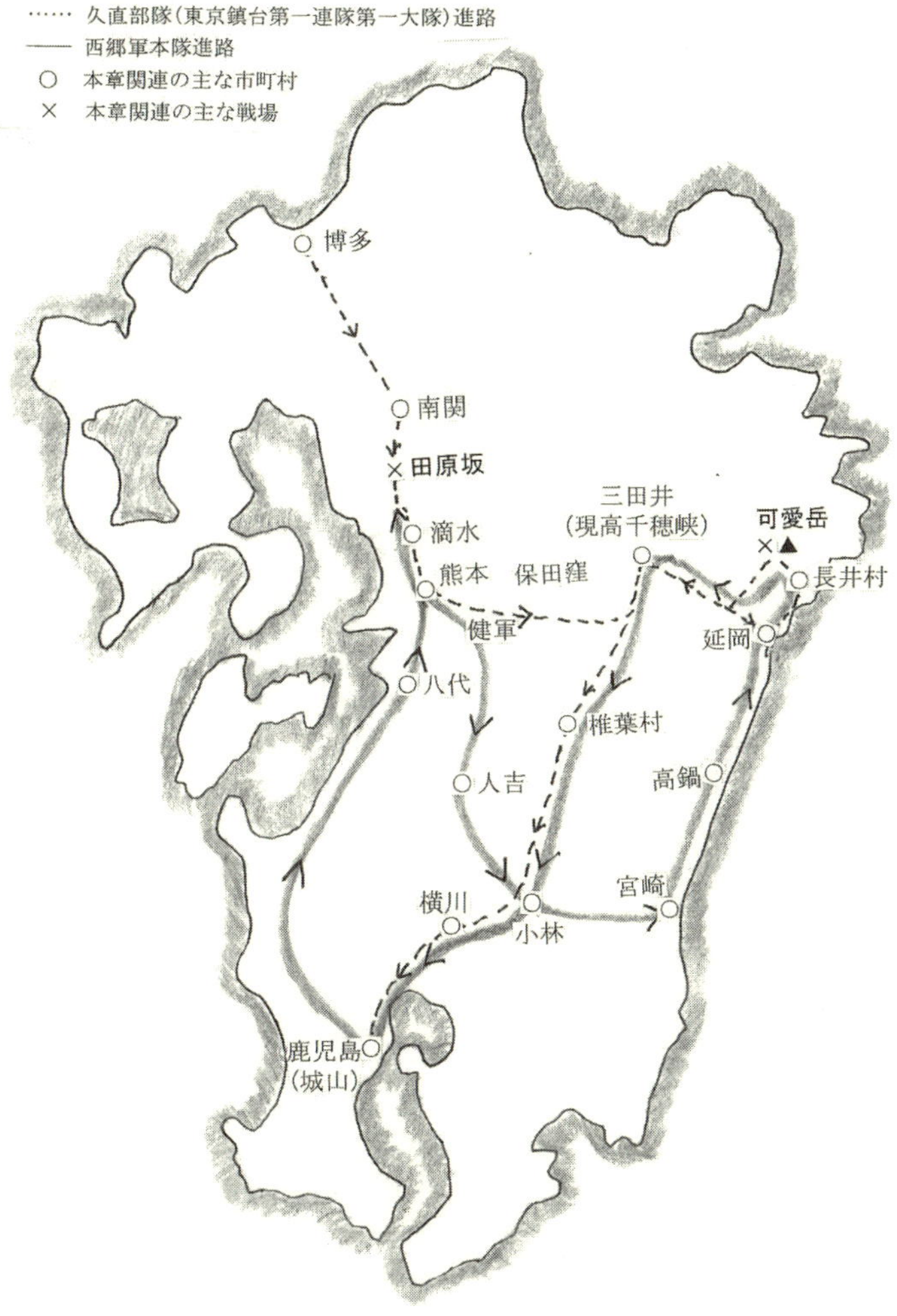

長井村で方二里（八キロ）ほどの地帯に追い込まれた。四方を政府軍約二万五〇〇〇に取り囲まれた。もはや袋の中のネズミ同然である。そのあたりで西郷軍本隊は覚悟を定めたらしい。〝解散〟となり、降参兵が相次いだ。その主なものを次に記す。

延岡兵約一〇〇〇名、白旗をかかげて来る。

熊本兵約五〇〇名、同上。

中津兵約三〇〇名、同上。

降参兵が続出したことで政府軍には楽観的気分がみなぎってきた。西郷軍は戦意をなくしたらしい。もう終幕も近いと。だが、そうではなかった。降参兵を出したのは、他藩兵や弱者・傷者・病者などを排除して本隊、つまり半年前鹿児島を進発したときの本来の薩摩軍の姿に立ち戻るためであり、その本隊はまだ戦意を失ってはいなかった。八月十六日、突如として破裂した。古い戦書にはたいてい、このようなことが書かれているものである。「死士に抗するなかれ」。死を決して向かってくる相手には（抵抗しても無駄であるから）抗してはいけない。というふうな意味である。そのときの西郷軍は全員〝死士〟のようなものだった。包囲網の第一陣はたちまち破られ、後方の第二陣にいた司令部に向かってきた。司令部には野津・三好の二将官（少将）と護衛中隊・本部員など二〇〇名ほどがいた。その護衛中隊員の損害を次に記す。中隊長（中尉）・小隊長（少尉）・司令（曹長）すべて死、兵卒も合わせて七〇名もの死傷を出している。司令部壊滅といってよい。はては野津少将自身も剣を抜いて斬り結んだと伝えられる。

西南戦争全体で将官が剣を抜いて戦ったのはこれが最初でありまた最後でもあったといわれる。

西郷軍はそのようにまず政府軍守備陣のうち海側の一部分を破って突出し、守備陣をそちらの方向に吸い寄せた後、兵をまとめて警備の手薄になった西方の山側（可愛岳）に向かってきた。そのあたりも事前に計画していたものと思われる。可愛岳（七二八メートル）には一個中隊二〇〇名ほどが守備していたが、やはり死士に抗することができず、易々と突破された。さらに可愛岳を越えた後、山を降り祝子《ほうり》川を下って五ケ瀬川本流に至り、上流の三田井方面へと向かってきた。八月二十日頃のことである。

その間の大島部隊の動静について記すと、西郷軍が延岡に至った八月十日頃、大島部隊も三田井に少数の留守部隊を残し、ほぼ全隊海岸地帯に降りて包囲網に加わった（長井村の南方面に守備した）。ただそこには西郷軍は向かって来ず、長井村近辺においては大島部隊における戦闘行為は発生しなかった。西郷軍が三田井方面に向かったと知り急遽、（三田井）救援に馳せたが遅かった。その八月二十日頃、西郷軍は三田井の留守部隊をけ散らし（そのさい軍用金約六〇〇〇円（今日的価格にすれば約一億円）ほどを強奪している）、さらに南方の山岳地帯へと去っていた。行き先はわからない。その日から一週間にわたり、逃げる西郷軍約六〇〇名と追う大島部隊とその応援隊合わせて六個中隊約一〇〇〇名による、椎葉村から米良庄にかけての山岳地帯を舞台としての一大追跡戦が展開された。

追撃成らず——新捨てがまり

西郷軍約六〇〇名は兵をそれぞれ二〇〇名くらいずつによる前軍・中軍・後軍の三部隊に分けていた。前軍は進路を切り開く役を果たす。中軍には西郷隆盛ら首脳部が属し、後軍は追撃部隊との応戦役である。それは関ヶ原における例の〝捨てがまり〟作戦にならったものと思われる。関ヶ原の戦いにおいて西軍に属していた島津義弘率いる薩摩軍約一千名は敗勢に至ったさい、根拠地大坂に直接は向かわず、東軍の蝗集している伊勢路を通って迂回《うかい》する作戦をとった。琵琶湖岸を経由する東海道方面には西軍の敗残部隊が充満している。それらの中に包み込まれると進退の自由がきかず、東軍追撃部隊による損害がかえって多く発生すると想定されたからである。そのさいやはり全軍を前・中・後の三軍に分けて逃走するという作戦をとっている。

ただ関ヶ原における薩摩軍は明治の西郷軍と異なる点が一つあった。全軍を正確に三等分にではなく、後軍をわずか一〇〇名程度にしたことである。その一〇〇名は街道端に銃槍を構えて折り敷き、追撃部隊に対して〝全滅〟するまで戦う。少数部隊でも〝全滅〟を期して抗戦されると、実際に全滅させるまでにはそれなりの時間がかかる。その間に前軍と中軍は相当の距離を進める。追撃部隊が後軍を全滅させて中軍に追いつきそうになるとまた一〇〇名ほどが残置され、やはり全滅させられるまで戦う、というようなことを繰り返し、主将島津義弘ら本隊は無事大坂に至れた。ただしそのときの全兵力は二〇〇名程度に減じていたといわれる。なおそのような逃走作戦は古い戦書などには「捨屈（捨てがまり）」として載っているものであるが、わが国においてそれを大規模的に実行したのは関ヶ原における島津隊が最初であり、また最後でもあったといわれている。

ただし、関ヶ原の島津軍と違って明治の西郷軍後軍は、全滅させられるまで戦う必要はなかった。関ヶ原では逃走路は大きな街道筋であったのに対し、西郷軍のそれは急峻な山中のほんの狭い間道や踏み分け道であったりしたため、追撃部隊が容易には追いつけなかったからである。そのことを『征西戦記稿』はこう形容している。

「山中に逃げた狼を猟師が追いかけるようなもの」

実際、西郷軍は狼のようなものだった。関ヶ原の教訓もあったものと思われる。薩摩人は一般に健脚であった。私学校では週に一度は往復八里（三二キロ）ほどの行軍鍛練をしていた。ときには国分郡の鹿児島神宮まで早足で往復させる（五〇キロほどある）という強行軍まで課せられたりしていた。もちろん大兵肥満の西郷隆盛本人は四人、または六人でかつぐ軽輿《かるこし》に乗っていたらしいが。

加えて西郷軍は巧妙な作戦をとった。逃走路の椎葉山中は俗に言う平家の落人集落、人口は少ない。その少ない人口のうち、壮年者はことごとく自軍の人夫として徴用し、集落には女・子ども・老人など弱者しか残しておかなかったことである。そのため、追撃部隊員の多くは銃器・糧食・寝具など個人装備類を自ら背負わなければならなかった。縦走登山をしているようなものである。容易には追いつけるものではない。それでも二度ばかり追いつきそうになったことがあった。一度目は七ツ山、二度目は鬼神野《きじの》（いずれも宮崎県中部）である。だが、狭く険しい山道における戦闘である。山上で西郷軍後軍部隊に銃を構えられると、正面からの攻撃だけでは抜けない。左右の森林地帯を迂回したりしての挟撃作戦にならざるをえなかったりする。それに時間をとられているうち、前軍と中軍は相当の距離を進んでいる。加えて台風の季節である。八月二十六日には大雨が降った。山中の狭い間道など激流の川となり、追撃どころではなくなってしまった。

結局、大島部隊らによる追撃作戦は不発に終わった。椎葉村で兵を休め、米良庄を経て大島部隊が鹿児島県入りをしたのは九月初め、そのころには西郷軍はすでに城山（鹿児島市）に達していた。ただし、西郷軍は鹿児島城下入りにさいしては、小規模ながら「捨てがまり的作戦」を実行している。その頃、鹿児島城下から横川（鹿児島県北部）あたりまでの街道筋には、政府軍約一万ほどが駐屯していた。その中を全軍、火の玉のように駆け抜けた。前軍は血路を切り開くため、後軍は追撃部隊を振り切るため、やはり関ヶ原のときのように奮戦した。もちろん、関ヶ原のときと違って明治の軍隊である。後軍は全滅するまでは戦わず、中軍を逃がした後は降参する兵も少なからずいたらしいが。それでも死約六〇名を出し、城山に至った時の西郷軍は途次の山岳地帯における強行軍で落伍兵が少なからず発生したこともあり、長井村を進発したときのちょうど半分の三〇〇名程度に減じていた。

城山突入部隊の指揮をとる

西郷軍が城山に籠ったのは九月四日のことである。その日、西郷軍〝死士〟によるおそらくは最後の〝捨てがまり的作戦〟が行われた。実行部隊の指揮官は貴島清である。貴島は西郷軍において異端的存在であった。そもそも挙兵そのものに賛成ではなかったといわれる。挙兵時、貴島は近衛軍の少佐という要職にあった。明治陸軍におけるエリートといえる。挙兵を思いとどまらせようと鹿児島に帰った。ところが、西郷にそのことを告げたさい、急進派の桐野利秋にこう面罵《めんば》された。「貴様、臆《おく》したか」。（挙兵という苦難が想定される事態に身を投じようとせず）、エリートコースに安住していることへの当てこすりである。そう言われて引き下がる薩摩人はいない。臆しているわけではない、もしくはエリートコースに執着しているわけではないことを行動で示すしかない。というわけでそのまま西郷軍に身を投じた。特に勇猛な士を選抜して一隊を結成し（遊撃八番大隊）、西郷軍の遊軍的部隊として奮戦した。その一つが久直の西南戦争における初めての実戦といえる滴水戦であったことは前述した。

貴島は遊撃八番大隊の残存兵数十名を率いて九月四日、最後の勇戦をした。城山に至ったとき、西郷軍の武器弾薬・糧食の備蓄量は少なかった。それを奪うべく政府軍の武器庫・米蔵を襲った。もちろん政府軍守備部隊との交戦に至り、ほぼ全員斃された。貴島本人も身に数弾を浴び、死に至ったことはいうまでもない。以後、西郷軍からの組織的反撃は止んだ。

九月二十四日、鹿児島城下に集結した政府軍全部隊による包囲網は成った。そのとき城山を取り囲んだ政府軍は第一から第四までの四旅団、別働第一第二の二旅団、新撰旅団、熊本鎮台の合わせて八軍団、合計二万五千ほどであった。西郷軍の八十倍ほどである。それでも攻城軍の最高司令官（参軍、中将）山県有朋は念には念を入れ、全軍に次のような布令を発している。

（一）各軍団はそれぞれ突入部隊と守備部隊に二分する。さらに突入部隊は特に健兵を選抜し、一軍団につき一五〇名ほどにする。

（二）守備部隊はいかなる事態に陥ろうと、本部からの特別な指令がない限り、自らの守備する場を離れてはならない。

（三）突入部隊がかりに（西郷軍に圧倒されたりして）賊軍部隊と入り混じって退却してきたような場合、突入部隊と賊部隊をまとめて撃ってよい。

（一）は全軍二万五千が突入するには城山が狭すぎることによる。西郷軍はそのとき、城山一帯に幅一メートル、高さ二メートルほどの堡塁を張り巡らせていた。人一人がようやく通れるほどの狭いものであるから、せいぜい千名くらいしか突入できないと想定されたからである。

（二）は長井村の教訓による。長井村でも政府軍は西郷軍を二重、三重にも取り囲んだ。だが、西郷軍が破裂したさい、つまり各方向に向かって突出したさい、それに対応しようと包囲軍の少なからずが動き、結果として山側の守備が手薄になった。その間隙を突かれて西郷軍の逃走を許したという苦い経験のテツを踏まないためである。とにかく突入部隊がいかなる事態に陥ろうと、守備部隊は勝手に自らの守備する場を動いてはならないということである。

（三）はおそらくは日本陸軍史上、空前にして絶後的命令であったものと思われる。ただし（三）は戦国時代はほとんど常識のようなものだった。自軍の突入部隊が敵部隊に圧倒されたりして敗兵となって逃げてくるのは、（自軍の）守備部隊にとっては厄介なものである。その敗走部隊にはたいてい敵の追撃部隊が後続している。ときにはその両者が入り混じっていたりする。味方も混じっているから撃つわけにはいかない。躊躇《ちゅうちょ》しているうち敵部隊に突入されたりして、自軍全体の崩壊にも至ったりする。というわけで（三）は古い時代はほとんど常識のようなものだった。また実際、関ヶ原における島津軍は、隣接していた小西行長隊が東軍部隊に追われて自軍に逃げ込もうとした際、その両者をまとめて撃っている。大坂夏の陣における伊達軍も同様のことをしている。さらに、（三）には長井村のときの失敗も関係していた。あのときも西郷軍の突出により守備陣の一部が破られ、その敗兵と西郷軍が入り混じって第二陣に突進してきた、発砲をためらっているうち西郷軍の駆け抜けを許してしまったという苦い教訓もあったためと思われる。ただし実際は、（三）は実行する必要はなかった。（一）の突入部隊だけで決着に至ったからである。

その日、九月二十四日の夜が明けた。突入部隊は全八軍団から選抜された健兵合計約一三〇〇名。それぞれ一五〇名くらいずつを率いる指揮官の名を挙げる。階級は全員少佐である。

第一旅団・大島久直、第二旅団・吉田道時、第三旅団・川村景明、第四旅団・大沼渉、別働第一旅団・坂井重季、別働第二旅団・河野道行、新撰旅団・立見尚文、熊本鎮台・山根重成

この中から後年、久直も含めて三人の大将が出ていることからもわかるように（他の二人は川村と立見、ただし川村は元帥にまで昇進している）、全員、その軍団のエース的存在であったものと思われる。

午前四時、三発の号砲が鳴った。そのとき、久直率いる第一旅団の選抜兵約一五〇名はすでに東北端の賊塁の下部に忍び寄っていた。号砲と同時に銃剣突撃に至ったが、銃の方はほとんど使用せず、剣だけでおおむね制圧できたらしい。狭く曲がりくねった塁内での発砲では跳弾などにより自軍兵の損傷も想定されたからである。その結果、久直部隊における死はゼロ、傷が五名発生しただけであった。それは他隊も同様で結局、城山戦における政府軍の損害は死五名、傷十五名でしかなかった。

一方、西郷軍側は死約五〇名、他はほぼ全員傷を受けたりして捕虜になった。西郷隆盛本人も、脇腹と股に銃弾を受けて歩行不能となり、別府晋介の介錯により満四十九歳の生涯を閉じたことはあまりにも有名である。久直ももちろん、突入部隊の指揮官として西郷本人の屍体と後に発見された首級を確認したことは言うまでもない。ただし久直は後年、そのときの印象に

ついて特に人に語ったというふしはないようである。

第三章　日清戦争（前篇）——海城へ

日清戦争（明治二十七、八年）は今日、軽視されている。その一〇年後の日露戦争に比べて期間が半分ほどと短く、動員兵力が五分の一程度でしかなく、なによりもまず死者数が六分の一前後の約一万四〇〇〇名と少なかったことが、その主たる理由ではないかと思われる。だが、歴史的もしくは戦史的にみれば、日清戦争は日露戦争の前哨戦といってよいほど重要な戦いであった。その前哨戦で大勝を博したことが本戦（日露戦争）の勝利につながったともいえるからである。

その日清戦争において久直は第六旅団長（少将）として出征し、朝鮮半島から中朝国境を越えて南満洲地域にまで攻め入り、戦勝につながる働きを果たした。西南戦争以後、それに至るまでの久直の軌跡を追う。

陸軍大学校の第二代校長に就任

久直にとって指揮官としての初めての実戦といえる西南戦争が終わった。それも成功裡にである。正面軍における熊本城到達一番乗りという栄誉を得、最終的決戦といえる城山戦でも第一旅団軍選抜部隊の隊長として敵陣地への突入を果たした。そのような勲功もあり明治十四年、中佐に昇進した。もう明治陸軍の少壮将校を越え、幹部将校の一員と言ってよい。中佐の月給はその頃三〇〇円ほどであった。もりかけ（そば）一杯四銭の時代である。今日的にいえば月給二五〇万円程度にも相当する。市ヶ谷の兵舎にほど近い紀尾井坂（現東京都千代田区紀尾井町）の旧旗本屋敷を買い取り、居を定めた。二十年前、初めて上京したときからの念願事、次男坊という日蔭者の身分からの脱却は完全に果たせたと言ってよい。

その次男坊の行く末を案じていた父源治はそれより以前、田原坂が陥ちたその日、つまり明治十年三月二十日に亡くなっていた。終焉《しゅうえん》の地は秋田市ではなく十二所であった。ただし、そのときの源治の身分は郡代ではなかった。郡代という職は源治と久直がおそらくは予測していたように、明治四年の廃藩置県により既に消滅していた。源治はその頃、秋田市に居住していたから、十二所には療養かなにかで行っていたものと思われる（十二所の近在には大滝温泉など保養施設がある）。

源治は郡代を辞した後、何の職にもついていない。その頃、旧士族は秩禄処分により、家禄は五分の一程度に減らされていた。そのため三〇石とり五〇石とりといった下級士族は一挙に窮乏的生活に陥ったりしたものであるが、大島家は二〇〇石とりの大身者。減らされても四〇石はある。しかもそれは旧藩時代のときのように四公六民ではなく丸々支給される。今日的にいえば年収六〇〇万円ほどにも相当する。元々の家産もそれなりにあったはずであるから、老夫婦二人に使用人の一人や二人はいたのかもしれないが、それほど不自由なく暮らしていけたものと思われる。なお、大島家のもう一人の男子である長男久誠もその頃、明治陸軍入りしていた。ただし、久誠は旧藩時代は藩主佐竹義堯公の侍従役（側用人）を務めていたことからでもわかるように、元々は文官的資質の持ち主であったらしい。軍人としては弟ほどは出世しなかった（最終的階級は大尉）。

もちろん久直は父の訃報を知らされても葬儀には参列できなかった。当時、東京と秋田との間の時間的距離は遠かった。往復するだけでも二か月近くかかったりした。久直が十二所の父の菩提寺（長興寺）を初めて訪れたのは明治四十一年、当時皇太子であった大正天皇の供奉役として大館に至ったときのことだったといわれる。西南戦争以後、久直の身辺があわただしさを増してきたためでもあった。

明治の中期あたりまでのわが国は今日のＥＵ（欧州連合）のようなものだった。それぞれ風俗も人情も習慣も異なり、言語さえも共通的ではない小国家（旧藩）の集合体ということである。それは江戸時代初期、近隣諸藩が寄り集まって（幕府に対抗する）大勢力とならないようにするため、徳川幕府が意図的にそうしむけたためでもあった。たとえば秋田藩についていえば、元々は常陸（茨城県）一帯を領していた豪族であったが秋田に移封されたものであり、隣藩の盛岡藩と弘前藩は東北の土着藩。もう一つの隣接する大藩である庄内藩は東海地方（愛知県）からの移封藩というようなわけで、それぞれ藩状も人情も統治体制も異なっていたりした（そのためもあり隣藩同士は一般に仲が悪いものだった）。それらがある程度共通の思想・信条・人情を有するようになり、したがって日本国民として一体化されるようになるのは、官立・私立の学校や企業体が続々と誕生し、それらの卒業生や構成員らが全国各地に散らばって行った明治の後期以後からである。

その融合化される以前、明治の初期から中期あたりまでの軍隊に関し、このようなことが言われていた。陸（軍）の長州、海（軍）の薩摩。ある意味では当然のことである。軍隊とは一般企業体などと違い、すべての人間存在に関して最重要的課題といえる〈死〉が直接的に関係するだけに、（一般企業体などより）はるかに強固な人的結びつきを要求される組織である。異分子的存在や気心の知れない人物を排し、同種的存在だけで固めるのをよしとする。はやいはなし、たとえば陸軍についていえば、出世するには長州人の人脈につながる必要があるということである。

久直は西南戦争でその長州人要職者との新しいつながりが生じた。児玉源太郎である。前章で述べたように久直率いる第一旅団の第一連隊第一大隊は、正面軍における熊本城到達一番乗りを果たした。そのとき、城側から出迎えた一人が児玉であった。明治陸軍において児玉がどのような位置にあり、どのような役割を果たしたのかは多言を要しまい。作戦の天才と称され、特に日露戦争時の戦略・作戦は児玉一人の頭脳から生み出され、勝利に至ったともいわれた。さらに児玉は共に磊落《らいらく》な性格のためもあり桂太郎と親しく、オレオマエの仲であった。桂を通じ西南戦争以前にも久直の人となり程度は知っていたものと思われるが、（西南戦争以後）それが一層親密になった。明治二十三年、その頃大佐に昇進していた久直に陸軍大学校校長の職が舞い込んできた。陸大は軍における高級参謀・高級指揮官の養成を目的として児玉が創設したようなものである。そのこともあり、児玉は陸大の初代校長の役を務めている。だが、児玉は一組織の長で終わるような人物ではない。軍のさらなる要職に転ずるにあたり、二代目校長として久直を推薦したのである。その校長時代の久直の状況が伝わっている。

「（大島）校長は自らを持すること厳にして常に恪勤《かっきん》精励かつ時間厳守、規則・規定遵守であった。特に学生の服装や規律の乱れなどには厳しく、ときには校門で待ちかまえていたりして（乱れた服装者などを）注意したりしていた」

随分とウルサ型の校長だったのである。陸大の学生は二十代前半の中・少尉がほとんど、破目を外したがる年代である。しかも当時は文明開化といわれ、自由主義の時代と称され、デカダン的気風が蔓延《まんえん》していた。だが軍人たるもの、特に将来の陸軍の高級参謀・高級指揮官たる者は、治にいて乱を忘れず、世間一般のそのような風潮になど染まってはいけないということを、身をもって率先垂範していたのだろう。

久直のそのような校長ぶりが評価されたものと思われる。日清戦争以後の明治二十九年、さらに三十年と、久直はもう二度も、陸大の校長に推挽《すいばん》されている。陸大の校長を三度も務めたのは久直ぐらいのものである。それもそのはず、大島家の家職といえる秋田藩大目付とは、平目付や一般藩士などの教育・練成・統制をつかさどる、高級的軍人育成者の役割も担っていた。その意味では久直は、明治新時代になってようやく家業を継いだと言えるのかもしれない。

朝鮮半島は日本の〝権利〟

久直が陸大に引き籠っている間、わが国を取り巻く国際的情勢はあわただしさを増してきた。高校世界史の教科書は十九世紀半ばから一世紀ほどを帝国主義の時代と規定している。強国が近隣小国を武力で制圧して併合し、さらに遠国まで遠征したりして自国の保護国、もしくは植民地としてより強国を志向した時代ということである。特に自国の安全保障のため隣国を併合したり、（自国の）勢力下においたりすることは、その強国の一種の〝権利〟ともされていた。実際に明治十八年、外遊の際、その頃国際法の世界的権威とされていたウィーン大学教授シュタイン博士のもとを訪れた谷干城は、こう扇動されている。

「日本は朝鮮半島に干渉する権利がある（のになぜしないのか）」

もっともそれくらいのことは、当時の日本政府・軍首脳にとってはであるというより、特に明治新国家の二大勢力をなした薩長人にとってはであった。三〇〇年前、秀吉が朝鮮遠征を挙行したさい、主力をなしたのは小早川隆景（毛利元就の三男）率いる毛利勢と、島津義弘を主将とする薩摩勢だったからである。その記憶が薩長人たちの間に連綿として生きていた。さらに朝鮮半島を保護国化しようとするならば、中国（清）との戦いにならざるを得ないということも〝常識〟であった。朝鮮は古くから中国の属国とされており、その秀吉遠征軍も当初は現地軍を追って中朝国境部にまで攻め入ったものの、三〇万ともいわれる中国（当時は明）応援軍に圧倒されて半島から撤退せざるを得なかった、という故事を知らない政府・軍首脳は、おそらく一人もいなかったからである。

ともかく、朝鮮半島を（わが国の安全保障のため）できたら保護国に、それが無理ならせめてわが国に友好的な政体にしておく必要がある。それをするには対清戦争が必須である、というわけで西南戦争終了後、ただちに（対清戦争に）向かって政府・軍首脳が動き出した。その一人が当時、軍における管西局長（わが国を基準としてそれより西部の地域、つまり朝鮮や中国地域を担当する）の桂太郎であった。桂はまず明治十二年秋、清国の視察に出かけている。二か月もかけて天津から北京、さらに南満洲地域まで足を延ばし、あのあたりの兵要地誌を調査したといわれている（ただしその詳しいことはわかっていない。秘密的旅行だったためと思われる）。さらに桂の上司といえる山県有朋首相が明治二十一年、当時の帝国議会においてあまりにも有名な次のような演説を行っている。

「現今の国際情勢において独立的国家とはすべて主権線と利益線を有する必要がある。日本国にとって主権線とは現に保有する領土そのものであり、利益線とはそれが侵されたら国家の独立が危うくなる地域を意味する」

ようするにわが国の安全保障のために朝鮮半島を領有、もしくは保護国化する必要がある、ということである。

その対清戦争という既定路線のもと、桂はまず陸軍をそれまでの鎮台編成から師団編成に改めた。具体的には鎮台にはなかった騎兵部隊を新しくつけ加え、砲兵・工兵部門をより強力なものとし、兵站《へいたん》部門も充実させた。いずれも大陸への派兵を念頭においたものであることは言うまでもない。さらに冗員整理を断行した。当時、軍には戊辰戦争や西南戦争以来の老将やら功臣やらが多く、組織全体が老朽化し肥大化していた。将官定年制を定めたりしてそれら冗員たちを一挙に整理した。当然、整理された冗員たちは反発する。そのあたりの事情を当時、桂の下僚だった真鍋武はこう語っている。

「桂さんに対する（整理された冗員たちの）反発は激しいものであった。だが、桂さんはどんなに言われても平気の平左。目的さえ達すればよい、という態度であった」

桂に対する反発・抵抗を受け止めてくれ、防波堤の役割を果たしてくれた人物がいたからである。大山巌である。大山は桂が局長のときはその上司の次官、次官だったときは（陸軍）大臣と、常に桂の上役であった。そして両者には戊辰戦争以来の交友と信頼関係があった。鳥羽伏見戦の直前、桂は長州藩の渉外担当役の一人であった。その渉外担当者として同一行動をとる薩摩軍の最高司令官西郷隆盛と面会している。そのさい西郷から、（他藩者や朝廷人などとの折衝で忙しい自分に代わり）「今後の連絡事項などはこの二人を介してほしい」と、弟の慎悟（後の従道）と従弟の大山弥助（後の巖、巖の父は西郷兄弟の父の弟）を紹介された。そして実際、西郷からの指令を大山が桂に伝えたり、長州藩の意向を桂が大山を介して西郷に取り次いだりと、両者は若い頃から交流があった。さらに明治三年、桂が初めて外遊をしたさい、大山も軍から普仏戦争の視察のため派遣され両者は同じ船で渡欧し、どころか二か月間同じ船室で起居したこともあり、長年の戦友であり親友でもあった（年齢は大山が五歳上であったが）。もちろん大山がそのように（桂に対して）防波堤になってくれたのは、桂の改革の意義も必要性も認識していたためでもあったことは言うまでもない。

以上のように明治二十年代に入るとわが国の政府・軍首脳にとって対清戦争は必須といった状況であった。あとは実際の開戦をいつにするかだけである。その開戦にあたり明治二十四年、桂はまず自らを名古屋の第三師団長（中将）に転勤〝させた〟。〝させた〟とわざわざことわり書きしたのは当時、陸軍省の次官だった桂は軍全体の人事権・編成権を握っていたからである。日清開戦に至ったら、第三師団は広島の第五師団と並んで真っ先に動員されることが既定路線になっていた。桂には明治陸軍は自分が創設したようなものである、その創設者として成果のほどを真っ先に確かめる必要があり、またそれをする権利もある、というような意識があったものと思われる。その頃、桂にはこのようなあだ名もついた。「お手盛り桂」。自分自身を好き勝手に異動させたことに対してである。

お手盛りのついでに桂はさらなるお手盛りもなした。本書の主人公大島久直に対してである。第三師団は傘下に第五（名古屋）と第六（金沢）の二つの旅団を擁する。明治二十五年、久直を陸大校長から引き抜きまず第五旅団長に転勤させた。自らの膝下に呼び寄せ、対清戦争のことなどをじっくりと語り合ったものと思われる。さらに翌二十六年には第六旅団長に転勤させた。久直は結局、第六旅団長（少将）として日清戦争を戦うことになるのだが、桂にしてみれば自らが率いる二つの旅団の幹部や一般兵卒に久直をあらかじめ〝面どおし〟させておこうとの意図であったものと思われる。このあたり、久直は完全に桂の子分か弟分扱いである。そんなふうに処遇されたことに対し、久直自身はどう考えていたかはわからないが、秋田人はこのようなとき反発などはまずしない。上部組織や上位者の決定事項には素直に従う。久直に関してもたぶん、「桂さんには戊辰戦争のとき匿《かくま》ってくれた恩がある。それに悪い話でもないからまあ仕方ない。このさい、桂師団の実戦部隊の長として存分に働いてやろう」というふうなものではなかったかと思われる。

宣戦布告なき開戦と高陞号事件

日清開戦にあたり、桂が主導して果たした役割は軍の編成と練成、つまり強軍の育成である。それを「軍政」という。一方、その強軍を用いて実際にどのように戦うかを策定する役を「軍令」という。軍令を担当したのは薩摩人の川上操六であった。川上もその軍令関係の最高的責任者として開戦直前の明治二十六年、清国の視察に出かけている。四か月にわたり朝鮮半島から中朝国境を越えて南満州地域、さらに天津から北京にまで足を伸ばし、あのあたりの兵要地誌だけでなく清軍の兵備・兵制的状況まで調べまわった。その結果、これなら勝算間違いなしとの確信を得たらしい。以後、川上は日本軍・政府首脳のなかで最も強硬な開戦論者になり、軍関係者では川上がまず主導し桂もそれに追随して日清戦争は開始されたといってよい。

その二人は陸軍者である。その開戦云々を論ずるにあたり、海軍者が関係していないではないかと思われるかもしれないが、日清戦争時海軍はまだ独立的組織ではなく、陸軍の中で海上方面の運輸・警備・作戦等を担当する一部門程度の位置づけにすぎなかったからである。海軍が陸軍と並立する一大組織になったのは日露戦争期以後のことである。

ともかく、一部の陸軍首脳の独断専行と楽観論により日清戦争は開始されたといってよい。ただし、一般国民はそうでなかった。日本非勢論が大勢であった。当時の日清両軍の戦力を比べてみればわかる。表面的戦力といえる陸軍の兵力は日（約二五万名）に対して、清（約一〇〇万名）と四倍も開いており、海軍力に至っても主力艦のトン数は約六万トン（日）対約九万トン（清）と、わが国は劣勢的であった。潜在的戦力といえる人口は約四〇〇〇万人（日）に対し、清はその一〇倍もの約四億人。国土面積に至っては二〇倍もの大差があった。実際、そのころ中学生であった生方敏郎（後の東京朝日新聞記者）はこう語っている。

「心配でたまらなかった。世界地図をあらためて開いて見ると清国の巨大さに比べて日本はあまりにも小さい。こんなちっぽけな国が大国中国と戦って勝てるなどとはとうてい思えない。負けたら日本は、そして自分たちもどうなるのか、心配で心配でたまらなかった」

それは中学生だけでなく、当時の日本国民共通の認識であった。どころか政府首脳だって同じようなものだった。そのうちの一人、当時海相であった西郷従道も川上にこう詰め寄ったと伝えられる。

「おんし、大丈夫なのか。うちの方（海軍のこと）は勝算など全くないぞ」

陸における戦いでは昔々の桶狭間ではないが、小軍が大軍を相手にして戦い、勝利をおさめられたという事例も少なくない。だが、海戦ではそのようなことはまずない。大海上での戦いでは一方が他方を視認すれば他方も必ず一方を確認する。つまり奇襲などはできない。互いに視認し合ってから戦いに至るまでの時間はたっぷりあるから、勝敗は純粋に双方の戦力の差、特に大艦のトン数の比に規定される。その大艦には清側は定遠・鎮遠の七〇〇〇トンクラスの巨艦が二隻もあったのに対し、わが国には俗に三景艦といわれた松島・厳島・橋立の四〇〇〇トンクラス三艦しかなかったからである。しかも清国のその巨艦二隻は開戦直前の明治二十四年日本訪問の際、横浜から呉・長崎に廻港して示威運動をし、わが国の朝野に衝撃を与えている。

ともかく、ほとんどの日本国民の杞憂《きゆう》のもと、日清戦争は開始されたといってよい。八月一日、わが国がまず宣戦を布告し、それに応じて同日に清国も開戦を宣した。だが、戦いはその数日前、既に開始されていた。そもそも宣戦布告や通告が開戦の要件とされたのは、一九〇七年のハーグ条約以後のことである。通信網や交通網が整備されていなかった時代は、たとえば出先機関（海外への派遣部隊など）が本国政府に開戦の許可を得るのに数か月もかかったりする。その間、手をこまねいていたりすると戦機が失われる。なによりもまず、相手軍に攻めかかられたら応戦するしかない、というわけで十九世紀あたりまでの開戦は本国政府の意向などに関係なく、出先機関の独断で行われていたものである。アヘン戦争（一八四二年）における英軍も清仏戦争（一八六〇年）における仏軍も、本国政府の許可など受けていない。すべて事後承諾であった。

日清戦争における陸での緒戦といえる京城（現ソウル）郊外の成歓戦も、図3に示すように宣戦布告の四日前の七月二十七日に開始された。それは損害（死）は日側は二五名であったのに対し清側は五〇〇名ほどを出し、清軍が先に撤退したから数字だけを見れば日本側の勝利と言える。だが、清国側にしてみれば戦略的撤退のようなものだった。広すぎるほど広大な領土を有する清軍には古来、陣地固守という観念はあまりない。戦況が特に不利というほどでなくても簡単に撤退したりする。そのように撤退し続け、その間、後方からの援軍の到着を待っていたりし、大軍となって突如として反撃に転じ、腰の伸びきった追撃軍の一挙殲滅《せんめつ》を図る。三〇〇年前の朝鮮の役では日本軍は実際その戦法に引っかかり、大陸から追い落とされている。

海戦も同様、宣戦布告の一週間前、七月二十五日の豊島《ほうとう》沖における遭遇戦が緒戦であった。それは両軍の小衝突に終始したがそのさい、あまりにも有名な「高陸号《こうしょうごう》」事件が発生している。清側艦隊はそのとき成歓戦応援部隊の陸兵約一三〇〇名を乗せた英商船高陸号を伴っていた。それに対して日本艦隊は停船を命じ、（高陸号を）臨検しようとした。だが、高陸号が従わず（英人船長は停船させようとしたが、清兵が脅迫してさせなかった）逃走しようとしたため、日本艦が発砲して撃沈され、清兵一二〇〇名あまりが海底のもくずとなった。

自国の商船を撃沈された英世論は当然硬化し激化した。中立国のしかも商船を砲撃し撃沈するなど国際法違反であると。日本に対して宣戦布告せよとの論陣を張るマスコミまで現れたり

図3　日清戦争時の大島久直部隊の進路（明治27年7〜12月）

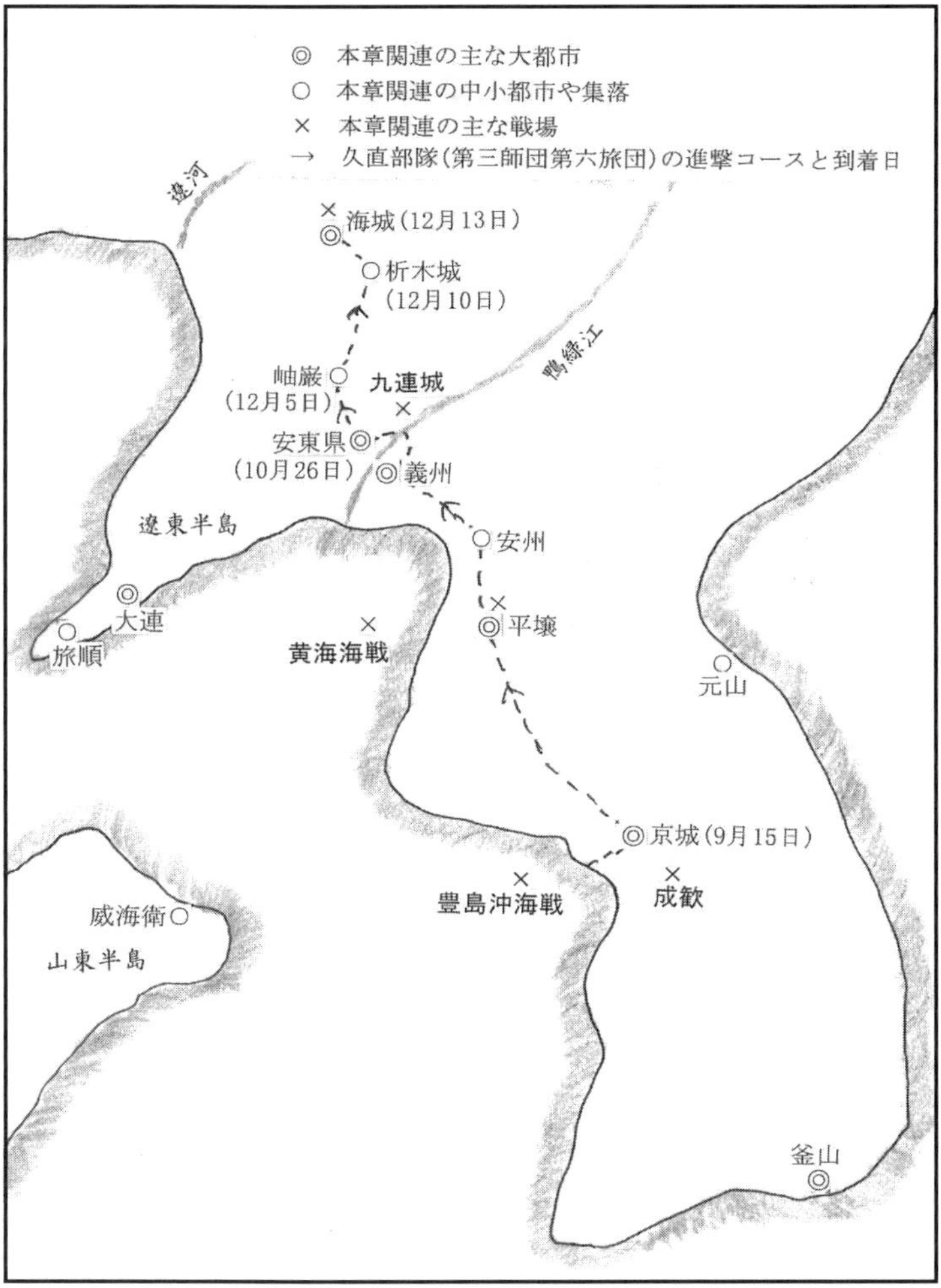

した。日本政府首脳も青くなった。清一国が相手でもどうかと思われているのに、英まで加わったら勝算など全くない。が、ほどなく英世論も沈静化し高陞号事件は日本側の〝やり得〟となって決着がついた。

そもそも〝法〟には二種類ある。その法を犯した場合、もしくはそれに従わなかった場合、応分の処罰規定がありそれが実行しうるものと、処罰規定がないか、あっても実行が難しいか事実上不可能的なものとである。ほとんどの国内法が前者に該当し、国際間の取り決めなどは後者に属する。国内的犯罪の殺人犯はどこまでも追及され、捕えられたら応分の処罰を受ける。一方、国家による犯罪、たとえばハーグ条約の開戦規定を守らず、ある国が宣戦布告などせずに突如として他国に攻め入ったような場合、その攻め入った国を処罰などできない。無理にしようとするならば（攻め入った国の）最高的指導者を逮捕でもするしかないが、それは事実上不可能的である。高陞号事件にしても同様、英側が責任者（砲撃した日本艦の艦長）を処罰しようとするならば艦長を捕えるしかないが、日本側がそれを許すはずはない。無理に捕えようとするならば日本側との戦争にも至ったりする。それは得られる〝利（艦長を捕えて処罰すること）〟に比べて、失うもの（巨大な労力と莫大な戦費がかかる）があまりにも大き過ぎる。というわけで昔から、海上での、特に公海上での行為は治外法権的、つまりなにが起ころうとまたその結果、いかなる事態に至ろうと国内的法規などの及ばない「自己責任」の世界だったものである。

そもそも英など、その海上における〝治外法権〟を利用してのし上がった新興的国家のようなものである。英はもともとは大陸からの移住者による移民国家であった。十六世紀のエリザベス一世時代に至っても人口は約一六〇〇万と、四〇〇〇万はあったスペインにも、三〇〇〇万ほどのフランスにも及ばない弱小的国家であった。国土の多くは荒涼とした農耕不適格地帯であり、近代産業も未発達、牧畜主体の後進的国家であった。それが今日のような隆盛に至ったのは、海上における治外法権を利用してと言ってよいようなものだった。

そのエリザベス一世時代、キャプテン・ドレークという、英側からすれば冒険的航海者、他国に言わせれば海賊がいた。マゼランに次いで世界一周の航海を果たしたことで知られている。ドレークはその大航海を果たした腕利きの船員・船団（当時、大きな航海は数隻の大船団で行うものだった。単独では難船の危険が大き過ぎたからである）を率いて、カリブ海から大西洋、さらに太平洋まで荒らし回った。特に新大陸からの金銀財宝を積んだスペイン船が狙われた。そのような海賊行為によって奪った財宝は年々、当時の英国家予算の約三倍もの、一〇〇万ポンドにも達したといわれる。もちろん、それらの多くは国庫の収入となったのは言うまでもない（ドレーク船団は国民から広く出資者を募って形成され、海賊行為によって奪った利を配当として還元した。それらの少なからずもまた税金として国庫に納められた）。

ともかく英など、海上における治外法権のおかげで近代的国家になれたようなものである。他国（日本）のその種行為（公海上で高陸号を撃沈させられたこと）をとやかく言う権利などない、それに日本艦は高陸号に突如として発砲したわけではない。まず、臨検しようとして停船を命じた。だが、高陸号側がそれに従わず逃走しようとしたため発砲したにすぎない。その間、三時間もあった。また英人乗組員は船長も含め、その三時間の間に海に飛び込んだりして、全員日本艦に救助されている、日本側の対応に非はない、というような論調のマスコミも現れたりし、高陞号事件は結局、日本側の〝やり得〟となって決着がついた。

なお、高陞号を撃沈した日本艦浪速の艦長は後年の日露戦争における日本海海戦時の英雄、東郷平八郎であった。東郷は若い頃英海軍に留学し、英商船に乗り組んでいたこともある。以上のようなこと、つまり海上では昔から治外法権的であり、英などそれを利用してのし上がった〝海賊的国家〟であったことも、知っていたものと思われる。

清軍に戦意なし

ともあれ日清両国は開戦した。日本側の陸兵が動員されたのは宣戦布告した当日の八月一日。当時、西日本地域最大の軍港であった宇品（広島市）から、最初の出征部隊である広島地方を管轄する第五師団（師団長は野津道貫中将）が出港したのは八月十五日。翌十六日に仁川（京城の外港）に着き、日清戦争における実質的緒戦といえる第五師団のほぼ単独による平壌（現北朝鮮ピョンヤン）城攻略戦が開始されたのは九月十五日のことであった。

ただし、それは当初の予定ではなかった。城攻めには通常、攻める側は守る側の三～五倍の戦力を必要とするといわれる。平壌城には清軍が二万ほど集結していると想定されていた（実際は一万五〇〇〇名程度であったが）。だが、第五師団単独では一万二〇〇〇名ほどでしかなかったからである。したがって大本営の当初の方針は、山県有朋大将率いる第一軍全体、つまり第三と第五の両師団うち揃っての総攻撃とされていた。それなのに第五師団単独での攻撃に至ったのは、輸送力の問題によるものであった。京城より平壌まで二〇〇キロほどある。その間は小道やら山道やら悪路の連続であった。折りから台風のシーズンで、雨が降るとぬかるみになり荷車が使えなかったりした。現地人クーリーも集まらず、日本から連れてきた軍夫による坦送が主体にならざるを得なかったりした。そのため十分な量の食糧・武器弾薬を運搬できず、第三師団の到着まで待つ余裕がなかったからである。

当然、苦戦した。平壌城は通常の城、つまり平坦的地形の中に周囲を城壁で囲んだ平城ではなく、小高い丘の頂上部に本城を築き、中腹部や麓部に三層の堡塁を構えた山城である。したがって当初はその堡塁群に対する日本軍の攻略戦であった。その一部を参謀本部編の『明治二十七八年日清戦史』より抜粋する。

「日本軍の一部隊がまず山麓部堡塁の攻略に取りかかった。砲兵がはじめに榴弾《りゅうだん》を撃ち込んで堡塁の上部を破壊し、同時に歩兵がじりじりと（堡塁）に迫り、敵兵がひるんだところを見て銃剣突撃を敢行して一塁を奪った。味方の損害は死二、傷五であった」

そのような成功例ばかりではなかった。第二層目、第三層目の堡塁になると一般に苦戦した。このようにである。

「賊塁の上部は厚く、砲弾だけではなかなか破壊できない。（その厚い塁壁に守られた）敵兵は上から撃ち下ろす。その勢いが強く、味方の損害が多くなるばかりである。たまらず撤退した」

ともかく、十五日は一進一退というよりは、二進一退的攻防が続いた。当時、陸兵は夜半時、秘かに敵塁の近くに忍び寄り、夜明けとともに攻略に取りかかり、午前中のうちにその日の戦闘行為を終了させるものだった。体力的にそれくらいしか持たなかったからである。午後は戦線整理と休息、翌日の戦闘に備えての準備である。

だが、翌日を待つ必要はなかった。その十五日の午後四時四十分、本城にそれまで掲げられていた将旗（日本の連隊旗に相当する）が下ろされ、代わって白旗が掲げられた。続いて各堡塁にも次々に白旗が上がった。降伏である。日本軍首脳はあっけにとられた。第一、本城部にはまだ一指だに触れていない。どころか、最上部の堡塁さえほとんど手つかずである。このぶんでは平壌城全体の攻略にどれくらいの時日を要するのか、暗澹《あんたん》たる面持ちでいたからである。実際、後方の京城にいた山県有朋は当初、「まさか、平壌城が一日で陥ちるわけはない。なにかの間違いではないか」と、信じなかったといわれる。

なお、その一日（というよりは実質的には半日）の攻防の結果、損害（死）は日側は一八〇、清側は約二〇〇〇ほどであった。ただし清軍の死の多くは正規の戦闘行為によるものではなかった。清兵は白旗を掲げたとたん戦闘停止となり、自由の身になれると考えていたらしい。捕虜にされることを想定していなかったのである。降参した清兵を捕虜として収容するため日本兵が本城に登って行くと、（清兵が続々と本城から）降りて行く。それを逃亡と考えた日本兵が発砲したための死の方が、正規の戦闘行為によるそれよりも多かったといわれる。ともかく、清兵には耐性、粘り腰がなかった。戦闘開始直後あたりはそれなりに善戦する。膠着的事態に陥ったりする。ところが、日本側が次なる攻略作戦を考えている間にもう降伏する、というような戦況であった。

その間の日本軍のもう一つの平壌城攻略部隊、つまり桂太郎中将率いる第三師団の動静であるが当然、平壌戦には間に合わなかった。その十五日にようやく京城郊外の碧蹄館《へきていかん》に着いたばかりだったからである。なお碧蹄館に宿泊したさい、桂はこのような歌を詠んでいる。

「そのむかし君が宿りしこのやかた
　我もひとよの仮寝しにけり」

慶長の役（一五九六年）のさい、毛利藩勢を率いて小早川隆景がこのあたりで勇戦して明の大軍を食い止め、日本軍の潰滅を救った。さらにこの碧蹄館で一夜を明かしたという故事を詠ったものである。桂の先祖は元就の時代、桂元澄といって小早川と同格の武将であった。ただし朝鮮遠征には参加していなかったらしいが。また、その十五日には久直も桂、さらに第一軍最高司令官山県とともにその碧蹄館に同宿していたはずであるが、桂や山県ら首脳部には異郷の一夜の風情を味わう精神的・時間的余裕があったのかもしれないが、久直ら実戦部隊の指揮官には、傘下諸部隊の宿泊地への配備、行軍計画の策定等々に追われ、そのような心境ではなかったものと思われる。

平壌城攻略戦とほぼ同時日（九月十五日）に行われた黄海海戦も、平壌戦と同様の経過を辿った。戦力は大艦（戦艦と巡洋艦）は日側が十三隻、清側十二隻と日側が一隻多かったが、清側には定遠・鎮遠という七〇〇〇トンクラスの甲鉄製の巨艦が二隻あった。一方、日側の最大艦三隻は四〇〇〇トンクラスで、しかも船体そのものは木造であったから、基本的戦力に関しては清側が優勢であったといえる。甲鉄艦は船体の中枢部、たとえば機関部にでも砲弾を命中させられないかぎり、船体部には何発砲弾を浴びても耐えられるのに対し、日本側の木造艦は一発でも船体に当てられれば火災・損傷が発生し、沈没にも至りかねないものだったからである。

だが、その一発がなかなか当たらない、というよりは（清側艦隊には）当てられないものだった。開戦当初の体勢は、横隊を保って進撃してくる清艦隊に対し、日本艦隊が単縦陣で突き進む、というような形態であった。双方の距離が六〇〇〇メートル程度になったとき、横隊の清側艦船が一斉に砲撃を開始した。合わせて五〇発ほど発射したといわれる。だが、一発も命中しなかった。

さらに清側には艦隊としての統一的行動もなかった。ただ横一列に並び、漫然と日本側艦隊の接近を待ち受け、個々バラバラ的に応戦するだけ、のようなものだった。いや、応戦するのならまだよい。それをせず、戦闘開始に至るや戦場そのものから離脱し、一発も撃たないで逃走する艦もいた（済遠）。

結果をいえば、黄海海戦では沈没艦は日本側には一隻もなく、清側は二隻が撃沈され、他のほとんどは大破・小破されたりして旅順港に逃げ込んだ。交戦時間はわずか三時間程度にすぎなかった。そして日清両軍の海戦はその三時間で終了した。旅順港で破損艦の修理を終えた後、清側艦隊は対岸の威海衛港に逃げ込み、そこからは一度も出撃して来なかったからである。つまり東洋地域においては最大的規模にして最強を誇った清海軍は、たった三時間戦っただけで〝潰滅〟したようなものであった。清軍には陸軍と同様、海軍部隊にも戦意も継戦意欲もまるでなかった。それは当時の清国首脳部や清軍そのものの、ある特殊な内部的事情によるものでもあった。

頤和園と広島大本営

その頃、清国における最高的権力者は西太后といって皇帝（光緒帝）の伯母であった。西太后は日清戦争中の明治二十七年十月、六十歳の大寿を迎えた。日本風にいえば還暦の祝いである。その祝賀を盛大に行うべく、北京郊外の保養施設頤和園の修復・新規増設工事を大々的に施行した。頤和園は元々は王宮（円明園）に隣接する清王朝代々の休養施設であったが、一八六〇年の第二次アヘン戦争のさい、進駐してきた英仏軍によって焼かれ、その頃は廃墟になっていた。それを修復するどころか跡地に新宮殿を造営した。その工事は一〇年間にわたって行われ、総費用は約八〇〇万両に達したといわれる。当時の清朝の年間予算は八〇〇〇万両ほどであったから、今日の日本円にすると年々一兆円くらいずつ、総額にして一〇兆円くらいかかったことになる。

なぜ、それだけの巨費がかかったのか。頤和園の前に縦一キロ、横三キロほどの人造の湖（昆明湖）を造り、湖の周囲には回廊を張り巡らし、その各所には楼閣やら小宮殿やらを設置した。その数合わせて三〇〇〇あまりと伝えられる。さらに湖にはアーチ型の橋を架け、満艦飾で飾りたてた豪華客船を浮かべ、大寿の祝い前後には（その頃、前述したように平壌で清軍が大敗していた）その中で貴顕百官を従えて連日連夜、飲めや歌えやの大宴会である。また、西太后は日本風にいえば歌舞伎や村芝居にもあたる京劇鑑賞が趣味であった。北京の住居（紫禁殿）から頤和園まで十二キロほどの間、一〇メートルおきくらいずつにその京劇の芝居小屋を建てさせ、道々それを観賞しながら行く。気に入った芝居にはその場で数十両、数百両という、今日の日本円に換算すると数百万円にも相当するチップをはずむ。それら芝居小屋の設置費用、役者の呼び寄せ費用、滞在費などはすべて官費からの支出である。さらに西太后は一回の食事に必ず一〇〇品を並べさせた。もちろん、それらすべてを自分で食べるわけではない。ほんの何品かに口をつけるだけで、残りはお付きの者たちへ払い下げである。それらの調理人、給仕人、材料調達人だけで数百人はいた。このあたりでヤメておこう。バカバカしい。ともかく当時の清宮廷の豪勢な生活ぶりは日本人には想像もできない。

しかもそれらの費用を宮廷費から支出したのではない。すべて海軍費からの流用である。当時の清国は自国での造艦能力に乏しく、特に大艦のほとんどは諸外国からの購入であった。その大艦十二隻の購入費用は合わせて七七〇万両ほどであった。つまり西太后の流用がなかったら、清海軍は戦艦・巡洋艦をもう一セットほど揃えられたのである。もちろん、以上のようなことは戦後、つまり清王朝が倒れた後に判明したものであるが、うすうすの事情は出入り業者や何百人といる官女・宦官などの口を通じて一般にも伝わる。末端の兵士も含め、実戦部隊員に戦意など湧こうはずはない。

一方、その頃の日本国における最高的権力者、つまり明治天皇の場合はどうだったろう。日清戦争が既定路線になりつつあった明治二十年、天皇は皇居の増設工事計画を中止させた。さらに年々、皇室費約三〇〇万円の十分の一ずつの三〇万円（今日的価格でいえば数千億円）を節約し、海軍費として拠出した。海軍は陸軍に比べ平時でも金がかかる。演習で艦を動かし、砲を撃つだけで燃料費・砲弾費・火薬費など多額の費用を必要とするからである。

加えて天皇は日清開戦に至るや広島に大本営を移し、そこに自らも起居した。当時、出征軍は広島の宇品港から出港するものだった。それを見送るためである。さらに大本営では皇后をはじめ女官を身辺に近づけなかった。「戦地に女はいない」と。冬期になっても自室には小さな火鉢以外の暖房器具を入れさせなかった。「戦地に暖房はない」と。食事も兵食以外は摂らなかった（そのため天皇は戦時中に二貫目（七・五キロ）ほど痩《やせ》た）。あるとき、間食におしるこが出た。天皇は大の甘党であった。が、それを見て機嫌を損ねた。「誰がこんなもの出せと言った。戦地の兵は食べられるか。すぐ取り下げよ」と。お付きの者がこう答えた。「今日は天長節（天皇誕生日）です。戦地の兵もみな食べております」。それを聞いて天皇は相好を崩し、「そうか、戦地の兵も食べているのか」と、おしるこに舌づつみをうったと伝えられる。

西太后に話を戻すと、上がこうであれば下もそれにならう。当時、清国において西太后に次ぐ権力者は直隷《ちょくれい》総督・北洋大臣の李鴻章であった。日本風にいえば首相にあたる。清軍最高司令官の役も兼ねていた。その李鴻章は明治二十四年、ロシアがシベリア鉄道を敷設するさい、（そのロシアから）三〇〇万両の賄賂《わいろ》を受け取っている。今日的に言えば数兆円にも相当する。シベリア鉄道は一部中国領を通っている。ロシア領ばかり通ると遠回りになりすぎるため、それだけの賄賂を払っても益があると当時、露国の蔵相であったウイッテが判断したためであった。ただし、李鴻章はそれだけの大金をすべて自分の懐に入れたわけではない。その西太后の大寿の祝いにさいし、次のような金銀宝玉を献上している。

「翡翠《ひすい》の如意（杖）九本、純金の仏像九体、ダイヤモンドをはめこんだ金時計九個、〝幸運〟と〝長寿〟の金の酒杯九組、ダイヤモンドの花の髪飾り九個、黄金色のビロード九反、花柄を織り込んだ金襴《きんらん》九反、九つの宝石を散りばめた金の花瓶九個」

金額にして総額どれくらいになるのか見当もつかない。なお、〝九〟という数字は一桁で最も大きいことから、中国では古来〝最高〟を意味するものらしい。李鴻章も女帝のご機嫌を取り結んでおくため、これほどの贈り物をする必要があったのであるから、楽ではない。それにしても小娘でもあるまいし、六十歳という当時としては相当の老女、というよりは老婆。ダイヤモンドを散りばめた花の髪飾りなど、気恥かしくて着けられまい、というような感覚はこの稀代の女傑にはなかったものらしい（それを着け、それこそ金襴緞子《きんらんどんす》に身を包んだ西太后の写真も残っている。以上、西太后の女官だった者の記録、ユン・チアン著『西太后秘録』講談社より）。

清国海軍は前述のように西太后の流用のためもあり、艦を動かしての演習などまずしない、というより（燃料費がないから）できないものだった。もちろん、砲撃訓練もできない。黄海海戦での清艦隊の砲の命中率が悪かったのはそのためでもあった。また清軍では、兵士の給与は日本軍のように軍の会計官が兵士個人に直接手渡すのではなかった。まず幹部にまとめて支給され、それを（幹部が）兵士個々人に手渡すという方式であった。そこで幹部は（西太后に流用されて演習費用も出ないから）、兵士に給与を毎月ではなく、三か月ごとにまとめて渡すというシステムにした。その三か月の間、兵士を酷使する。耐えかねて逃亡でもすれば（港にほとんど常に停泊しているからそれは自由）その分給与が浮き、演習費に充てられる。もちろん、その浮いた費用の一部は（全部かもしれないが）、幹部のふところにも入る。一方、その三か月の間、無給を強いられた一般兵卒は、小遣い稼ぎに陸へ上がって商店などの臨時の使用人になったり、道路工事人夫になったりアルバイトをすることになる。砲や機器の操作に慣れるどころではない。

陸軍だって似たようなものだった。まず、陸軍の予算は定額制であった。毎年定まった額だけ給付される。給与もやはり兵士個人に直接ではなく、幹部にまとめての支給である。物価は年々上昇する。それで幹部はどうしたか。一般兵員の人数をまず減らした。当時、清軍は営

（日本風でいえば大隊）単位の編成であった。一営の定員は五〇〇名であったが、戦後になって判明したことによると、平均して三五〇名ほどしかいなかった。浮いた一五〇名分の給与の一部は物価上昇分に充てられ、残りはやはり幹部連中が自分の懐に入れていたことは言うまでもない。当然、兵器の刷新などはできない。日清戦争では清軍の使用した銃は、火縄銃から最新式の後装銃まで二十数種類もあった。部隊を組んでの統一した戦闘などできず、個々バラバラ的に戦うしかない。緒戦時はそれなりに応戦するが、日本軍が近接するとたちまち腰砕けになり、はては逃亡にも至ったのはそのためでもあった。さらに砲弾にしても清軍には着弾したさい、その中から多数の小銃弾が飛び散る榴散弾はなく、ただ数片に砕けるだけの榴弾しかなかった。それは城壁破壊用くらいにしか役に立たないものである。また、飛んでくるのが見えるから身を避けられる余裕もあり、日本兵にとってはそれほどの脅威《きょうい》ではない。平壌城攻めにおいて、清軍の砲撃にもめげず日本兵が突進できたのはそのためでもあった。

兵制だって同様である。およそ近代軍ではなかった。そもそも清軍には兵役年限がなかった。そのため老兵やら少年兵やらが入り混じっていた。当然、まとまっての統一的行動などできない。しかも、日本軍が大陸に上陸した際に急遽《きゅうきょ》、徴集した新兵が少なくなかった。大体、全軍の三分の二くらいはそれら新兵であったらしい。日本兵があまり近接しないうちはそれなりに応戦する。だが、近接、もしくは（日本兵に）突撃でもされるとたちまち戦意を失って撤退にも逃亡にも至る兵が続出したわけである。加えて、清軍には医官という制度がなかった。負傷でもすればすべて自己責任、自弁である。やはり、日本兵に近接されただけでただちに退却にも至らざるをえなかったわけである。

首脳部の統制も取れていなかった。平壌戦では清軍の首脳部は四人いた。日本流に言えば師団長か旅団長にも相当する。そのうちの一人葉志超は緒戦の成歓戦では部下一〇〇〇名ほどを率いていたが戦意はなく、主戦場から離れて傍観していた。そのためもあり敗戦、さらに退却に至るや真っ先に逃げ、平壌城に至った。平壌城における作戦会議の席上でも戦意などなく、撤退して鴨緑江で防ごうと主張したらしい。だが、他の三将が承知せず開戦に至った。ところが逃亡を図ったため(他の三将により)、一室に監禁されている。バカバカしいついでにもう一つ、バカバカしい話をつけ加えると、葉志超はそのように逃げの一手を決め込んでいたくせに、上司の李鴻章には「成歓戦では日本兵二〇〇〇人を殺害して大勝した」と報告している。李鴻章はそれを西太后にそのまま取り次ぎ、その結果、葉は殺害した日本兵一人につき十両、つまり総額にして二万両(今日の日本円にして数十億円ほど)もの大金をせしめている。それを持ってどこかにズラかろうとの算段だったものと思われる。

鴨緑江を越えて

この間の久直が所属する第三師団の動静についてふれると、第三師団主力は結局、朝鮮半島では一戦もしなかった。京城入りした九月十五日には平壌の戦いはすでに終わっていた。日清両軍の次戦は十月末あたりからの鴨緑江河畔戦であるが、それまでは戦いなど全く発生せず、ただ行軍の連続であった。またその行軍も難渋をきわめたものだった。まず、京城から平壌までは道路事情が悪かった。大軍が同時的には進めず、何梯団《ていだん》かに分かれての順次的行軍にならざるをえなかった。平壌から鴨緑江岸の義州までの間はわが国でいえば東海道にもあたる要路で大道が通じている。だが、現地人クーリーが集まらず、現地で購入を予定していた食糧もほとんど得られなかった。平壌から逃げた清兵が徹底的に荒らし回って行ったからである。そのあたりの事情を『明治二十七八年日清戦史』は次のように伝えている。

「（平壌戦における清軍敗兵は逃げる途中）人民を殺戮《さつりく》し、あるいは家屋を焼き、その資源を掠奪したため物資が乏しく、行軍が予定通りには進めなかった」

日本側の記録はこのように清兵が逃げる途中に掠奪したとしているが、そればかりではなかった。実際は日本人の感覚では理解不能的事態が発生していた。そのあたりを中国側の記録（『中国近代史』氾文瀾著）から抜き出してみよう。

「成歓戦の数日前、李鴻章は自らの傘下の四軍を平壌に派遣した。朝鮮の人民は（宗主国の軍隊であるから）道の両側に並んで歓迎し、われ先にお茶を出して軍隊をねぎらった。しかしこれらの軍隊の規律は非常に悪く、彼らが通過したところでは器物を破壊し、家を焼き、財物を奪い、婦女を犯し、一般庶民を殺し、若い男を（使役人とするため）捕えるなど、乱暴さは甚常ではなかった」。

さらにそのような噂が伝わったため、

「平壌から義州までの数百里（中国の一里は四〇〇メートルほど）の間では商人も一般人も逃げてしまい、驚いたことには官吏の中にも身を隠すものがいる始末で、定州では焼かれた家屋が半里も続いており、途中には鍋や椀などが散乱しており人夫、駄馬が見つからないばかりでなく、途中に飲食店さえ皆無であった」

敗残に至って命からがら、身一つで逃げる途中の掠奪だったらわかる。そうではなく、進駐する途次での荒らし回りだったのである。中国軍には補給部隊がなかったためである。途中での物資補給などはすべて現地調達、つまり道々の人家などに押し入っての強奪だったのである。昔からそうであった。そのため中国では古い時代から、このような格言が言われていた。

「賊は梳《す》くが如く、兵は剃るが如し（山賊や盗賊は人家に押し入っても金目のものしか持っていかない。だが軍隊は根こそぎ持っていく）」

その格言どおりの乱暴狼藉だったのである。以上のようなわけで久直率いる第六旅団などは、道々に予定していた物資補給の見通しが立たず、途中の安州に一か月も留め置かれたりし、鴨緑江戦には間に合わなかった。

中朝国境をなす鴨緑江は大河である。全長約七〇〇キロとわが国最長の河川信濃川の二倍もある。下流域は川幅が広く深い。軍橋などは架けられない。日本軍約一万名は中流域の二股地点にまで遡って軍橋を架けようとした。それを阻止しようと待ちかまえている清軍約二万名との鴨緑江を挟んでの交戦に至った。だが、それもほどなく日本側の圧勝に終わった。例によって双方の武器の差、組織力の差と、さらに清兵側の戦意のなさによるものであった。

結局、鴨緑江河畔戦は緒戦の〈鴨緑江渡河戦〉、次戦の〈虎山砦の制圧戦〉、三戦目の〈九連城の攻防戦〉と三か所で発生したが、いずれも一日で決着がつき、日本軍は十月二十六日安東県に至った。その間の人的損害（死）は日側は三十四名であったのに対し、清側は正確なところはわからないが、残屍だけで七〇〇はあったらしい。なお、前記中国側の記録はこの鴨緑江河畔戦については、次のように簡潔に記しているだけである。

「十月二十四日に日本兵二、三十人が鴨緑江を渡河して一斉射撃すると、清軍は総崩れになって逃走し、日本軍に追撃されて百余人が殺された。さらに二十六日に日本軍の大部隊が渡河すると、清側の各部隊は散り散りになった」

実際は、たとえば虎山という岩山に籠る清兵に対する日本軍攻略部隊との交戦は、それなりの激戦が行われたのであるが、鴨緑江周辺に二万名もの大兵を配置して日本軍の中国領への侵入を阻止しようと待ち構えていたのに、清軍側に戦意がなくそれができなかったため、詳細には記したくなかったものと思われる。

安東県（中国でいう〝県〟とは日本流のそれではなく、せいぜい〝都市〟という意味）は中朝国境地帯における中国側最大の都市である。人口は一万人ほどと多く、物資の集積基地でもあった。大本営の当初の方針は第一軍は安東県あたりで二十七年の冬を過ごし、翌春の雪融けを待ってさらに内陸部に進撃する、であった。第五師団は実際、そのようにした。だが、桂太郎率いる第三師団はその方針に従わず、ほぼ独断でその年のうちに安東県を進発し、二五〇キロも離れた海城にまで突っ走ってしまった。その理由は大きく分けて三つあった。

まず、馬による輸送の問題が解決したことである。当時、中朝国境付近の中国側には荷車を通せるほどの大道はなく、細道やら山道やらの連続で、物資輸送の主力は馬であった。ところがその馬たるや、現地のそれは蒙古馬といって今日のわが国の木曽馬のような小型のもので、負荷力は大きくない。また、大量の現地馬を調達できそうもない。というわけで大型の日本馬を多く連れてきていた。だが、当初は日本馬は大陸の寒気に耐えられそうもないと想定されていた。そのあたりの事情を第三師団の参謀長であった木越安綱大佐（後の中将、陸相）はこう語っている。

「冬期には作戦を行わず、第一軍全体が安東県あたりで冬を越そうと予定していたのは当初、日本馬はマイナス二十度、三十度にも下がる大陸の寒気に耐えられそうもないと想定されていたためでもあった。だが、実際に現地に連れて行ってみると、馬には気温が下がるとボヤボヤと産毛が生えてきて、それが防寒具の役割を果たし、厳寒の候でも十分に使役可能とわかった」

もう一つは何度も言うように清兵の戦意のなさである。兵士の数ばかりは多いが日本軍の銃砲の射程距離外を個々バラバラ的に動き回るだけ。ほんの少しでも日本軍が近接して攻撃するとすぐ逃げる。これなら冬期とはいえ、軍を無為に留めておくまでもない。攻められるだけ攻めて行こうとなったのである。

加えてその進撃の主体となった第三師団の長桂太郎の個人的思惑である。平壌城は当初は第三・第五の両師団うち揃って攻撃の予定であった。ところが、第三師団の到着を待たず、第五師団がほぼ独力で攻撃し攻略してしまった。それならば、今度は自軍（第三師団）が単独で中国領内陸部にまで攻め入っても文句はあるまい、との思いである。

なお、そのように現地派遣軍が中央の当初の方針に従わず、独自な行動をとったりすることを、古い兵書などでは「閫外《こんがい》の将は王命にも服せざるところあり」（閫、つまり城をいったん出撃した軍の指揮官は、現地の状況に合わせて作戦行動をするものであるから、ときには中央政権の指令に従わなかったりする）と、昔はむしろ普通だったものである。

ただし、大本営にしてみれば、いつもいつもそのように現地軍に独断的行動をとられては困る。以後の大戦略に支障をきたしかねない。というわけで現地派遣軍の最高司令官、山県有朋大将の解任となった。第三師団が（独断で）安東県を進発した十二月初めのことである。ただ、それはおそらく当時の日本政府首脳（伊藤博文首相ら）の諸外国に対する〃ポーズ〃の意味でもあった。日清戦争は日・清の二軍しか戦わなかったが、ある種の制限戦争でもあった。英・独・仏・露ら列強の注視・監視・干渉のもとに行われたという意味である。それら列強は中国各地に巨大な利権を保有していた。英は上海、仏は広州、独は山東州、露は満洲というふうにである。日本軍があまりにも勝ちすぎ、さらに内陸部にまで攻め入り過ぎて清王朝が倒れたりすると、その権益が犯されかねない、ということでそれら列強の外交筋から日本政府に圧力がかかってきた。それをおもんばかり、（日本側には）北京にまで攻め入って清王朝を倒壊させるというふうな意図はない、自国の安全保障のため朝鮮半島さえ日本国の勢力下におさめられさえすればよい、というようなことを諸外国に示す必要もあっての山県の解任であったものと思われる。

なお、（諸外国も意識して）そのような大戦略のもとに戦争全体を指導し、成功裡に収容させた伊藤博文ら当時の日本政府首脳の対応を『明治日本軍制史論』は、今次大戦時の稚拙にすぎたそれに比べて適切であったと激賞している。

安東県から海城までの追撃戦

ともかく政府・軍首脳の当初の方針を無視した、その意味では桂師団長の独断専行により、第三師団は十二月一日安東県を進発した。そのさいの行軍序列は次のようなものであった。

第一梯団〈第六旅団〉、第二梯団〈第三師団首脳部〉、第三梯団〈第五旅団〉

第六旅団長である久直はここで初めて全軍の先頭に立った。それまで第六旅団は戦いらしい戦いは全くしていない。まず何日か行軍し、続いて十数日かときにはそれ以上も停滞する、の連続であった。ただ全軍の先頭、つまり前衛軍の司令官（『明治二十七八年日清戦史』では以後、久直を前衛軍司令官と記している）とはなったが、中国領入りしても激戦などはほとんど発生せず、小戦をいくつかしただけでただちにその地を占領し、の連続であった。図3に示したように五日に岫巌《しゅうがん》を攻め落とし、というよりは日本軍が近接すると清軍はただちに退散したから進駐し、十日には析木《せきぼく》城に至った。析木城だけは一応の接戦があった。が、日本軍の三方向からの包囲作戦により、清兵は簡単に撤退した。日本軍はまず、正面から攻めかかる。それはあっていど膠着《こうちゃく》的事態に陥る。兵力は清側約一万に対し、日側は三〇〇〇（ただし第六旅団だけ）程度にすぎなかったからである。その膠着的状態に至るや、日本軍は清軍の左右両側に別働隊を派遣し、それをさらに（清軍の）後方にまで回り込ませる体勢を示す。それだけで清軍は（包囲されることを嫌って）簡単に撤退するものだった。戦意も継戦意欲もまるでなかった。それには前述したことの他に清軍そのもののある特殊的事情も関係していた。

ある戦いで負傷して逃げ遅れた清兵が捕えられた。「もう生きていても仕方ない。殺してくれ」ときかない。日本軍はそんなことしない、とさとしても承知しない。理由をきいてみると「自分は兵士ではない。ただの農民である。だがある日、村に清兵がやってきて、無理やり銃を持たせられ兵士にされた。抵抗した者はみな殺された。その上、清兵は撤退する際、妻を奪っていった」。清軍約一万（前記中国側の記録『中国近代史』では四万としているが）の少なからずは、このように強制的に徴集されたにわか兵士だったのである。戦意などあろうはずはない。

さらに日本軍は〝善行〟をしながら進撃した。ある村に入ると壮年者は一人もいず、老人と子どもだけしかいなかった。赤ん坊は飢えて泣いていた。理由をきいてみると「日本軍は怖い清兵を破ったのであるから、もっと怖いだろうと、若い者はみな山に逃げて行った」とのことだった。日本軍は蛮行などしないとさとし、赤ん坊は衛生兵の手当てを受けたことはいうまでもない。

加えて、日本軍は現地人を使役するさいは必ず対価を払った（清軍はもちろん金など払わずただ働きさせた）。それは一人一日あたり中国円にして五銭であった。当時、中国辺境地帯では高《こう》梁《りゃん》など雑穀一石（中国の一石は一二〇キロ）あたり一両、つまり一〇〇銭であった。一日働けば六キロほど、一家一週間分くらいの食糧が買える。また、冬期であるから野営などできない。民家に宿泊したがそのさいも、一人一日あたり（もちろん素泊まりで）一銭（今日の日本円にして三〇〇円くらい）の宿賃を払った。一方、清兵は宿泊料など払わず、タダ飯を食い、どころか撤退するさいは金目のものを持ち去ったりする。そのような噂が伝わり、日本軍はむしろ歓迎的に迎え入れられたのである。

結局、日本軍第三師団は安東県から海城までの二五〇キロほどを十三日で進撃した。それは当時、軍隊の戦いながらの進撃速度としては驚異的というよりは不可能的優速であったらしい。実際は戦いらしい戦いなどほとんど発生せず（その海城までの進撃戦において日本軍の死者はわずか一名だけ）、さらに現地住民の抵抗もなく、どころかむしろ（現地住民に）歓迎的に迎え入れられたからである。そもそも多くは漢民族であった南満洲地域の住民は、古い時代から遼・金・元など異民族の侵寇に慣れている。清王朝そのものが、北方から侵襲してきた異民族の一つである。日本軍であろうと誰であろうと、善政をしてくれる者を歓迎するという精神的土壌が昔からあったのである。

ともかく日本軍第三師団は安東県から海城まで戦いながら進撃した。戦いながらであるから、軍隊用語でいえば完全軍装をしてである。武器弾薬・携帯口糧の他に、冬期であるから防寒具も必要である。それらを合わせると全重量は二〇キロほどにも達する。一般兵卒がそれだけの荷を背負っての連日の強行軍に耐えられたのは、ある種の偶然、もしくはケガの功名のようなものが関係していた。そのときの第三師団には「脚気《かっけ》患者がほとんど発生しなかった」ことである。

脚気など今日ではどのような病気でどんなことが原因で発生するのか、忘れ去られている。原因はもちろん、白米などを主食とすることによるビタミンBI欠乏で、症状は次のように三期にわたって進行する。

第一期〈身体全体がだるく、特に足に力が入らず動くのがおっくうになる〉

第二期〈ほとんど寝たきりになる〉

第三期〈死に至る〉

つまり第一期の段階に至っただけで、戦闘どころか行軍さえも不可能的になるのである。日清戦争全体ではその脚気による死者は約四五〇〇名ほど発生した。それは正規の戦闘行為による死者数約一四〇〇名の三倍以上にもあたる。だが、第三師団では脚気による死者はわずか二六名しかいない。しかもそのほとんどは安東県に至るまでのものでそれ以後、つまり安東県から海城までの進撃戦では一名も（脚気による死者は）出なかったらしい。それはもちろん、第三師団当局が脚気の原因がビタミンＢⅠ欠乏によるものと知っていたからではなく（それが判明したのは日露戦争以後）、ある種のケガの功名のためであった。

第三師団は当初、安東県あたりで冬を越す予定であった。したがって大本営では安東県〜海城までの食糧の手配をしていなかった。そのため第三師団では行く先々で食糧を現地調達せざるを得なかった。その現地で購入できる食糧は米はごく少なく、高粱・小豆・大豆など雑穀が多かった。高粱はかゆ状になって日本人の口に合わず、米一小豆二の割合で混ぜた小豆飯は腹持ちが良くそれを主食としたため、第三師団では脚気患者がほとんど発生しなかったのである。

その日清戦争と脚気の問題に関し、余談をつけ加えると当時、海軍では脚気の原因がビタミンＢⅠ欠乏によるものとはわかっていなかったが、パンや麦飯などはその予防に効果がある〝らしい〟ことは承知していた。そのため白米の他にそれらも給食に加えたりしたこともあり、脚気患者はほとんど発生しなかった。

だが、陸軍では前述したように大量の患者どころか死者まで多く出した。当時、陸軍におけるその脚気対策に関し、最高的責任者の一人が森鷗外（本名林太郎）であった。森はきわめつけの秀才である。明治九年十四歳で東京大学医学部に入り（明治初期は入学に関し厳格な年齢制限などなかった）、十九歳で卒業した。さらに医官として陸軍に入り、軍から派遣されて六年間もドイツに留学し西洋医学を修めた。帰朝後陸軍に戻り、日清戦争期は一等軍医正という大佐待遇の要職にあった。つまり森は実戦部隊でいえば連隊長として敵軍（脚気の原因究明）に当たるべき責を負っていたのである。

にも関わらずそれを怠り、どころか『兵食論』なるものを著し、脚気の原因が食生活に起因するものでないとの反論までしている。『兵食論』とは、脚気患者など昔は日本人にはほとんどいなかった。明治の新時代になって発生したものである。従ってペストやチフスのようにかにか西洋渡来の病原菌によるもの〝だろう〟と結論づけた、その意味では学術論文というよりは、個人的感想のようなものである。おそらく一日や二日で書き上げたものだろう。

鷗外が全能力を傾注し、脚気の原因究明にあたった結果としての〝病原菌説〟だったらわかる。そうではないのである。当時の学問の水準からして、特に試料分析学の未発達により、鷗外一人がいくら寝食を忘れるほど（脚気の原因究明に）没頭したところで、それはできなかったものと思われる。がしかし、やはり脚気対策の最高的責任者である以上、さらに軍の費用で学ばせてもらい軍から高給を得ている以上、そして大陸ではその脚気により僚友がバタバタと斃《たお》れている以上、それをするべきではなかったかという思いがしてならない。

その頃鷗外は『舞姫』『うたかたの記』などの創作を発表している。なかでも『舞姫』はわが国の文学の歴史に残る名作であるらしい。だが筆者は以上のような理由により、鷗外の著作など（あえて〝など〟と言う）これまで一作も読んだことはないし、今後とも読むつもりはない（小学生のときの学芸会で鷗外作の『山椒大夫』でなにかの役を演じたことはあるが）。

なお、鷗外は死（大正十二年）にあたり、自らの墓石には「石見の人森林太郎の墓」と本名だけを刻し、それ以外の文学上の事績や軍歴などは何も記さないようにとの遺言を残したといわれる。以上のようなこと、つまり日清・日露戦争期に軍における脚気対策の最高的責任者でありながらその原因究明を怠ったという、自責の念のためでもあったのではないかと推測しているが、どうだろうか（閑話休題）。

海城の無血占領

日清戦争期、中国東北部の都市（または村落）には二種類あった。今日でいえば州都にあたる大都市と、それ以外の小都市や村落である。第三師団がそれまで攻略し、もしくは通過した地のうち安東県以外はすべて小都市でしかなかった。それらでは第三師団全軍約八〇〇〇名を収容することは難しい。それができるのは南満洲地域では海城だけである。

海城は周囲五キロほどの方形状の、四囲に城壁を張り巡らせた城郭都市である。北は遼陽、南は営口、東は安東県、西は田庄台を経て北京にも通ずる要衝でもある。人口も一万ほどと多く、中国東北部における最大の商業都市でもあった。清軍はそこに最高司令官李鴻章の直属の配下である宋慶率いる二万の守備兵を常駐させていた。攻める日本軍は久直率いる第六旅団約三〇〇〇名だけである。通常は短時日で攻略はできない。だが、海城はほとんど無血的占領であった。理由は大きく分けて二つあった。

一つは前述したような清兵の蛮行である。海城周辺の清軍守備部隊の多くは安東県から進撃してきた日本軍に対応するため、その十二月初めあたり（海城から）出撃していた。それらは各地で日本軍に撃破されたり、戦意を失って逃亡したりして海城に逃げ込もうとした。だが清兵の蛮行が伝えられたこともあり、海城市の自警団が門を閉じて彼らを入れさせなかった。自警団といっても当時の中国辺境部のそれは、自治会の役員などとは違う。匪賊や盗賊集団などの襲来に備えて武装した準軍隊的軍団であった。敗残兵など簡単に追い返せるほどの戦力を有するものであった。

それでも残存する清兵により南門だけが開けられた。だが、日本軍先遣部隊の追撃が急で、それを閉じる余裕を与えなかった。そのあたりの状況を『明治二十七八年日清戦史』はこう伝えている。

「日本軍第六旅団の先遣部隊、第一連隊の第一、第二の二中隊約三〇〇名は、逃げる清兵を追って海城の南門に迫った。十三日の午後一時ころのことだった。逃げる清兵との距離は三〇〇メートルとなかった。南門の前に小川が流れており橋がかかっている。その橋を清兵が破壊しようとしたがその余裕を与えず、ほとんど近接して追撃して行った。

さらに清兵が門を閉じようとしたとき、川の対岸に達していた第一中隊兵が一斉射撃をし、清兵の多くが斃されたため門を閉じることができなかった。一斉射撃をした第一中隊員はそのまま海城市内に突入し、第二中隊もそれに続き、逃げる清兵を追って城内の大通りを南から北へ駆け抜けた。その間、わずか十数分でしかなかった」

実戦における追撃戦に関してこのようなことがよく言われる。「追撃戦は逃げる相手とごく近接し、ときには入り混じったりしてのそれが最も効果がある」。逃げる側はパニック的状態に陥るのに対し、追う側は逆に勇気凛凛《りんりん》、ほとんど無抵抗の相手を一方的に撃ちまくれ、突きまくれるからである。その格言どおりの戦況だったのである。結局、海城制圧戦ではその突入時の激戦も含めて日本軍の死は〇、傷がわずか三名発生しただけであった。

海城入りした日本軍はもちろん、市内でも善政を施行した。後年、海城における法五章として敵地占領政策の模範的事例とされた、次のような布令を全市街に通達した。

（一）（日本軍に対する）間諜的行為をしてはいけない。

（二）人を殺してはいけない。
（三）他人の物を盗んではいけない。
（四）人を傷つけてはいけない。
（五）日本軍の行為を妨げてはいけない。

ようするに日本軍に対する反軍的行為以外は自由、従来どおりの生活を続けて構わないということである。日本軍の善政は他にもあった。戦時中であるから物価は高騰し、生活困窮者も出る。それらに対しては救恤《きゅうじゅつ》食を支給し、壮年者は軍の使役人として（もちろん有償で）雇った。加えて市民のための訴訟所を設置し、日本人軍夫や兵士たちで住民に対する不法的行為をする者がいたら、遠慮なく申し出るようにとの布告までしている（実際、それにより民家に押し入って掛け軸を強奪したことが判明した軍夫の一人が強制送還されている）。さらに外国人対策もぬかりなかった。海城は国際都市でもあったから、独仏人宣教師ら外国人居住者も少なくなく教会もあった。教会には番兵を配し、宣教師たちには従来通りの布教活動を保証した。なお、それらに対する交渉は桂師団長自らが行った。桂は若い頃仏語学校で学んだことがあり、独には七年間も留学していた。宣教師たちは日本軍の最高司令官が自国語を話すことに驚き、かつまた喜び、交渉はスムーズに進展したといわれる。

外国人以外、つまり現地人との交渉や折衝は実戦部隊の役目である。その実戦部隊の長、第六旅団長の久直は西南戦争時、高千穂峡で二か月間〝民政官〟の役を果たしたことがある。第五旅団長の大迫尚敏少将も薩摩の乃木さんといわれた人格者である（実際に乃木大将自刃後、学習院の院長を務めている）。第三師団による海城の占領行政はきわめて良好的に推移したといわれる。

第三師団は結局、海城に三か月ほど居座ったのであるが、その間、日本政府・軍首脳は随分と心配したらしい。海城の位置をあらためて見てみればわかる。あまりにも中国内陸部に入り込みすぎている。海城の周辺には清軍数万名が蝗集《いしゅう》していることもわかっていた。海城の第三師団がそれら清軍に潰滅でもされたら、日清戦争全体の帰趨《きすう》にも影響しかねない。というわけで（海城から）撤退せよとの指令も出されたらしい。だが、〝閫外の将〟桂はそれに従わなかった。桂にしてみれば、占領政策がうまくいっている以上、せっかく苦労して獲得した地を放棄して後退しなければならない理由はなにもない、ということでなかったのか。

第四章　日清戦争（後篇）——遼河平原へ

日清戦争において大島久直率いる第一軍第三師団第六旅団兵約三〇〇〇名は、明治二十七年九月中旬から翌二十八年三月初旬までの半年間、朝鮮半島から南満洲地域にまで転戦した。その間における戦いの様相は前半と後半では全くといってよいほど異なるものだった。前半戦、つまり朝鮮半島に上陸し、中朝国境を越えて海城に攻め入るまでの三か月間は、戦いらしい戦いはほとんど発生せず、ただ行軍の連続のようなものであった。

後半戦、すなわち海城に至った十二月中旬以後の三か月間は、一転して激戦の連続となった。海城以西に集結していた清軍は、朝鮮半島や中朝国境付近に展開していた、軍隊とは名ばかりの〝戦意なき雑兵集団〟とは違い、最高司令官李鴻章直属の配下、つまり親衛隊のようなものだったからである。銘字軍・毅字軍などと称した四万ほどの親衛隊軍は一応の近代的兵備も兵制も有し、独人教官による教練も行われるなど、清国における最精鋭的軍団といってよいものだった。もちろん、兵站部隊も衛生部隊も具備していた。久直部隊をも含む日本軍がその親衛隊軍との激戦を制し、戦勝に至るまでの軌跡を追う。

日清戦争最大の激戦――缸瓦塞戦

海城入りした第三師団は図4―1のような守備陣形を敷いた。海城は北方五、六〇〇メートルほどに二小丘（歓喜山と双竜山）、南方やはり七、八〇〇メートルほどにも二小丘（京甲山と蕎麦山）を抱えた平城《ひらじろ》である。その四小丘はいずれも海城市より比高にして五〇～一〇〇メートルほど高いなだらかな丘陵となっている。北方側の二小丘を第六旅団、南方側のやはり二小丘を第五旅団の担当とされた。各旅団はそれら丘陵の前方五〇〇メートルほどに屯所を設置し、さらに（屯所の）周囲二～三キロほど前方にまで騎馬による斥候部隊を常に巡回させているという万全の守備態勢である。斥候部隊と海城までの距離は三〇〇〇メートル以上はゆうにあったから、当時の清側砲の射程距離（最大でも三〇〇〇メートル程度であったらしい）からして、海城には一指だに触れさせまいとの布陣で

図4-1 缸瓦塞戦関連図

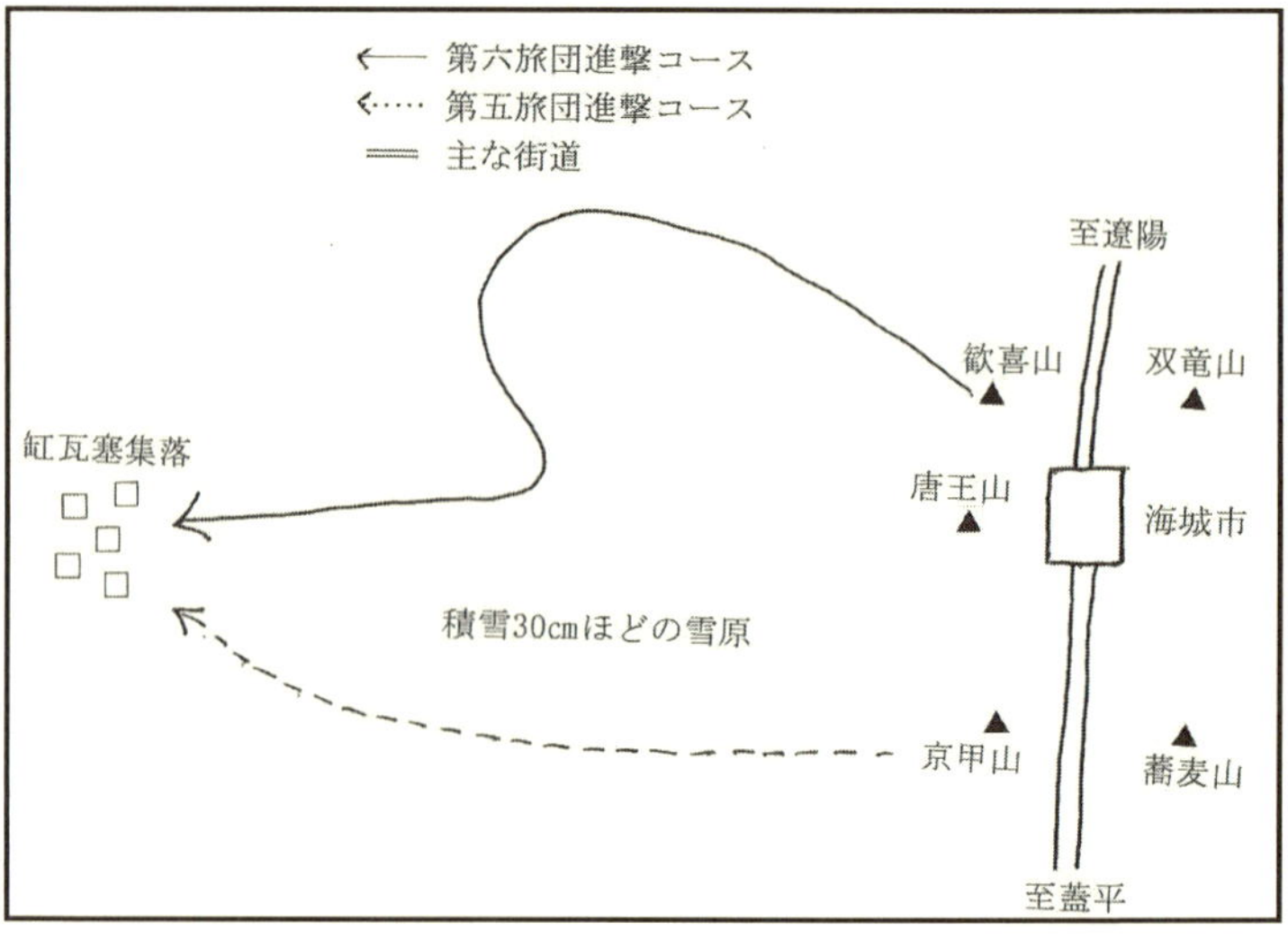

あった。結果をいえばその守備陣形は成功した。日本軍が海城占拠後、清軍は五度も奪回戦を敢行してきたが、（海城）市内には一発も銃砲弾を撃ち込ませなかったといわれる。

　十二月十八日午後、海城の南方に展開していた第五旅団斥候部隊から、蓋平方面より北上する清軍大部隊が運動中との情報が寄せられた。その運動がどこへ行くのかはわからない。そのまま北上して遼陽方面に向かうのか、一転して東行して海城奪回を図るのかは判然としない。だが、運動中の軍隊は脆弱なものである。いずれにしても先制攻撃するにしかずと、第三師団長桂太郎は判断した。翌十九日を期し、図4—1に示したように第五旅団は海城の南東方向から、第六旅団は北東方向からの清軍大部隊に対する迎撃指令を発した。桂ら第三師団首脳部はその中間の唐王山という小丘に登って戦況を見守っていた。午前八時頃のことである。

　久直率いる第六旅団は結局、清軍との接触はできず、正午頃、海城への帰還に取りかかった。だがその頃、第五旅団軍約二〇〇〇名はすでに清軍大部隊約一二〇〇〇名との交戦状態に至っていた。以下は参謀本部編の『明治二十七八年日清戦史』（以降たんに『日清戦史』とも『同戦史』とも記す）に拠る。

　第五旅団先遣部隊は午前十時頃、缸瓦塞《こうがさい》という小集落付近で北方へ向かって運動中の清軍大部隊を認め、ただちに砲撃を開始した。双方の距離は二〇〇〇メートル程度であったらしい。さらに（砲撃の）結果を確かめもせず、砲撃とほとんど同時に歩兵部隊を前進させた。それは兵理にもとる行為といってよいものだった。まず、砲撃によって（敵軍を）圧倒し壊乱させ、算を乱して逸走する敵軍を歩兵部隊が追撃するというのが当時、野戦における常道のようなものだったからである。第五旅団先遣部隊があえてそのような兵理にもとる行動をとったのは、相手を〝ナメて〟いたからであった。海城に至るまでの清軍はよほどの大部隊であっても日本軍が砲撃するやただちに退却、もしくは算を乱しての逃走にも至るものだった。だが、そのときの清兵は違った。後退などせず、窪地に潜んでいたりして日本軍の接近を待ち構えていた。戦闘態勢を十分に整えており、両軍の正面からの激突に至った。双方の距離は四、五〇〇メートルほどであった。その間は遮蔽物など全くない雪原である。銃砲撃戦に至り、どちらも動けず、戦況は膠着《こうちゃく》的事態に陥った。となれば、以後は日本軍お得意の〝突撃〟である。第五旅団の最先遣部隊、第十九連隊第一大隊約四〇〇名はそれを敢行した。「突撃ラッパを吹奏して突進するも、清兵すこぶる頑強に抵抗する。しかし我兵の猛進に抗しえず、敵は後退した」と、同戦史は伝えている。

だが、それもやはり、相手を〝ナメて〟いたがための無謀な突撃と言ってよいものだった。それまでの清軍部隊の多くは、戦場で日本軍の突撃ラッパが鳴り響くやただちに算を乱しての敗走にも逃走にも至るものだった。だが、そのときの清軍は違っていた。同戦史に「後退」と記しているように、逃走などせず戦術的後退をしたようなものだった。戦闘態勢を十分に保ったまま、待ち構えていた。近接戦に至りその結果、日本軍の突撃部隊、すなわち第一大隊は死二十名、傷五十五名に至った。全（突撃）部隊員の五分の一もの人的損害である。それは人数的にも割合的にも、第三師団が朝鮮半島に上陸して以来一戦線において一つの部隊が被った最大といってよい損害であった。特に突撃のさい先頭を行く小隊長の損害率は高く、七名中無傷者はわずか一名しかいなかった。

第五旅団が敵大部隊と交戦中との報を受け、桂は第六旅団にただちに伝令を走らせ、戦場への急行を命じた。正午頃のことである。桂はこのときのことを自伝（『公爵桂太郎伝』）の中でこう語っている。「自分は午後からの戦いは好まない。だが、（第五旅団が危ないから）このさい仕方ない」と。日本軍は日清戦時、作戦日は夜明け前から起きて準備をし、夜が明けると同時に行動を開始するものだった。乗馬の将校クラスはともかく、一般兵卒は全装備重量二十キロを超す完全軍装をしての行軍と、それに続く戦闘行為である。体力的に午前中くらいしか持たない。しかも午後からの開戦では、戦況によっては夜戦に至ったりする。ますます（体力的に）持たないからである。もちろん、久直は桂からの戦場への急行命令を快諾した。そのさい久直は自ら先遣部隊を率いて、文字通り第六旅団全軍約二〇〇〇名の先頭になって馬を馳せている。そして午後四時、第六旅団は戦場となった缸瓦塞集落付近に到着した。その頃、桂師団長ら第三師団首脳部は小丘に上がり、戦況を見守っていた。前記自伝によれば、（戦況は）このようなものだった。

「落日ようやく西に傾き、榮々《えいえい》として積雪に反映し、加うるに硝煙漠々として地を蔽い、敵味方の状況、朦朧《もうろう》として見えず」

その朦朧とした硝煙のもと、すでに日清陸戦における最大の激戦といわれる缸瓦塞戦は開始されていた。久直はまず、自部隊を敵軍が蝟集《いしゅう》する缸瓦塞集落方面に直行させず、（缸瓦塞に通ずる）凹道を潜行して近接した。そのあたりの地形的状況は旅団長自らが先行して調べておいたものと思われる。このとき、清軍部隊の多くは缸瓦塞集落前面の松林と墓地付近に展開していた。清軍約一二〇〇〇名と日本軍第三師団約四〇〇〇名との、総力を投入しての激突に至った。午後五時頃のことだった。何度も言うように武器（銃砲）は日本軍が優っていたが、兵力は圧倒的に清軍側が優勢だったこともあり、清軍も頑強だった。「このとき敵は防戦善く努め、銃砲弾が雨の如く飛来し、（日本軍の）前進はすこぶる困難になった」と、同戦史は伝えている。ここを先途と見た桂師団長はその膠着《こうちゃく》的事態に陥ったとき、最後の予備部隊である第五旅団第十九連隊第二大隊約五〇〇名の投入を命じた。一戦線に全部隊を一挙的には参戦させず、常に予備部隊を確保しておき、しお時を見てそれを投入して戦局全体の展開を図るのが日本軍の戦法の常道であり、その〝しお時〟を的確に判断するのが最高的指揮官のウデの見せどころでもある。戦況が平衡的事態に至ったさいは、その予備部隊の投入により、（投入した側に戦況が）傾くのは力学的必然である。そのときも必然が生じ、日本軍の優勢的事態に至った。となれば（日本軍）お得意の、自軍の損害をある程度覚悟しての肉を切らせて骨を断つの戦法、すなわち「突撃」である。各所で「突撃ラッパ」が鳴り響き、両軍の銃砲撃による硝煙をものともせず各部隊「猛進」し、遂に松林と墓地の敵陣地を奪うに至ったと、同戦史は伝えている。

だが、敵はまだ頑強だった。松林と墓地から撤退しても、なお戦意を失わず、今度は缸瓦塞集落に拠り、各家屋の土塀を防壁として抵抗をやめず、「双方の銃砲撃により、天地は振動し、勝敗の決、いまだ知るべからず」というような戦況に至った。そのとき、缸瓦塞集落の後方あたりから火の手が上がった。それは高粱《こうりゃん》の枯束を清軍が（撤退の合図として）燃やしたものか、日本軍の砲撃によってたまたま火がついたものかはわからないが、猛火といえるほど巨大なものだったらしい。清兵は後方（西方）からは猛火に追われ、前方からは日本軍第五旅団、東北方からは第六旅団に迫られ、やむなく元来た方向の南方に後退した。勢いづいた日本軍各部隊はそれを〝猛追し〟、逆に戦意衰えた清軍は後退、さらに算を乱しての敗走に至ったと、同戦史は伝えている。もうあたりは夕闇に包まれた午後六時頃のことだった。

なお、中国側の記録『中国近代史』によれば、両軍の激突に至る前の午後一時頃、缸瓦塞戦における清軍側の将劉盛休は総司令官宋慶に応援部隊の派遣を要請したらしい。宋慶もそれに応じた。だが、（その応援部隊は）戦場までは来なかった。応援部隊の指揮官が〝午後からの戦いの労を厭《いと》って〟途中でグズグズしていたためらしい。

以上のような清軍側の内部的事情もあり、缸瓦塞戦は日本軍にとっては成功裡に終了した。ただし、戦いは終わっても第三師団兵の苦難、肉体的苦痛は終わらなかった。むしろそれからが本番と言ってよいようなものだった。缸瓦塞から海城までは三里（十二キロ）ほどある。その間、小さな川も流れている。早朝からの行軍とそれに続く激戦で疲れ切った身体にムチ打って暗夜、凍てつく雪原中の帰還、さらに小河川の徒渉という難行・苦行が待ち構えていたからである。帰途の行軍の順序は第五旅団が先頭、次いで第三師団首脳部、最後尾が第六旅団であった。最も長時間戦い、したがって最も苦労した第五旅団が真っ先に帰り、最も遅れて参戦したため最も楽をした（？）第六旅団が最後ということである。たいがいの部隊はその十九日のうちに海城に帰り着けたが（第三師団首脳部の到着は午後十時頃）、道に迷ったり、疲れきって雪中にうずくまっていたりする落伍兵も続出し、最後尾部隊（または兵）が帰還したのは翌二十日の正午頃のことだった。また、負傷兵を介助したり、担送したりした衛生部隊の（海城）到着はさらに遅れ、二十二日の夕刻になった。

缸瓦塞戦の結果は、日本軍は死六十九名、傷二二九名。清軍側は遺棄死体約五〇〇ほどであった。ただし、日本側には凍傷患者も多く発生した。重傷者五二二名、軽傷者五三九名もいた。

重傷者の多くは手足の切断にも至る。兵士としては〈死〉も同然である。凍傷者も含めると、日本軍の人的損害は約一五〇〇名、全軍の四〇パーセントにも及ぶ。それは人数的にも割合的にも、日清陸戦における最大的損害であった。なお、そのように凍傷患者が多く発生したことに関して当時、第三師団の参謀長であった木越安綱大佐はこう語っている。

「このときまで第三師団だけでなく、日本軍には凍傷に関する知識がなかった。初めて凍傷なるものを知り、衛生部から注意が来たりして以後はその予防のために下着を一枚多くしたり、脚部には厚い布を巻くなどした」

その経験が日露戦争時に生きた。缸瓦塞戦のちょうど十年後の明治三十八年一月末、満洲中部の黒溝台付近で露軍はお得意の冬期反撃戦をしかけてきた。十万もの大軍であった。守る日本軍は五万ほどでしかなかった。露軍には黒溝台に籠る日本軍を駆逐し、あわよくばその勢いで、日本軍全軍を大陸から追い落としてしまおうとの意図があったといわれている。その戦法に引っかかって一八一二年冬、モスクワにまで攻め入ったナポレオン軍約四十五万が歴史的大敗を喫したことはあまりにも有名である。

だが日本軍は五日間にも及ぶ激戦に耐え、全軍の五分の一近い人的損害を出したものの、黒溝台を守り抜いた。そのときの日本兵は缸瓦塞戦の教訓もあり、脚部には厚いゲートルを巻き、下着も日清戦争時より厚いものを一、二枚多くするなど、防寒対策が整っていたためでもあったと言われる（缸瓦塞と黒溝台との距離は二〇〇キロほどでしかない）。

海城防衛戦

缸瓦塞の激戦を制したことで日本軍大本営、政府首脳にも前途の見通しについていくらか楽観的気運が生じたらしい。それまでは平壌戦、中朝国境戦といずれも日本側が圧勝したとはいえ、それらにおける清軍はいわば植民地軍や、辺境地帯における戦意なき雑兵集団でしかなかった。缸瓦塞において初めて清軍正規軍、最精鋭的部隊と遭遇したようなものだったからである。缸瓦塞戦の成果をわざわざ天皇に奏上し、十二月三十日、次のような感状が第三師団の上司である第一軍最高司令官野津道貫大将あてに下された。

「基軍の一部、海城地方において優勢なる敵を邀撃《ようげき》し、雪中数時間の劇戦に耐え、猛烈奮闘をもって是を破る。朕《ちん》深くその忠烈を賞す」

今次大戦時の天皇の感状は美辞麗句を散りばめた形式的ものだったが、明治期のそれはこのようにより具体的、直截《ちょくせつ》的表現だったのである。前途の見通しが明るくなったのは現地軍、つまり第三師団の長たる桂太郎についても同様であったらしい。翌二十八年元旦、新年の祝い酒に酔った勢いもあり、桂はこのようなザレ歌を詠んでいる。

「ことくにに錦の御旗ひるがえし
　敵をさかなに祝ふ初春」

だが、ほどなくのんびりと正月気分にひたってなどいられない事態が生じた。一月十日のことであった。斥候部隊の大損害である。前述したように第三師団は海城市の周囲三〜四キロ四方ほどに斥候部隊を常に巡回させていた。その斥候部隊が清軍部隊に襲われ、しかも潰滅的損害を被るという事件が発生したのである。斥候部隊は将校一名、下士卒十四名であった。一方、斥候部隊を襲った清軍歩兵部隊は五〇名ほどであったらしい。従来、つまり海城に至るまでなら、それくらいの兵力差があっても清側は逃げるものだった。だが、そのときは違った。逃げるどころか（日本軍斥候部隊を）包囲し、殲滅《せんめつ》するという姿勢をとってきた。その結果、斥候部隊は死三、傷五を出し、かろうじて包囲網から脱出するという事態に至った。

そのような清軍側の抵抗、というよりは抗戦的姿勢は海城以西に集結していた清軍全体に関しても同様だった。缸瓦塞戦で日本軍に圧倒されても遠くへは去らず、海城周辺を動き廻り、スキあらば（海城を）奪回しようとする姿勢であった。また実際、その奪回戦をしかけてきた。大規模なものだけで五回もである。それぞれの（清軍側からすれば海城）奪回戦、（日本側からすれば海城）防衛戦の戦況を時系列的に追ってみよう。

〈第一回目、一月十七日〉、清軍大部隊が海城の北西方面から襲来する。北方は第六旅団、つまり久直部隊の守備範囲である。久直が歓喜山の頂上から遠望したところ、（敵は）弓状の隊形を保って進撃してきたと、同戦史は伝えている。海城を大きく包み込むような態勢で進んできたのである。だが、このときは砲撃戦だけで終わった。その結果、第六旅団側にも死三名、傷三十八名の損害を出したところをみると、清軍部隊もかなりの近距離にまで接近してきたのである。ただし、日本軍の銃の有効射程距離（だいたい二〇〇〇メートル程度）内には至らなかったところをみると、どうやら清側も威力偵察、つまり一応の戦闘態勢を保って進撃して来て、スキあらば襲来しようとする姿勢でいたがそのスキが見出せなかったため撤退した、ということだったらしい。

〈第二回目、一月二十二日〉、今度は土として南西方向から襲来してきた。第五旅団の守備範囲である。それも一回目と同様、威力偵察の態勢であったらしく、両軍の砲撃戦だけに終始した。結果は日本側は死五名、傷三〇名を発生し、一方、清側は遺棄死体だけで一二〇ほどあった。なお、清軍は通常、自軍兵であっても死体は収容などせず、その場に放置しておくものだった。中国人は一般に人間における魂と肉体は別のものとみなしており、死に至ったとたん、魂は（死者の）肉体から離れる。つまり、残された身体は人体というよりはたんなる〝肉のかたまり〟〝脱けがら〟でしかなくなる、というふうな考えのためでもあるらしい。

〈第三回目、二月十四日〉、清軍は今度は北・西・南の三方向から襲来してきた。前二回は威力偵察のようなものだったが、三回目は本格的反攻、つまり真面目に（？）海城を奪回しようとの姿勢であったらしい。清軍精鋭部隊のほぼ全軍を挙げての襲来であったといわれる。その際、久直は一つの策略を用いている。第六旅団兵の多くを歓喜山、双竜山の麓の窪地に潜めておいた。さらにその前面に数部隊を展開し、清側大部隊が進撃してくるとそれら前置部隊を退却させた。兵法でいえば誘いのスキである。元々、久直は剣・槍の達人、そのあたりの計算は確かであった。その誘いに乗じて清軍大部隊が進撃してきた。窪地まで四、五〇〇メートルの距離に至るや、（第六旅団の）潜伏部隊が突如として姿を現し、近接しての銃砲撃戦に至った。

となれば両軍の武器の差、特に砲のそれがものをいう。何度も言うように清側には着弾したら数片に砕けるだけの榴弾しかなかったのに対し、日本軍には（着弾したら）中から数十発の小銃弾が飛び散る榴散弾も、着弾する前、つまり清軍の頭上の空中で破裂し（中から）多数の小銃弾が飛来する火閃弾もあった。榴散弾・火閃弾に追いまくられて逃げ惑う清兵に対しては、有効射程距離の長い村田銃の狙い撃ちである。そのときの状況を同戦史はこう伝えている。

「両軍の硝煙激しすぎてあたりが見えなくなり、敵兵百余の残屍体と多数の武器を捨てて敗走した。さらに四散した敗兵は近くの村落に鼠走《そそう》した。日本兵はそれを追い、敗兵部隊を駆逐した」

清軍は突如として現れた優秀な武器を擁する日本軍精鋭部隊に一方的に撃ちまくられ、追いまくられて死傷山をなし、ほとんどパニック的状態になって思い思いの方向に四散した、ということである。その四散した清軍に対して、日本軍はもちろん追撃戦を敢行した。そのさい、一部隊を桂師団長自らが率いている。その三回目の清軍襲来にさいし、桂は第六旅団第七連隊第二大隊約五〇〇名の指揮権を奪い、自らの直属としている。俗な言い方をするならば、「見ているだけでは退屈になった。オレにも少しはやらせろ」と、久直から一部の兵力を奪い、師団長自らがそれを率いて追撃戦を敢行したのである。第五旅団に対してなら、旅団長大迫は桂より三歳上の薩摩人。いくら（桂が）上司であるといってもそんなことはできなかったろうがその点、〝弟分〟久直に対しては遠慮はない。

（清軍側にしてみれば）敵将にこんなに余裕を持たれてはどうにもならない。戦史的には以後二回（二月二十一日と二月二十七日）も、清軍側からすれば反撃戦を敢行したとされているが、同戦史には「清軍はただ漫然と（海城の）周辺を揺動《ようどう》するのみ」と記されているように、真面目に海城を奪回しようとの意図があったわけではなかったらしい。どちらも近接戦には至らず、距離をとっての砲戦に終始した。それでも四回目のときは日本側にも死二名、傷七名の損害が発生しているところをみると、清軍も砲の射程距離内にまで近接したらしい。だが、五回目のときは日本側の死傷はゼロであった。（五回目のときは）ただ腹いせ（？）に遠距離から撃ちまくったただけだったらしい。

以上のように、二十八年の一月早々から約二か月間、計五度にも及ぶ総計四万人もの清軍大部隊の攻撃によく耐え、その十分の一ほどの兵力でしかない日本軍第三師団は海城を守り抜いた。その最大の原因は双方の武器の差、特に砲の威力の差であったろうが、他にもいくつかの理由があった。

まず、清軍の内部的軋轢《あつれき》である。清軍は全四万が同時的に襲来したことは一度もなかった。常にその一部、多くて半数、だいたいは三分の一か四分の一程度の兵力での攻撃で、他の部隊の多くはその間、ただ傍観しているだけであった。その理由の一つとして、缸瓦塞戦のときの指揮官劉盛休は、総司令官宋慶に救援部隊の派遣を要請したのにそれが来なかったことを怒り以後、サボタージュ的姿勢に徹したとさきに述べた。実際、劉盛休率いる毅字軍約一万は海城奪回戦では主戦力としてはほとんど戦わず、ただ戦場の近辺をウロウロしているだけであったらしい。

それ以外にも重要な理由があった。報奨金のモンダイである。清軍は戦いが済むや、その戦果を最高司令官李鴻章がだいたいは誇大的に清朝首脳部（西太后）に報告する。その結果、報奨金がもらえる。それは戦った部隊員全員にではなく、その部隊の将個人に与えられる現ナマで、数万両という今日の日本的価格にして数百億円にも相当する莫大なものである。つまり、海城奪回戦でいくら劉盛休ら実戦部隊が勇戦したところで、報奨金など一銭ももらえず、総司令官の宋慶が一人占めにしてしまったりする。バカバカしい、ということにもならざるをえなかったのである。もちろん、日本軍ではそんなことはない。いくら手柄をたてようが勇戦しようが、総司令官も一般兵卒も金銭など一銭ももらえず、与えられるのはせいぜい一枚の感状、つまり名誉だけである。金目当てではなくただ個人、もしくは部隊の名誉のためにだけ戦うという姿勢の違いであった。

加えて、ある種のケガの功名である。第三師団が中朝国境を越えて南満洲地域にまで攻め入ることを当初、大本営では想定していなかった。そのため、大本営輜重《しちょう》部では安東県以後、つまり南満洲地域にまで攻め入った第三師団に食糧を送る手配をしていなかった。輜重担当のある参謀などは「第三師団など自分勝手に出て行ったのであるから、食糧など送るな。放っておけ」とまで憤慨したと伝えられる。が、そうもいかない。海城入りした第三師団に日本から大量の食糧、特に白米を多く送った。その白米は中朝国境を越えてからは現地人クーリーによって坦送された。だが、それが途中でクスねられ、日本から送った量の半分程度しか海城には届かなかったらしい。そのため、海城以後も第三師団は相変わらず、米一小豆二の割合で混ぜた〝小豆米〟が主食にならざるをえず、したがって脚気患者がほとんど発生しなかったのである。

もう一つ、おそらくこれが（海城防衛成功の）最大の要因であったものと思われるが、当時の日本兵が「健兵ぞろい」だったことである。海城に至る前、さらに至ってからも缸瓦塞の激戦、五度にわたる海城防衛戦と、日本兵は戦いに追いまくられた。その間三か月間、強行軍に次ぐ強行軍、さらに戦いに次ぐ戦いの連続のようなものだった。乗馬の将校クラスならともかく、徒歩の一般兵卒は兵器に加え、防寒具・私物・携帯口糧など全装備重量三〇キロ近い重荷を背負っている。それによく耐えて海城を奪い、さらに守り抜いたということである。

そのような一般兵卒の「健兵ぶり」「健気さぶり」は、指揮官クラスは身にしみて感じ取っている。最高的指揮官といえる大島久直は海城防衛戦終了後、次のような書簡を第六旅団兵の出身県である石川・福井・富山・岐阜の四県知事あてに送っている。

「分袂《ぶんしゅう》以来、首を回せば已に四か月、敢えて筆を執るの閑なきに非ず。しかれども未だ一戦も為さず（略）。今や漸《ようや》く一快戦を挙げ、ここに報ずるを得たり。各官よろしく管内一般に、我旅団下士卒の父兄に、その勇戦を諭告せられんことを」

（出征以来、すでに四か月たちました。その間、筆をとる暇がなかったわけではありませんが、一戦もしなかったため（あえて）便りを出しませんでした。が、今般、ようやく戦いに至り、しかも大勝を博しました。それもすべて一般兵卒たちが勇戦してくれたおかげです。以上を県内外に広く布告してください）

缸瓦塞の激戦を制しえたのも海城を守り抜けたも、作戦の妙のためでも指揮の巧みさによるものでもない。ひとえに一般兵卒たちが勇戦してくれたからである、ということである。それは久直のいつわらざる本音であったものと思われる。

遼東半島（金州城と旅順）の制圧

その頃、日本軍はもう一つの軍団を編成していた。大山巌大将を総司令官とする第二軍である。第二軍の主たる担当地域は渤海《ぼっかい》沿岸の遼東半島から対岸の山東半島にかけての海岸地帯であった。そのあたり一帯に展開していた清軍陸海軍部隊を駆逐し、大陸内陸部を行く第一軍と呼応して海岸部からも中国中枢地帯（天清・北京）にまで攻め入る、もしくは攻め入れられる態勢をとる、というふうな（大本営の）戦略であった。結果をいえばそれは成功した。しかもきわめて迅速にである。それぞれの地域への進出や攻略、もしくは占領の日程は図４―２に示すように次のようなものだった。

花園口上陸　二十七年十月十六日
金州城攻略　同　十一月三日
大連港占領　同　十一月八日
旅順口占領　同　十一月二十一日
威海衛占領　二十八年二月二日

日付からもわかるように、それぞれ一日で決着がついた。清軍側はもちろん、人数的にさらに兵備的には、日本軍に十分対抗できるほどの戦力を備えて待ち構えていた。だが、肝心の戦意がなかった。近代的兵器類を使いこなせるほどの練成もなされていなかった。

さきに私はこうのべた。清軍兵士に

図4-2 第三師団の進路

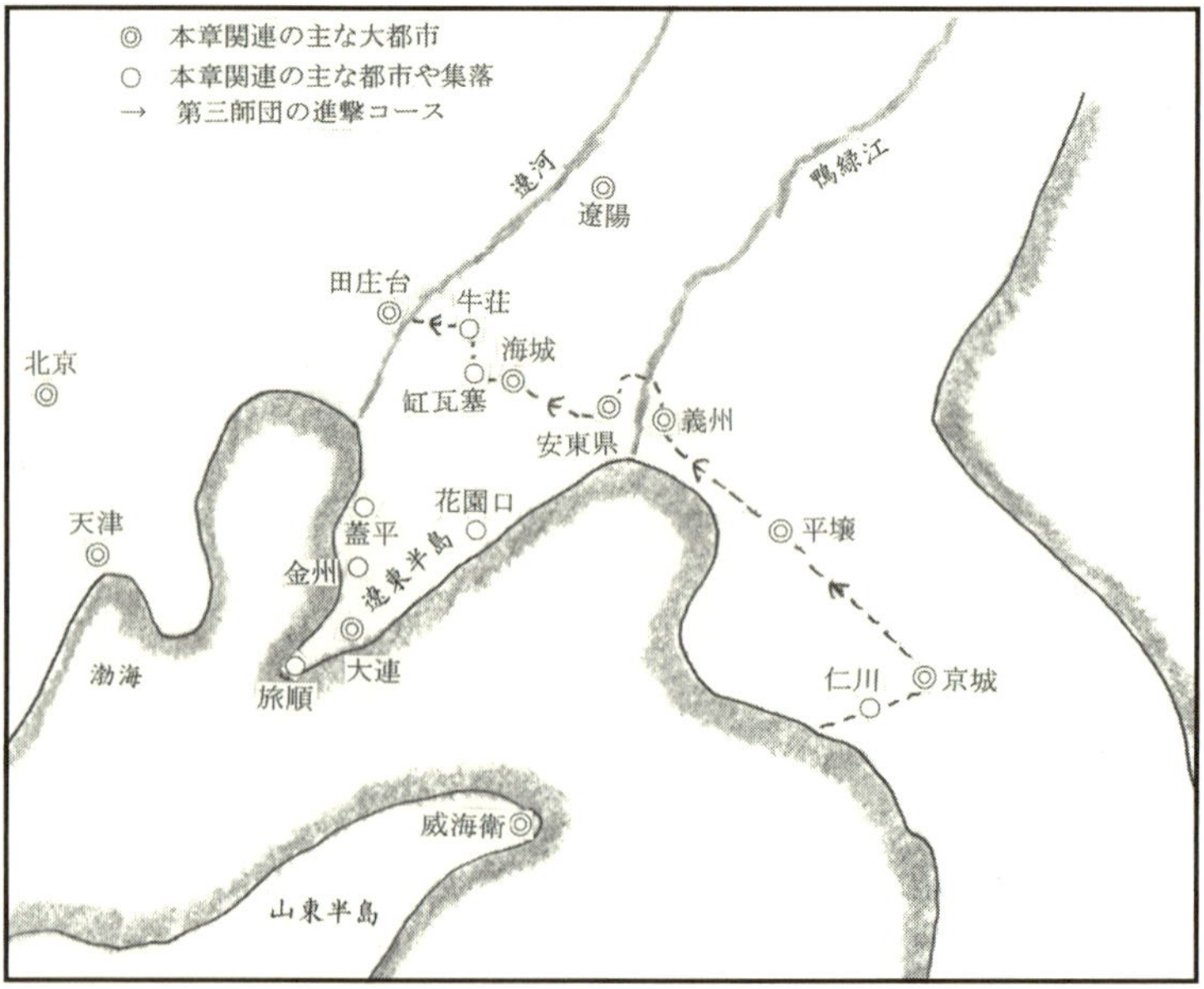

は、開戦ま近になって急遽《きゅうきょ》、かり集められた〝にわか兵士〟と、ある程度長期間兵士としての訓練を受け、近代兵器類の操作にも習熟した精鋭的兵士の二種類あったと。渤海沿岸地帯に展開していた清軍兵士の多くは前者であった。

渤海沿岸地帯はわが国でいえば東京湾とその後背地にあたる（もちろんスケールは渤海の方がはるかに大きいが）。古くから各種商工業や陸海の運送業が盛んであり、それら業種にはつきものの無宿者・あぶれ者・やくざ者などが少なくなかった。清軍は日本軍第二軍が迫るや、それらを速成的に練成したりして、特に最前線には金銭で釣ったりして（日本兵を一人殺せば十両〈今日の日本円にして数百万円にも相当する〉の報奨金がもらえるとしたらしい）素人同然の兵卒を多く配置したりした。その欠陥が如実に現れたのが、金州城攻防戦であった。

金州城は堅城であった。外壁の高さは三丈（十八メートル）ほど、厚さは下部で二間（三・六メートル）、上部でも一間はあり、よほどの大砲弾を集中しても破壊などできない。もちろん城壁上の各所には砲をすえつけ、高さ一メートルほどの鋼鉄製の胸壁に護られた守備兵をおいていた。だが、一日、というよりは半日、いや数時間で陥ちた。

日本軍はまず十一月三日の早朝、砲撃戦を開始した。その日は当時の天長節（天皇誕生日）であった。日本軍にはこのように重要な戦いの開始日は、（縁起をかついでか）なにかの記念日を選ぶ性癖がある。日露戦争時にはそれを露側に知られて（その記念日には）あらかじめ迎撃態勢を整えて待ち構えていられたりし、旅順戦などではうまくいかなかったりしたが、日清戦争時の清軍はそのような配慮もしなかったらしく、記念日攻撃はたいがい成功した。金州城攻略戦ももちろんそうであった。

砲撃戦でまず城壁上で守備していた清軍の〝にわか兵士たち〟がおじけづいた。日本軍の砲撃は最初は城壁上の砲塔付近に集中する。砲塔は厚い鋼板に護られているから（人的）損害はあまりなかったらしいが、なにしろ〝にわか兵士〟たちである。その緒戦の段階で少なからずが戦線離脱、つまり逃亡となったらしい。城壁の前には地雷原が設置されていた。ただし、その地雷は導火線方式であった。地雷から伸ばした導火線を城内にまで引き入れ、（城内の守備兵が）スイッチを押して爆発させる方式である。だが、その導火線も地雷も地上に露出させていた。日本兵は導火線を簡単に切断し、ほとんど損害などなく城壁に至れたといわれる。導火線も地雷も地中に埋めておくという配慮が、清軍のにわか兵士たちにはなかったのである。なお、日本軍の地雷はその頃、すでに触発式のそれに変わっていた。導火線などいらない、人馬などがその近くに至ったら感知して爆発する方式である。文明段階、もしくは兵器を使用するさいの細かい配慮などに関し、日本軍のそれが一段階も二段階も上だったのである。

それは火薬類の取り扱いについても同様であった。日本軍が金州城攻略に取りかかって一時間後ほどであったらしい。城内に備蓄されていた火薬が突然、大爆発を起こした。金州城全体が震撼《しんかん》するほど巨大なものだったらしい。大量の火薬をただ露天に積み上げておいたため、日本軍の砲弾がたまたまそれに命中した結果といわれている。火薬類は頑丈な掩体壕《えんたいごう》の中に入れて保管しておくのが近代戦の常識である。その程度の配慮も清軍のにわか兵士たち、もしくは指揮官たちにもなかったのである（清軍は指揮官でも専門の軍人ではなく、文官の高位者がそのまま横滑りして軍の高官になっていたりした）。

その火薬類の大爆発のためもあり、清軍のにわか兵士たちの戦意・継戦意欲がますます衰え、はては城壁上の守備兵たちの逃亡が相次いだ結果であったろう。地雷原を突破した日本兵たちは各々、城壁を登って行った。そのときの記録写真が残っている。日本兵たちは各自、銃剣を斜めに背負い、さながら蟻の集団のように二〇メートル近いほぼ垂直の壁に取り着いている。城壁はレンガ造りでしかも砲撃により破損されたりして各所に手掛かりとなる凹凸があったとはいっても、一人でも落ちれば何人かがそばづえを食うのは確実である。だが、そのような事故などまず発生せず、ほぼ全員無事に登り切れたといわれる。

それにしても当時の日本兵は勇敢だった。子どもの頃から野山を駆け回っていたこともあり、運動能力抜群であった。文明の利器に慣れすぎて運動能力の減衰した現代の若者ではとうていできそうもない行為であったと、その写真を見ながらつくづく思う。

金州城を一日で攻略し、大連港も一日での制圧であった。旅順では守備兵との一応の接戦はあった。だが、清兵の少なからずは戦意に欠けるにわか兵士たちであった。統制もとれていなかった。日本軍に銃砲撃を集中されるや、軍服を脱いで逃走した。清兵は上衣だけは軍服であったが、それ以外は私服である。上衣だけ脱げば簡単に一般人に戻れる。旅順もほとんど無血的占領といってよいものだった。

その旅順における日本軍第二軍の正月風景に関する記録写真も残っている。正月だけは軍人も一般人に戻り、祝い酒もふるまわれる。屋台や芝居小屋なども設置され、演芸や演劇も催される。演ずるのはもちろんプロの芸人ではない。芸達者な素人、つまり軍人である。この日だけは無礼講である。観客席も設置され、第二軍首脳部も観覧している。はては祝い酒に酔った兵士たちが口々に「軍司令官、（旅順陥落と正月）おめでとうございます」と叫んで観覧席の大山大将にかけ寄り、（大山は）胴上げにされたと伝えられる。明治中期とはいえ、まだ戦国の気風も残されていたのである。

武士道的事件（敵将弔悼）

その第二軍が主として攻略を担当した遼東半島と、対岸山東半島の威海衛港を舞台として、日本人の武士道的精神に関して、後世の今日にまで語り継がれている相反する性格を有する二つの〝事件〟が発生した。まず、武士道的事件である。

前編で述べたように清艦隊は黄海で日本艦隊に圧倒され（九月十五日）、旅順港に逃げ込んだ。その清艦隊に対し、日本艦隊は旅順港外を盛んに遊弋《ゆうよく》したり、ときには港口にまで近接して砲撃するなど挑発し、艦隊決戦をうながした。だが清側艦隊は挑発に応ぜず、旅順港からは一度も出撃などせず、港内に逼塞《ひっそく》しているだけであった。清国政府首脳も度々、清艦隊司令長官丁汝昌のもとに「出港して日本艦隊と決戦せよ」との指令を発したらしい。が、丁提督は一度もそれをしなかった。その理由について丁はこう述べている（以下の記述はすべて『明治二十七八年日清海戦史』〈参謀本部編〉、『大海軍を想う』〈伊藤整著、文藝春秋〉、『中国近代史』）による。

「無事（平時）にあっては軍艦整備の需費をようせず、有事にさいしてはひとえに進撃せよと命ず。勝算など（あるわけ）ない」

西太后に（頤和園建造のため）海軍費を流用されてより強力な艦船を購入できず、また演習費も乏しかったため十分な訓練もできなかった。艦隊決戦をしても勝ち目などないと、あんに西太后の行為を諷《ふう》したのである。だが、いつまでも港内に逼塞《ひっそく》しているわけにはいかない。旅順の港外付近は港口の高台に据えられた巨大な要塞砲に守られて安全であるが、後背地の旅順市街からは日本軍第二軍が迫ってくる。そこでしぶしぶ出港した。十一月十八日のことである。ただし、艦隊決戦を挑むためではなく、対岸山東半島の威海衛港に逃げ込むためである。威海衛港は望台も巨大砲もあり、旅順以上の安全地帯であった。

日本軍は清国のそのような内部事情、つまり西太后に海軍費を流用されて十分な演習などできていないことなど知らない。なんといっても東洋最大、最強といわれた七〇〇〇トンクラスの巨艦定遠・鎮遠が健在なことが、目ざわりである。そこで日本艦隊は威海衛港に逼塞している清艦隊に対し、水雷艇による奇襲攻撃を敢行した。五〇トンほどの水雷艇が夜間密かに威海衛港に潜入して魚雷を発射し、清側巨艦を葬ろうという戦法である。合わせて二〇隻ほどの水雷艇が投入されたといわれる。その作戦に参加したある艇の指揮官鈴木貫太郎少尉（当時、後の今次大戦時、大将・首相として終戦に尽力した）によれば、それは次のようなものだった。

「港内は真っ暗闇、あたりの状況はほとんどわからない。風浪も強い。（小さい）水雷艇は浪に翻弄《ほんろう》されて揺れが激しい。気温はマイナス二十度くらいか。緊張しているせいか、寒さはそれほど感じない。かすかに見える雪明りをたよりにとにかく、港内に忍び寄る。各所に（水雷艇除けの）防材が浮いている。それを避けて進んだ。突然、眼の前に黒い巨艦が現れた。距離は三〇〇メートルほどか。艦名はわからないが、とにかく魚雷を発射する。ほぼ同時に僚艇も発射したらしく、随所に轟音《ごうおん》が鳴り渡り、火の手が上がる。と、同時に望台のサーチライトが港内を照らし出した。敵艦からも盛んに撃ってくる。戦果はわからない。がともかく、夢中で港外に脱出した」

戦果はあった。鈴木艇によるものかはわからないが、清側の旗艦定遠に魚雷が一発命中した。定遠は沈没を避けて港内深くに逃げ込み、浅瀬に乗り上げて擱坐《かくざ》し、操船不能となった。以後、丁提督はもう一隻の巨艦鎮遠に移乗し（鎮遠を）旗艦とした。他にも数艦が破損して清艦隊は事実上、壊滅的事態に至った。

ほとんど戦力を失った清軍艦隊の司令長官丁に対し、日本側艦隊司令長官伊東祐亨《ゆうこう》中将は降伏勧告書を送った。当時は戦いといっても、日清両軍ともものんびりしていた。交戦中であっても双方の軍使船の往来は自由であった。もちろんそれは〝軍使旗〟をかかげた小艇に限られていたが。その内容が伝わっている。

「もう貴艦隊の命脈は尽きている。このさい、一時の恥を忍んで降伏し、わが国にでも亡命し、他日を期したらどうか。小官が責任を持って悪いようにはしない。いずれ貴国にも貴官を必要とする時が来る。願わくばその時を待たれよ」

丁汝昌は日本人にも知られた提督であった。その三年前、定遠・鎮遠を含む清艦隊が示威運動も兼ねてわが国を親善訪問している。横浜から神戸・長崎まで巡航した。そのさい丁は自ら日本側政府・軍首脳を艦内に案内したり、歓迎式典に臨むなどした。伊東長官とも面識があったらしい。また、丁の颯爽《さっそう》とした容貌・容姿のためもあり、ブロマイドも作られるなど、今日における外国の映画スターなみに、花柳界の女性にも人気があったと伝えられる。

丁は部下を集めてその降伏勧告書を読み上げた。さらに「伊東長官の厚誼《こうぎ》には感謝するも、報国の大義を失することはできない」とその夜、毒を仰いで自殺した。二月十二日のことであった。翌日、清側軍使にこのことを告げられたとき、伊東長官はこうきいた。「丁提督の棺《ひつぎ》はいかにして運ぶのか」。軍使は答えた。「ジャンク（小さな渡し船）による」。伊東は言った。「それはいけない。丁提督ほどの人にそれでは失礼すぎる。（日本側が捕獲することになっている）貴艦隊のうちの一隻をあてることにする」。伊東の提言に従い、二月十六日、丁提督の遺骸を乗せた清艦隊の一隻、運搬船康申号が威海衛港を出るとき、日本側艦隊は一斉に弔旗《ちょうき》をかかげ、総員舷側に整列し答拝礼をもって見送った。当時、日本人の武士道的精神の発露として世界中に喧伝され、わが国の教科書にも載せられた逸話である。

だが、この〃美談〃にもウラがあった。中国側の記録『中国近代史』によればこうであった。「丁提督は北洋艦隊司令長官として赴任して以来、その艦隊を使ってヤミの運送業を行った。民間の物資を軍艦で輸送し、巨額の利を得ていた。しかもその利益を一人占めにして旅順市街の旅館を買収し、部下の幹部船員や艦長たちを高い宿賃をとって宿泊させた。さらにその指令に従わない者を差別した」

演習費がないわけではなかったのである。あったが丁が出さなかったのである。軍艦を使ってヤミの運送業で得た金は自分の才覚で稼いだようなものであるから、私費であると考えていたのかもしれない。また、清政府首脳から「出港して日本艦隊と決戦せよ」との指令が至ったさい、丁は一応、それをしようとした。だが、部下の幹部船員や艦長たちがその指令に従わず、結果として出港はできなかったということだったらしい。さらに、一般船員たちの規律も乱れていた。「逃兵が相次ぎ、賭博行為が蔓延《まんえん》していたため、（丁提督は）しばしばそれを取り締まるように命じたが効果はなかった」と、同書は伝えている。

ようするに北洋艦隊の避戦的姿勢や規律の乱れなどは、上がこうであれば下もそれに習っただけのことだったのである。部下を使役して金もうけにいそしみ、しかもその金を一人占めにする最高司令官の命令になど、誰が従うものか。ついでに言うと、以上のような中国側の内幕を伊東長官が知っていたら、丁提督の遺骸を海軍軍人としての最高の礼をもって葬送する、ようなことをしていたであろうか。

反武士道的事件（旅順〝大虐殺〟）

もう一つの事件、つまり反武士道的精神が関係する事件とは、言うまでもなく「旅順大虐殺」である。それはニューヨーク・ワールドというアメリカの大衆紙に掲載された、十一月二十八日付けの次のような記事が発端であった。

「旅順の日本軍は陥落の翌日（十一月二十五日）からの四日間で、非戦闘員や婦女子などを含む約六万人の市民を虐殺《ぎゃくさつ》した。生き残った清国人はわずか三六人にすぎなかった。しかもその三六人は虐殺された死者を埋葬するため、特別に助けられたものだった」

現代的感覚・観点からすれば、この記事がいかにデタラメかはわかる。当時、世界中どの新聞でも海外特派員など一国につき一人か二人くらいでしかなかった（ニューヨーク・ワールドも旅順方面に派遣した記者は一人だったらしい）。その一人が（二人でも）わずか四日間取材しただけで、六万人の一般市民が殺害されたなど、どうやって調べられるのか。しかも生き残った者が三六人しかいないなど、どうやって確認できるのか。現地人助手を使ったとしても不可能である。

当時、アメリカにはニューヨーク・ワールドの他にニューヨーク・タイムズという大衆紙もあり、あることないことを煽情的に書き立てたりして大衆の購買欲をあおり、発行部数を競いあっていた。それらはともに発行部数約百万部を誇り、イエロー・ジャーナリズム（事実より誇大的表現に重きをおく）と呼ばれていた。ニューヨーク・ワールドは同じ頃、同種の捏造《ねつぞう》的記事を載せている。米西戦争（一八九八年）に関してである。

キューバ領有を巡って争った米西戦争時、ハバナ港（キューバ）に停泊していた米戦艦メイン号が突如として大爆発を起こして沈没し、水兵二六〇人が死亡した。当初、原因は不明であったが（後になって機関部の故障によるものと判明した）、ニューヨーク・ワールド紙は即座に「スペイン艦からの発砲によるもの」と決めつけ、それに関する論陣を盛んに張った。その記事も発端の一つになり米西戦争が勃発し、米の勝利になって以後、キューバは米の領有するところとなった。メイン号事件にしても現地へ行って取材してみれば、スペイン軍からの攻撃によるものでないことはわかったはずである。そもそもメイン号は港内に停泊しており、その付近の海上にスペイン艦はいなかった。現地取材などせず、憶測というよりは完全な捏造記事だったのである。

なお、旅順事件に関しては今日に至るまで様々に語り継がれている。折りにふれて中国側は日本人の残虐性を象徴する事件として、南京〝大虐殺〟と並んで盛んに取り上げ、日本側がそれに反論するなど、論争が続いている。百年以上も昔の事件の真相など、今になって調べようがない。だが当時、現地に居合わせ、実際にその〝虐殺の現場〟を歩き回っている日本人写真家による貴重な記録が遺されている。亀井茲明《これあき》という伯爵が著した『明治二十七八年日清戦役写真帖』（柏書房）である。亀井は日清戦争に関する記録を写真にとって後世に伝えるため、実際にその虐殺事件の当日（十一月二十四日）、（虐殺事件の当事者の）日本軍第一師団第一旅団兵とともに旅順に入り、戦闘の様相や旅順市街の状況などを取材し、写真にとってもいる。それによると（原文は旧漢字とカタカナだけのきわめて読みにくいものなので、すべて現代文に改めた）まず、

「（旅順に殺到した）第一旅団第二連隊は、逃げる清兵を猛追して旅順市街に突入し、各所に潜伏する敵兵を惨殺するものははなはだ多し。これより先、清将は旅順付近の住民に諭《さと》し、十五歳以上の男子は挙げて我軍に抵抗せしむ。故に民家毎に多少の武器弾薬を蓄えざるはない。ために我兵市内に突入するや、兵農を問わず抵抗する者はことごとく殺戮《さつりく》し、少しも容赦しなかった。そのため、街のいたるところ（敵兵士や一般人の）死骸が転がっており、その片づけに多大の時間と労力を要した（十一月二十四日、つまり日本軍が旅順市街に突入した日の日記）」

さらに十二月二日付けの日記には、

「（日本軍第一旅団は）抵抗する者はことごとく誅《ちゅう》してやまず、（ただし）従う者はすべて赦《ゆる》して放つ。そのため、第一旅団には捕虜は一人もいなかった」

このあたりが、「旅順大虐殺事件」の真相ではなかったかと思われる。つまり、旅順において清軍は一般市民にも十五歳以上の男子はことごとく（日本兵に）抵抗せよと指示し、武器（銃と爆裂弾）を配ったりした。日本兵を一人殺すごとに十両（今日の日本円にして数百万円にも相当する）の褒賞金を与えるとも布告したらしい。実際、それによって日本兵が殺傷されたりしたため、（日本兵は）市街で各所をしらみつぶしに捜索した。そのさい抵抗的姿勢を示したた

め、一般市民の少なからずが殺傷されたことは事実だったろう（武器を所有する家屋の捜索であるから日本兵も気が立っている）。がともかく、ニューヨーク・ワールド紙が報じたように「市民六万人が殺され、生き残った者は三十六人」というような状況でなかったことは確かである。

また、同記事を好意的に解釈するならば、（ニューヨーク・ワールド紙の記者が）「日本軍には中国人捕虜は一人もいなかった」ことを知り、「捕虜なし」、つまり捕らえられた者は全員殺害されたというふうに誇大的に解釈したとも考えられる。なお、旅順に殺到した日本軍第一旅団の将は乃木希典《まれすけ》少将（当時、後の大将）であった。乃木はわが国では聖将として知られている。だが当時の旅順市民にとっては、「乃木が来る」といえば泣く子も黙るといわれたほど恐怖の対象であったらしい。

ともかく、旅順に殺到した日本兵は〝気が立って〟いたのである。その伏線はあった。二つもである。まず、中国兵による日本兵死体の凌辱《りようじよく》事件である。同写真帖には日本軍が旅順市街に突入する二日前の十一月二十日付けには、次のような記載もある。

「秋山好古少佐率いる第一旅団の独立騎兵大隊約二〇〇名は十一月二十日、旅順方面偵察の任を帯び、（旅順市から）二十キロほどの土城子に至った。そのとき騎兵約一〇〇名を含む五〇〇〇名ほどの清軍歩兵部隊と遭遇した。多勢に無勢、苦戦に陥ったが、救援部隊が駆けつけてくれて、かろうじて清軍の包囲から脱出するを得た。そのさい、日本兵十一名が死に至った。死骸は首を切り離され鼻はそがれ、眼球はえぐられ腹部は裂かれて中に石ころがつめられるなど、見るに耐えない惨状であった。日本兵はその無情を憐れみ、戦友の惨死をいたみ、この仇を討ち、鼠賊《そぞく》の肉を食わずばあかんとの敵愾心《てきがいしん》を生じた」

さらに、旅順市街に突入した当日のことである。日本軍はその数日前から旅順市近辺に前述秋山部隊のような小部隊を捜索のため何隊か派遣していた。それらもやはり清軍守備部隊との小戦に至ったりし、何名かの捕虜または行方不明者が発生した。その行方不明者らが全員殺害され、首を切断された（日本兵の）死体が、旅順市の入口にこれ見よがしにブラ下げられていたのである。市街に突入した日本兵の気がますます立ったことは言うまでもない。

旅順事件に関し、結論を言うと原因は次の二点であったものと思われる。

（一）市街に突入した日本兵の〝気が立って〟いた。

（二）一般市民による抵抗があった。

特に（二）が旅順事件の最大的原因であったものと思われる。敵軍が籠る市街地に突入する兵士であれば、気が立っていない者などまずいない。いつどこから弾が飛んでくるか、爆裂弾を投げつけられるか、動くものはとりあえず撃つというような精神状態にある。それは旅順事件の二十日ほど後に、旅順市から一〇〇キロほどしか離れていない海城市に突入した第六旅団兵にとっても同様だったはずである。だが、海城では（第六旅団兵による）一般市民に対する虐殺的事件は皆無と言ってよいほど発生しなかった。突入時も突入以後もである。日本軍が海城市占拠後、ただちに市当局や自警団との会談が行われた。そのさい、日本軍に抵抗さえしなければ一般市民に危害など加えないとの協定が結ばれ、また実際、その抵抗も行われなかったからである。

一般住民が占領軍に抵抗したため（その抵抗した者や関係者が見せしめに）殺害されたりすることは、時代を問わず洋の東西を問わず軍隊における通例のようなものである。一般住民による抵抗を放置しておくのは、駐留軍にとっては重大な脅威ともなりうるからである。実際、今次大戦時のナチスドイツは仏領に侵入したさい、ある村で駐屯した部隊の兵士が一名、現地住民に襲われて殺害された。報復としてその村の住民ことごとくを虐殺している。十九世紀末、フィリピンに攻め入った米軍もある集落に駐屯したさい、兵士数名が現地人に襲撃されて殺傷された。やはりその報復として近辺の集落ことごとくを焼き払っている。ついでに言うと、今次大戦時、米軍部隊が多数わが国各地に進駐してきたが、その種（住民に対する）加害的事件はほとんど発生しなかった。駐屯された地の住民が米軍に抵抗など特にしなかったためである。

なお、亀井伯爵が以上のような写真帖と日記を後世に伝えられたのは、森鷗外こと森林太郎との縁によるものであったらしい。亀井は元津和野（島根県）藩主、つまり鷗外の旧主であった。伯爵家の財力によって欧州に留学し、写真術を学んだ。その頃、貴重でもあり高価でもあった写真機材を大量に購入し日本に持ち帰った。それら写真機材をたずさえ（数人の従者も連れていた）第一線にまで至れて取材できたのは当時、鷗外も第二軍の軍医部長（少将待遇）として従軍中だったからであった。少将閣下の旧主ということで軍では護衛部隊までつけてくれ、比較的自由に取材し回れたのである。ちなみに同じく日清戦争時、雑誌「日本」の記者としての従軍を志願した正岡子規は、戦時中は現地には行けず（軍からの許可が出なかった）、ようやく許可が下りて大陸に渡ったのは明治二十八年の五月、つまり戦後のことであった（そのため子規の従軍記は金州・旅順などの戦跡見学記に終わっている）。

牛荘の殲滅戦

第二軍は遼東半島を制圧し、その地に駐屯していた清陸海軍部隊を壊滅させ、課せられた役割のほとんどを達成した。次は第一軍の番である。その二月下旬頃、第一軍も海城を守り抜き、海岸部の蓋平を占領し、側方（南方）からの脅威はほとんどなくなっていた。三月初めには安東県で冬営していた第一軍のもう一つの軍団である第五師団（師団長は奥保鞏《やすかた》中将〈当時、後の元帥〉）も海城に追及して来ており、第三師団にも戦力的に余裕が生じていた。そこで（第三師団による）さらなる前進作戦が企画された。目標は海城から西北方二〇キロほどの牛荘城周辺に蝗集している清軍精鋭部隊の殲滅《せんめつ》であった。

それまで三か月近く、第三師団は清軍部隊をただ〝追い払う〟だけのようなものであった。日本軍は海城市を根拠地としてその周辺に展開している。それに対して清軍は計五回も攻撃をしかけてきた。その都度、日本側は撃退して結局、海城には一指だに触れさせなかった。だが、清軍は（追い払われても）海城からほど遠くない地帯に居座り、だけでなく（その五回以外にも）時折、イヤがらせのような攻撃をしかけてきたりした。『明治二十七八年日清戦史』にはそのことを、「塵戦《じんせん》虚日なし」と伝えているように、〝虚日（空いた日）がない〟、つまり両軍の衝突がない日などまずなかったのである。追っても追っても遠くへは逃げず、（日本軍の）周辺をウロついているハエたたきのようなものである。その〝ハエたち〟の最大の根拠地が、牛荘城だったのである。

牛荘城攻めにあたり第三師団はまず（牛荘城の）西方一〇キロほどに独立騎兵部隊を派遣した。牛荘城から西方の田庄台方面への逃走路をまず封鎖したのである。三月四日の午前五時頃のことだった。厳寒の候である。大陸の寒気は厳しい。マイナス二〇度、三〇度にも下がる。午前五時行動開始となればその二、三時間前のまだ深夜のうちから起きて準備していなければ間に合わない。それにしても昔の日本兵は強かった。御苦労なことであったと、本書を書きながらつくづく思う。

さらに午前八時には本隊が出発し、第五旅団は牛荘城の西北方、第六旅団は東北方に至った。南方はその頃、海城に追及して来ていた第五師団が警備していたから、牛荘城を四方から取り囲み、清軍部隊を一挙に殲滅してしまおうという態勢をとったのである。

攻撃開始は午後一時頃のことだった。牛荘は一応〝城〟と称しているが、海城のように周囲にレンガ造りの城壁を張り巡らせた城郭都市ではない。たんなる市街である。海城より少し小さいから、清軍部隊約一万名を収容する余裕はない。清軍の多くは数百名くらいずつの小集団に分かれて（牛荘城）周辺の集落などに宿営していた。前記戦史は〝独立家屋〟と記しているから、村の公民館のような公的宿舎なんかに籠っていたらしい。それに対して日本軍はまず砲撃を加えた。両旅団合わせて榴弾三十六発、榴散弾を七十一発発射したと、同戦史は伝えている。榴弾でまず（清兵が籠る）独立家屋を破壊し、中から飛び出した清兵に対しては、着弾したら多数の小銃弾が飛び散る榴散弾で追い撃ちをかけたのである。清軍側も一応、砲撃で反撃したらしいが、何度もいうように清軍には、着弾したら数片に砕けるたけの榴弾しかない。それは建造物破壊には有効であるが、個々の兵員に対してはそれほどの脅威ではない。

独立家屋から逃げ出した清兵は牛荘城に逃げ込むしかない。このあたりの状況を同戦史は「敵は四分五裂し、数十団になり、少なきは二、三〇、多きは三、四〇〇名の軍勢となり、城内の各所に拠り、頑強に抵抗し、市街戦に至る」と記している。さすがは清軍における最精鋭的部隊である。市街各所に追いつめられてもまだ戦意を失なわなかったのである。第三師団がそれまで戦ってきた、中朝国境から海城あたりまでの辺境地帯に展開していた清軍はそうでなかった。追いつめられたらただちに降伏、もしくは軍服を脱いで逃走するだけであった。

四日の夕刻からは市内各所で市街戦が展開された。牛荘城は狭く、市街地はせいぜい五〇〇メートル四方ほどの面積しかない。日本軍は全軍一挙に市街には突入できず、（突入したのは）一部だけで、残りは城外で警備していた。そのさい城外の警備部隊は「しきりに軍歌を唱え、突入部隊を励ましていた」と、同戦史は伝えている。野球でいえば、グランド（城内）でプレーする味方をスタンド（城外）で頑張れ頑張れと応援しているようなものである。当時の戦場風景を物語る逸話である。

だが、清軍はまだ頑強だった。市街戦になれば一軒一軒しらみつぶしの残敵掃蕩にならざるをえない。四日のうちはその掃蕩が終わらず、その日の戦闘は終了となった。清軍首脳部は城内の大家屋（市の公会堂なんかだったらしい）に籠り、それ以外の小部隊は市内外の各所に潜んでいたらしい。その四日の日暮れ時、久直は日清戦争においておそらくは最大の（生命の）危機的状況に遭遇した。午後六時頃のことだった。その四日の夕刻あたりから久直傘下の部隊、つまり第六旅団兵は各中隊・小隊ごとに分かれ、市内外の随所で建造物などに籠る清兵部隊と対峙《たいじ》し合ったりして夜を明かした。それらを激励するため、（久直）旅団長自らが少数の従兵を連れただけで歩哨《ほしょう》線を巡回中でのことだった。市外の叢林地帯から清兵数十名にいきなり攻撃された。そのあたりの残敵掃蕩戦がまだ終了していなかったのである。久直一行が小人数とあなどってのことだったらしい。日清戦争時、指揮官は目立つ服装をしていたから、（久直一行が）日本軍の首脳部員であると認識していたのかもしれない。伝令兵が急遽、城内にかけ入り、救援部隊を連れて来たのでことなきを得たが、文字通り危機一髪のことだったらしい。旅団長自らが銃をとって応戦したと伝えられる。

ともかくまだ（残敵の）掃蕩が終了していず、敵味方混在している最前線地帯を、大胆にも旅団長自らが少数の護衛兵を連れただけで巡回していたのである。秋田弁ではこのようなことを〝もへをきかせる〟と称している。カラ元気を出す。敵を恐れてなどいないということを、身をもって示す、というような意味合いを有する。指揮官たる者はときにはそのようなことをなし、つまり生死の境目に自ら進んで身を投ずることによって、一般兵卒の士気が鼓舞されるものである。後の話になるが、十年後の日露戦争時にも（その時は中将・第九師団長であったが）、久直は同様のことをしている。

四日は日清両軍は市内外の各所でにらみ合ったまま夜を明かし、翌五日からは日本側にすれば本格的な残敵掃蕩戦である。その最大のものが市の公会堂（?）に籠る清軍大部隊の討滅であった。日本軍はそれに対し、まず山砲弾を発射した。当たったら数片に砕けるだけの榴弾では、大きな建造物は小破くらいしかできない。城壁破壊用の巨大な山砲弾で建物全体を一挙に粉砕してしまおうとの姿勢を示したのである。いかに清軍精鋭部隊でも、それには抗しえない。降伏状を送ってきた。午前八時ころのことだった。降伏兵は将校五名、一般兵卒一七九名と伝えられる。それをしお時として降伏が相次ぎ、清軍の抵抗は止んだ。両軍の損害等は次のとおりであった。

日本軍、参加人数約六〇〇〇名（ただし、実際に戦った第三師団兵だけ。牛荘の南方を警備していただけの第五師団兵は除く）。死傷合計二八九名。

清軍、参加人数約八〇〇〇名、残屍約九〇〇、捕虜約七〇〇名、〈傷〉は通常〈死〉の三倍近くは発生するものであるから、清軍は死傷と捕虜を合わせると、全軍の半数もの人的損害を被ったことになる。牛荘戦を開始するにあたっての日本軍の目的であった清軍部隊の殲滅は、成功裡に終了したということである。

なおその牛荘戦に関する日本側の記録（前記戦史や桂の自伝等）を調べて、筆者は不思議に思っていたことがある。牛荘戦を開始するにあたり日本側は周到な準備をしている。四日は早朝から騎兵部隊を（牛荘の）西方に派遣したり、歩兵の大部隊を運動させたりしている。清側も斥候部隊を牛荘の周辺に常に巡回させていたから、そのような状況はわかっていたはずである。にもかかわらず、（清側は）その対策を特に講じたというふしはない。ただ日本側の攻撃を漫然と待ち構えていた、ようなものだった。

その疑問が今般、中国側の記録『中国近代史』（それは今次大戦後に公刊されたものである）をひもといて初めて解けた。同書によれば牛荘城を守備していた清軍毅字軍の主将劉盛休はその四日の早朝時は、（前夜からアヘンを吸っていて）意識朦朧《もうろう》とした状態であったらしいのである。最高司令官がこれでは、有効な迎撃態勢などとれるはずなかったのである。

田庄台の残敵掃蕩戦

その頃、日清講和の気運が生じていた。米の仲介のもと清側の講和使節張蔭恒が広島大本営に来て、伊藤博文首相ら日本側首脳と初めて講和に関する会談を行ったのは明治二十八年一月三十一日のことである。だが、日本政府側の対応は賢明だった。清側使節のたずさえてきた全権委任状に不備があると追い返し、さらなる大物の派遣を要請した。それに応じ、清軍における事実上の最高司令官兼首相でもあった李鴻章が下関に至ったのは三月初めのことであるが、日本側にしてみれば停戦までに戦果をできるだけ多く獲得しておき、講和条件を有利なものにしたい。それには海城と牛荘を制圧しただけでは不十分である。さらに中国内陸部にまで進出し、（講和条件の次第によっては）首都北京にまで攻め入れられるという態勢だけでも示しておく必要がある。というわけで日清陸戦における最終戦といえる田庄台戦が企画された。

ただし、田庄台戦は（それをするかしないかは）現地軍の判断にまかせられていた。田庄台は遼河右岸に開けた港湾都市である。清軍はそこを中国東北部における最大の防衛拠点とし、大量の軍需物資を備蓄し二万の守備兵を常駐させていた。遼河は全長一三〇〇キロもある大河である。川幅も広く下流域の田庄台付近では一キロほどもあった。架橋などできない。冬期の結氷を利用し徒歩で渡るしかない。だが、結氷状況は年によっても日によっても異なる。重い砲車を渡せるだけの厚さはあるか、さらに対岸の田庄台で待ち構える清軍部隊の展開状況はどうかなどは、実際に現地に行き、偽装的攻撃をしかけたりし、つまり威力偵察をして確かめるしかない。第三師団長桂太郎はその役を久直に命じた。

その頃、日本軍は第二軍による遼東半島の制圧は終了しており、田庄台戦は第一軍傘下の第三師団と第五師団、第二軍傘下の第一師団、つまり大陸に派遣していた陸軍全軍団うち揃っての初めての合同戦といってよいものだった。兵力は合計一九〇〇〇名ほど。それは日清戦争において日本軍が一戦線に投入した最大の兵力であった。その最大規模戦にさいしての威力偵察指令が久直のもとに届いたのは三月七日の午前〇時三〇分、つまり夜が明けるどころかまだ深夜のことであった。そんな遅い時刻に（威力偵察指令が）至ったということは、軍首脳部にも田庄台戦をするかしないか、相当に迷っていたということである。おそらく、久直部隊の威力偵察の結果をみてから最終的判断をしようとの姿勢であったものと思われる。

だが、七日の威力偵察は出発して間もなく中止になった。降雪が激しかったからである。翌八日、再度の出陣である。第六旅団は遼河左岸に達し、田庄台に砲撃を開始した。田庄台の清軍もむろん撃ち返してきた。双方の距離は二五〇〇メートル程度。砲の有効射程距離ギリギリである。清軍の反撃により敵砲は三〇門ほど、（敵砲の）位置は田庄台の東北端に多く、中央部や南西部には少ないと確認できた。その間、久直は独立家屋の頂上から観察していたと『明治二十七八年日清戦史』は伝えているから、そのあたりで最も高い建造物の屋根にでも上がり、双眼鏡（日清戦争時、指揮官クラスの高級将校には当時では最高的性能の双眼鏡が支給されていた）で観察していたらしい。さらに久直はその威力偵察戦である偽装的作戦を用いた。初めは遼河左岸堤防上から砲撃した。が、砲戦がたけなわとみるやそれら砲兵部隊を左岸から後退させた。砲兵部隊が清軍の砲撃に耐えかねて撤退するというような姿勢を示したのである（実際に砲兵数名が死傷した）。兵法にいう〝誘いのスキ〟である。その誘いに清軍が乗った。清軍の一砲兵部隊が遼河を渡って進撃して来て左岸にまで至った。すなわち、遼河の結氷状況が重い砲車を渡せるほど良好であるということである。それさえわかれば、威力偵察の役目は成功裡に終了ということである。

その情報のもとに翌九日、日清陸戦における最終的決戦田庄台戦が開始された。以下の細かい戦闘状況などはいちいち描写するまでもあるまい。遼河が渡れるということさえわかれば、そして渡ってさえしまえれば、戦力的にも戦意的にもはるかに優る日本側の圧勝は疑いない。以後の戦闘状況は断片的にだけ記す。その九日、日本軍は遼河の下流域から第一師団、第三師団、第五師団の順に展開していた。第一師団がまず、前日に渡河してきてそのまま（遼河）左岸に居座っている敵砲兵部隊を砲撃した。清軍砲兵部隊はあわてて遼河上を敗走して行った。これでその九日も（遼河）の結氷状況が、砲車を渡せるほど良好であると、あらためて確認できた。あとはそれこそ古い兵書にいう「兵（いくさ、つまり戦いに勝つ勝たない）は勢い」である。その勢いのあるのはむろん、それまで連戦連勝を重ねてきた日本軍の方である。午前八時、遼河左岸堤防上に勢ぞろいした日本軍三個師団、合わせて九十一門の山砲・野砲が一斉に火を吹いた。目標はまず、前日に久直部隊が偵察して位置を確認しておいた敵砲兵部隊の駆逐である。三〇分ほど山砲・野砲を集中射されて（清軍側の）砲はほとんど破壊されたらしい。さらに一時間ほど、田庄台市街の各所から銃撃してくる清軍残兵部隊に銃砲撃を加えて圧倒しておき、渡河開始は午前九時三〇分頃のことだった。そのときの状況を同戦史はこう伝えている。

「微風、清光をさえぎり、（河上の）積雪とあいまって、我軍の運動、きわめて便なり」

空は晴れており、ほんの少し粉雪が舞っているだけで視界は良好。さらに遼河の氷上にはいくらか雪が積もっており歩きやすい、ということである。それでも日本軍はより安全性を考慮し、重い山砲の帯同は止め軽い野砲だけにしている。

その渡河のさいの第六旅団の状況はこのようなものであった。久直はまず、第六旅団傘下二つの連隊のうちの一つ、第七連隊第一大隊の二個中隊を自らの直轄《ちょっかつ》とした。さらに旅団長自らがその二個中隊約二五〇名を率い、真っ先に渡河すると宣した。敵残兵部隊からの銃砲撃に加え、いつ割れるかわからない氷結した河を先頭になって渡るという危険きわまりない役を、旅団長自らが果たすとしたのである。九時三十五分頃のことだった。ところが、それとほとんど同時に久直傘下のもう一つの連隊第十七連隊長三好大佐が、第三大隊約五〇〇名を率い、独断で渡河にかかっていた。講談ふうにいえば、総大将が「自分がまず先陣を切る。ものども、後に続け」と、先頭になって敵陣に突入しようとしたところ、配下部隊の指揮官が「そんな命令には従えません。先陣はそれがしが承ります」と、承知しなかったということである。結局、その両隊が先になったり後になったりしながら、氷河上を突き進んで行ったらしい。

対岸の田庄台からはもちろん、清軍の残兵が撃ってくる。遮蔽《しゃへい》物など全くない氷河上である。そのため一時は「両隊の死傷相次ぎ、惨憺《さんたん》たる状況に至った」が、ここを先途とみた三好大佐が「突撃ラッパを吹奏させた」ため、各部隊勇を鼓して「奮然として猛進し」、遂に遼河を渡り切るをえたと、同戦史は伝えている。

以上は第六旅団だけの状況であるが、同様に各師団・各旅団も対岸からの銃砲撃にも屈せず遼河上を猛進し、田庄台の市街に突入した。午前十時頃のことだったらしい。あとの詳細はいちいち記すまでもあるまい。各所で市街戦が展開された。そのいくつかを挙げるにとどめる。

まず第一師団兵によるものである。第一師団が市街に突入したさい、「騎馬将校を含む百名ほどの清軍部隊と遭遇した。双方の距離は四、五十メートルほどであった。そのとき日本兵側は瞬時に〝重層射撃〟の態勢に至り、敵兵には一発も撃たせず（敵兵の）ほぼ全員を斃《たお》した。先頭の騎馬将校数名は馬とともに全員死に至った」。

重層射撃とは、先頭兵数名（または十数名）が伏射、続くほぼ同数者が膝射、さらに後続者が立射の姿勢で三隊同時的に射撃することである。日本兵は瞬時にそのような態勢に至れたのに対し、清兵側はあわてふためいて右往左往するだけでほとんど全滅したということである。

そのような態勢をとれないこともあった。街角なんかで突然的に遭遇したようなときである。第五師団に関して実際にそんなこともあった。双方の距離は二〇メートルほどであったらしい。当然、格闘戦に至り、やはり日本側はほとんど無傷で清兵側の多くは殺傷されたと、同戦記は伝えている。日本兵は銃剣術鍛練を日常的にしていたのに対し、清側はそんな訓練などまずしなかったという違いのためでもあったろう。

以下、田庄台戦については結果だけ記しておくと、市街戦があらかた終了したのは午前十一時頃、両軍の参加人数、損害は次のとおりであった。

日本軍　参加人数約一九〇〇〇名、砲九十一門、死傷約一八〇名
清軍　参加人数約二万名、砲四十一門、残屍だけで約一〇〇〇

清軍側は人的損害も多かったが、それ以上に物資的喪失が甚大であった。田庄台は大河に面していることもあり、清軍における軍需物資の大集積地でもあった。大量の食糧・武器弾薬・舟艇などが備蓄されていた。そのほとんどが市街とともに焼かれた。猛火は一週間も燃え続けていたと伝えられる。

市街戦が終了し、残敵掃蕩も済んだ三月十日、日本軍首脳部は遼河左岸の堤防上に整列した。第一軍司令官野津道貫大将、第二軍司令官大山巌大将、第一師団長山地正治中将、第三師団長

桂太郎中将、第五師団長奥保鞏中将をはじめ、各旅団長、司令部員らである。そして東方に向かって万歳を三唱した。その中にはもちろん本書の主人公・大島久直少将もいたことは言うまでもない。その万歳のとき、首脳部員たちにはこれで日清戦争は終了したとの思いがあったろう。実際、そうであった。以後、日清両軍とも矛《ほこ》を収め、二度と干戈《かんか》を交えることはなかった。

講　和

清軍の事実上の最高司令官であり、清国政府の首相でもあった李鴻章を引っ張り出して三月二十日に締結された下関条約の骨子は次の三点であった。

(一) 朝鮮国が独立自衛の国家であることを保証する。

(二) 清国は日本国に対し、遼東半島、台湾、澎湖《ほうこ》列島を割譲する。

(三) 清国は日本国に対し、二億両の賠償金を払う。

それぞれの条項が以後、わが国と東洋地域の政治・軍事的状況に及ぼした影響等に関しては、次章以下に譲る。本章では同条約締結にさいしてのいくつかのエピソードをあげるにとどめる。まず、(二) に関するものである。

周知のように、下関条約で日本領とされた遼東半島は (条約) 締結後、露・独・仏のいわゆる三国干渉により、ただちに清国に返還させられた。さらに日本から取り戻してやったその遼東半島を今度は露国が二十五年という期限付きであったが、自国の租借地とした。事実上の横取りである。そのさい露国は (租借地とさせてもらった礼にと) 李鴻章に五〇万両、遼東半島一帯の代官であった李経芳に二五万両の賄賂を贈っている。

李鴻章はシベリア鉄道延伸のさい、露国から三〇〇万両の賄賂をもらったとさきにのべた。だが、それを単純に賄賂と決めつけるのは少々、気の毒でもあるらしい。当時、李鴻章はそのシベリア鉄道が通過する中国領である直隷省の総督、わが国でいえば封建領主のような地位にあったからだ（ただし、中国の総督はわが国の封建領主と違い世襲はできない。本人一代限り）。露国が贈った三〇〇万両は李が管轄する省内一帯の領民に対する補償金のような意味合いを有するものだった。また実際、李はその大金の多くを領内の治世・軍隊の整備費等に充てたものと思われる。だが、遼東半島返還のさいは、そのころ李は直隷総督・北洋大臣の地位を解任されて一介の私人でしかなかったから、純然たる本人に対する賄賂である。五〇万両といえば今日の日本円にして数千億円にも相当する。それほどの大金を（李は）何に遣ったのか、貧乏症のわれわれ日本人には想像もつかない。

さらに事実上の最高的権力者、西太后の反応である。二十八年の二月頃、敗勢を初めて知らされた（それまでは勝っているとしか告げられていなかったらしい）西太后は怒り狂った。『西太后秘録』はこう伝えている。

「皇太后（西太后）の怒りのすさまじさは顔にも言葉にも表れていた。太后陛下はあらゆる手を尽くして中国軍兵士の士気をふたたび鼓舞せよと命ぜられた。武勲をたてた者には報奨金を授け、臆病者は罰するという軍律を実行せよ、最大限の努力をしてこの窮状を乗り切れと、四十五分間にわたたって強い調子の諭告が続いた」

だが、いくら女帝一人があがいてももはやどうにもならない。下関条約の内容を知らされたとき、その怒りは頂点に達した。「領土の割譲など絶対にしない。李鴻章を呼び戻せ。（下関）

条約を破棄し、戦い続けるのだ」と、側近たちに当たり散らしたりした。が、それも無理とわかると、こうも言った。「日本にやる金があるのなら、自分にも少しはまわせ。頤和園の補修に金がかかる」と。またそれも望み薄と知るると、せめてものウサ晴らしをした。戦後処理があらかた終了した二十九年九月二十一日、中秋の名月の日である。次のようにである。

「この日（九月二十一日）、西太后は北京の高官たちを頤和園に招いた。彼らは昆明湖のほとりに達つ「翡翠《ひすい》と波濤《はとう》の別荘」玉蘭堂《ぎょくらんどう》で出迎えを受けた。玉蘭堂からの眺めはすばらしかった。（略）やがて陽が落ち、雨に洗われて今は雲ひとつない空に満月が浮かぶと、荘厳な月の光が昆明湖に映った。高官たちは酒を酌み交わし、詩を吟じ合ったりした」

だが、その日は楽が演奏されなかったことが西太后には気に入らなかったらしい。三か月前に死去した光緒帝の実母、つまり西太后の妹の百日の喪がまだ明けておらず、すべての音曲が禁止されていたからである。喪が明けた後、ご丁寧にも再び高官たちを集めて中秋節の宴を挙行した。このようにである。

「斬新な趣向で前回は（服喪のため）禁じられていた楽曲の演奏が開始された。黄昏とともに月明かりに照らされた舞台が音もなく浮かび上がり、照明がともされ、京劇が始まった。暗い山を背景に花火が打ち上げられた。湖面を渡る風の肌寒さにもかかわらず、京劇の演出ショーはいつ果てるともなく続いた」

なお、『中国近代史』の著者は日清戦争を総括し、こうのべている。「一般兵士たちはよく戦った。だが（西太后をはじめ）国家の最高的指導者や、軍の最高的指揮官連中がダラしなかった（ために敗戦に至った）」

それは事実であったろう。中朝国境や辺境地帯あたりで急遽かり集められた〝にわか兵士〟はともかく、内陸部に守備していた正規軍の兵士たちはそれなりによく戦った。ただし、（最高的）指揮官クラスは一般に戦意に乏しくダラしなかった。そのダラしなかった指揮官クラスの何人かをこれまでにあげてきた。ついでにもう一人をあげておこう。袁世凱《えんせいがい》（一八五九～一九一六）である。

袁世凱は中国南部の農村に生まれた。家柄は一応良かったらしい。良家の子弟の常として中国における最高的官僚登用試験である科挙を受験した。だが、何度受けても合格せず、一転して軍人を志し、李鴻章傘下の淮《わい》軍に身を投じた。元々、文官というよりは武官に適した資質の持ち主だったらしい。たちまち頭角を現した。太平天国の乱の残党やら、匪賊《ひぞく》やらの討伐に功があったらしい。李鴻章に認められて日清戦争勃発時、朝鮮半島駐留軍の軍事顧問として韓国に派遣された。だが、軍才があるだけに、現地軍の脆弱性《ぜいじゃく》がわかる。これでは日本軍に対抗できそうもないないと、前線からの離脱をはかった。〝病気〟を口実に中国に逃げ帰り、今度は宋慶軍のやはり軍事顧問に就任した。がやはり、（宋慶軍でも）日本軍には及ぶべくもないと、またまた戦線離脱を企画した。そこで今度は母親の病気見舞いを口実に郷里に逃げ帰った。

袁世凱のそのような戦地からの逃亡の理由を好意的に見るならば、落ち目の征服民族である清王朝の延命に力を貸したくないというふうなものだったのかもしれない。悪意的に見れば、たんなる〝臆病〟〝勇気のなさ〟であろうが、ともかくその両様の思いの間を揺れ動いていたものと思われる。それはこれまでに挙げた清軍における何人かの〝ダラ幹〟すべてに共通する感情であったものと思われる（袁世凱も含めてそれらダラ幹のほとんどは漢民族であった。日清戦争時、清民族はきわめて少なく全人口の五パーセントくらいしかいなかった）。以上のようにして袁世凱は日清戦争期を生き延びた。そして後年、孫文とともに清王朝を打倒し（辛亥《しんがい》革命、一九一一年）、漢民族による政権である中華民国を再興し、初代の大総統に就任している。

ついでに〝ダラ幹〟の代表といえる西太后のその後についてふれておこう。西太后は結局、最後まで清王朝の最高的権力者のまま生きた。日清戦争後も権力者の座に居座り、死は七十四歳時の一九〇八年十月二十二日のことだった。だが、この中国史上というよりは、世界史上稀代の女傑の死後は安泰というわけにはいかなかった。死の二〇年後、西太后の陵墓は蒋介石率いる国民政府軍の兵士によって盗掘された。そのさい兵士たちはダイナマイトでまず陵墓を破壊し、木棺《もっかん》をツルハシで叩き壊し、遺骸の口を銃剣でこじ開け、口内に含ませていた真珠を取り出した。衣服をすべて剥がし隠されていた宝石類を奪った。丸裸にされた西太后の遺骸はさながら生けるが如くでまだ弾力があったらしい。そのため兵士たちに屍姦《しかん》されたとも伝えられる。

第五章　日露戦争（前篇）――旅順戦篇

個人対個人の日を定めての果たし合いとする。個人はその〝日〟に向けて、自らの全能力のすべてを傾注して備え、またその〝日〟には全能力をあますことなく出し尽くそうとする。すなわちその〝日〟において、個々人の可能性の極限的状況が具現される。

個人の集合体といえる国家や民族においても同様である。個人対個人の果たし合いに相当する戦争的事態では、その国家や民族の可能性の極限的状況が如実に露呈される。日清戦争では〝極限〟とまではいかないですんだ。相手が弱敵だったからである。日露戦争ではそうはいかなかった。強敵であった。というよりは強敵にすぎた。したがって日本民族の可能性の極限的状況を出し尽くさざるを得なかった。それに向けて尽力した一人が、実戦部隊の指揮官（第九師団長・中将）として日露戦に参戦した本書の主人公大島久直であった。

自衛戦争

さきに私はこう述べた。雪国秋田からは教科書に載るような著名人はほとんど出ていない、戦前は平田篤胤と大島久直くらいのものであったと。その二人ほど著名ではないが、もう一人いる。内藤湖南（虎次郎・一八六六〜一九三四）である。もっとも湖南は南部藩士の子として陸中国（現岩手県）鹿角郡に生まれ、その地は戊辰戦争において南部藩が新政府軍に反旗をひるがえした罪により戦後、秋田藩に編入されたものであるから、純粋な秋田人ではなく半秋田人といってよいのかもしれないが。

湖南は本名の虎次郎でもわかるように久直と同様、次男であった。没落士族の次男では郷里に居場所はない。学費のいらない秋田師範学校（現秋田大学教育学部）で学び、ジャーナリスト（大阪朝日新聞主筆）としてまず名を挙げた。さらに後年は史学界に転じ、京大教授にまで昇りつめた。ジャーナリスト出身の学者らしく、文献史学に対抗する実証史学を提唱し、（その実証史学者として）日本史は応仁の乱以前と以後とでは大きな断絶がある、いわゆる王朝時代史は現代史とほとんど関係しない、現代史は応仁の乱以後のことだけ学べば足りるとの論を主唱し、当時の学界に衝撃を与えたことで知られる。

日露戦争直前の明治三十年代中頃、湖南は大阪朝日新聞主筆として日露戦に関する論陣を張った。それは露側に譲ってもかまわない事項は譲歩し、開戦はなるべくなら避けるというふうな、穏健的開戦論とでもいうようなものだった。その自らの論調の基盤とするべきさらなる材料を得ようと湖南は明治三十五年十月、大陸視察に赴いた。まず大連に上陸し、旅順に至った。そこでは驚くべき事態が発生していた。大連港、旅順港の大改築工事である。日本では見たこともないような大型機械が動き回り、港湾の改築というよりは新設工事が行われていた。工事主体者はもちろん、その頃二十五年という期限つきで遼東半島を租借していた露国である。二十五年どころか半永久的に露領とする魂胆であることは明白であった。

旅順から東清鉄道で遼陽・奉天・ハルビンにまで足を伸ばした。行く先々でさらに驚くべき事態に遭遇した。どこで知ったのか一行を眼つきの鋭いロシア人官憲がピッタリと追尾してくる。列車内ではロシア兵が常に見張っており、ハルビンでは旅館にまで追いかけられた。当時、純法規的には満洲地域は清領であった。東清鉄道は露側が資金を提供し、租借地である遼東半島への物資・人員の輸送のため、清領に敷設させてもらっていただけである。その警備の名目をつけて沿線一帯に自国軍隊を駐留させていたのである。いずれはその駐留を沿線部から満洲地帯全域にまで及ぼすことは明白であった（実際その頃、すでにハルビンや奉天などには市街地にまで露軍部隊が展開していた）。

帰国後、湖南の論調は「どんなことがあっても露側にこれ以上譲歩してはならない。開戦やむなし」に変わったことは言うまでもない。なお日露戦後、湖南はある日本政府の外交担当者に、「あなたのあの頃の論説は部内で随分と参考にさせていただいた」と、告げられている。

それでも満洲地域がかりに露国の勢力圏に完全に取り込まれたとしても、わが国にとって直接的脅威ではあまりない。間にまだ朝鮮半島がある。その朝鮮半島は日清戦争後の講和条約（日清講和条約・明治二十八年）で、「日清両国は朝鮮国が自主独立の国家であることを保障する」とされた。そのとおりであったなら、つまり他国の干渉や容喙《ようかい》を許さない独立的国家であるなら、日本側にとっては何のモンダイもない。そうではなかった。このような状況であった。

「一八九〇年代の朝鮮国は、国王自らが売官する腐敗した李王朝のもとにあった。官僚は誅求《ちゅうきゅう》をほしいままにし、貴族階級である両班は農民を搾取し（略）。李王朝内部は日本派・清朝派・ロシア派などに分かれて外国の勢力と結びつき、陰惨な抗争を続け、主体的に改革する能力を失っていた」（藤村道生『日清戦争』岩波新書）。

以上は日本側の見方であるが、ロシア側でも同様であった。日露戦争の直前期（一八九七年）、外交官として朝鮮に赴任していたA・N・シュペイエルは本国政府に次のような報告をしている。

「朝鮮の現在のその醜悪な状況は、どんな高位貴族も王さえも例外ではなく、重要な官位に対して賄賂《わいろ》をとっている。内政が唯一の要因ではないものの、今では朝鮮社会のすべての層を支配している詐欺と真っ黒な嘘が、私に悲しい確信をもたらす（略）。国家の自立さえも場合によっては許されないかもしれない」（『ロシアから見た朝鮮半島現代史』明石書店）。

ようするに、朝鮮半島のどこに（露国の）勢力を伸ばそうと、王族やその地の官憲などに賄賂さえ払えば自由自在になる、ということである。実際、そのような報告にもとづいてのことと思われる。ロシアはまず日清戦争直後の明治三十年、中朝国境の鴨緑江河口周辺一帯の森林伐採権を得た。さらに伐採会社警備の名目をつけて同地に軍隊を駐屯させた。現地官憲らが軍隊の駐屯までは許可していない、などとクレームをつけてきたら、賄賂攻勢によって黙らせていたであろうことは言うまでもない（独立後の韓国歴代大統領のほとんどは賄賂事件によってその地位を追われていることでもわかるように、そのような風潮は今日に至ってもあまり変わっていないようである）。

それでも鴨緑江くらいまでだったら、わが国にとって直接的脅威ではまだない。ロシア側はその触手を朝鮮半島先端部にまで伸ばしてきた。釜山の南方四〇キロほどの「馬山浦」付近を買収し、その地に軍港を築こうとした。明治三十二年のことである。浦（ポ）とは中国語では海が大きく内陸部にまで入り込んだ湾的地形を表すことでもわかるように、馬山浦は天然の良港となりうる地形である。馬山浦から北九州まで朝鮮海峡を隔ててわずか二〇〇キロ。軍艦なら数時間で到達できる近距離である。そんなところに巨大な軍港を築かれ、露艦隊を常駐されたらわが国はたまらない。ということで日本側は馬山浦周辺の要地を反対買収し（海岸部の各地を虫喰い的に点々と買収し、大規模な建築物など造れないようにした）たため結局、露側の軍港建設工事は未遂に終わったが、ともかく明治三十年代の中頃あたりには、露国の勢力は満洲一帯はすでに掌中に収め、わが国のごく近辺にまで及んできていたのである。

満洲あたりまでならまだしも、朝鮮半島までが露国の勢力圏に入ったら日本国にとって安全保障上の重大な脅威である。眼の前に強大な敵軍を突きつけられたようなかたちになって身動きもままならない。日露戦争とはそうはさせじと、もしくはそのような事態に至る以前にと、日本民族が一体となって立ち上がり、（露国に）立ち向かったという意味では自衛戦争であったといえる。

なお、ロシア側がそのように朝鮮半島にまで触手を伸ばしてきたのは、大陸国家のある種の宿命にもよるものであった。多くの国家と直接的に国境を接している大陸国家は、その隣接国家と敵対的関係になど至ったら、いつ攻め込まれるか枕を高くして寝てなどいられない。そこでその隣接国家を併合、もしくは自国の勢力下におこうとする。それに成功し（その隣接国家を併合しえ）たら、さらなる隣接国家が生ずる。それらをまた併合、もしくは保護国化しえたら、またまた隣接国家が生ずる、というふうに次々に領土を拡大させようとする。

露国など元々はモスクワ近辺だけを領していた小国家（モスクワ公国）にすぎなかった。それが十六世紀中頃のイワン雷帝時代あたりから以上のように次々に領土を拡大し、十九世紀末にはユーラシア大陸全体の二分の一ほどにもわたる大国家にのし上がったものである。

そのように領土拡大が自国の安全保障のためのある種の宿命のようなものであるから、大陸国家が戦争的事態によらず、平和的交渉などによっていったん獲得した領土を放棄することなどまずない。露国についていえば例外として一八七〇年、アメリカにアラスカを売却（当時の金額で七〇〇〇万ドルといわれる）したケースがあるくらいのものである。ただし、それも戦争が関係していたからであった。

その十数年前のクリミア戦争（一八五三〜五六）において露は英・仏・土（トルコ）連合軍と黒海周辺で戦った。それは露側の敗戦に至り、ために中東地域における露の南下政策は頓挫《とんざ》したのであるが、そのさい米は露側に加担している。義勇軍を派遣し、医療団や軍事顧問団まで露国に送っている。今日的感覚では米と露が組んで（正式に同盟したわけではなかったが）英・仏と戦うなど想像もできないが当時、農奴制であった露とまだ奴隷制が残っていた米が同じような統治体制を有していたこともあり、友好的関係にあったためである。

なお今日、わが国はその露と北方領土返還交渉などと騒いでいるが、以上のように大陸国家においては領土拡大、もしくは領土保全が自国の安全保障のための必要不可欠事である以上、国後・択捉など北方領土が平和的に返還される可能性などまずない。それこそアラスカ売却時のようにわが国が日米安保条約を破棄し、米軍基地をすべて（日本領土から）撤退させ、代わって日露安保条約でも結ぶようなことにでもならなければ。

金で決した日露戦争

その日露戦争は周知のように日本側の判定勝ち、それも辛勝といってよいものだった。賠償金は一銭もとれず、領土もほんの少し（樺太南部）奪取できただけで露本土には一寸も攻め込めなかったからである。それでも敗戦に至らなかっただけでも日本民族はよくやったといってよい。当時、日露両国の戦力的格差は大きかったからである。陸軍側での表面的戦力といえる兵数は彼（露）が約三五〇万人であったのに対し、我（日）は約一〇〇万人。海軍力も主力艦の総トン数は六〇万トン（露）対二三万トン（日）と、いずれも三倍ていど開いていた。潜在的戦力といえる人口も約一億三〇〇〇万人（露）対約四四〇〇万人（日）と、彼は我の約三倍ほどあり、国土面積に至っては五〇倍もの格差があった。近代戦を遂行するにあたっての必要不可欠的事項といえる工業力水準も、わが国は劣勢的であった。

それほどの戦力的格差があったのに結果として辛勝に至れた最大の要因は〝金〟、より正確にいえば日清戦争の勝利によって清国から得られた賠償金であった。当時の日本円にして約四億五〇〇〇万円。その頃、わが国の年間予算は一億円少々であったからその四倍あまり、今日的価格にすれば四〇〇兆円ほどにも相当する莫大なものだったからである。日本政府、軍首脳はその賠償金のほとんどを日露戦に向けての戦費に充てた。海軍側に約一五〇兆円（以下、いずれも今日的金額に換算する）、陸軍側に約八〇兆円、残りを国内産業の特に製鉄所など軍事産業の振興や国内的インフラの整備に、というふうにである。割り当てられた陸海軍関係者はそれをどのように遣ったたか。

まず海軍である。主として海軍における最重要的戦力といえる戦艦・巡洋艦など主力艦の増強に充てた。日清時、それは約八万トンでしかなかった。日露時には二三万トンほどになった。その差の約十五万トンはすべて賠償金のうちの海軍側の取り分で、当時世界最先進的造船国であった英に特別発注して建造させた、世界最優秀的艦船であった。いわゆる三笠・敷島など六隻の戦艦と六隻の巡洋艦を主力艦とする六・六艦隊である。

そもそも艦船の強弱は基本的には大きさ（基準排水量）しだいなものである。だいたいトン数の二乗に比例するといわれる。日露時における露側の最大艦はアレクサンドル三世号の約一万二〇〇〇トン。日清時におけるわが国のそれは松島・厳島などいわゆる三景艦の約四〇〇〇トン。戦力比は一艦だけなら一対九。しかもわが国には大艦はそれら三艦しかなかった（もう一艦は厳島）。一方、露側にはアレクサンドル三世号レベルの大艦が他に十数艦もあった。つまりわが国の海軍力が日清時のままだったとしたら、単純計算して（主力艦だけなら）戦力比は三対九〇以上、戦いにも何にもなるものではなかった。日清戦争での賠償金で三笠・敷島など一万三〇〇〇トンクラスの巨艦をそろえられたからはじめて、互角以上の戦いができたと言ってよい。

その六・六艦隊が露側艦隊に比べてどれほど優れていたかを、数値的に示してみよう。まず主砲・副砲の発射速度である。日本側のそれは露側の二〜三倍も速かった。そのように数値に幅があるのは規定上は二倍ていどであったが、日本海海戦時の露側艦は長期の遠洋航海により機器にガタがきたりしており、またその間、兵員の訓練があまり行われていなかったこともあり、（規定より）遅いものであったのに対し、日本側は逆に十分な訓練を重ねて待ち構えていたためでもあった（朝鮮半島先端部の鎮海湾において連日、猛訓練を行っていた）。

さらに、露側はまだ肉眼による距離測定方式であったのに対し、日本側は全艦光学式距離測定装置を具備していた。そのため、露側が一発至近弾を撃つ間に（肉眼、つまりだいたいのカンによる距離測定では最初の二発くらいは双方のおおよその距離を推測するための試し撃ちで、三発目あたりからようやく至近弾が出る。一方、光学式距離測定では最初の一発目から命中弾にも至る）、日本側は八発も九発も命中弾が撃てる。戦いにも何にもなるものではない。

実際にそうだった。日本海海戦についてはよく、このようなことがいわれている。「最初の三〇分間ですべてが決まった」と。その三〇分間のノーガードの撃ち合いで、露側艦船のほとんどは命中弾を浴び、一方日本側のそれはほんのかすり傷ていど、というわけで露側は戦艦七隻、巡洋艦六隻のことごとくが沈められるか航行不能的事態に陥ったのに対し、日本側は大・中・小艦すべてが健在、わずかに補助艦といえる水雷艇を三隻失っただけという、世界の海戦史上未曽有といえる大勝かつ完勝に至れたのである。

なおその日本海海戦では日本側は「T字戦法」をとったとよくいわれる。正確にはカタカナの「イ字形戦法」である。朝鮮海峡を北上する露艦隊に対し、日本側艦隊は鎮海湾から南下し、双方の距離が八〇〇〇メートルほどになったとき全艦回頭し、〃イ〃字形の縦棒にあたる形態の露艦隊に対し、斜め棒のようなかたちになり、常に（露側艦隊の）先頭部を抑えつつ共に北上する体勢に至った。主砲・副砲の発射速度も命中率もはるかに優っている。そのノーガードでの撃ち合う時間を長くすればするほど日本側有利、との判断によるものであることはいうまでもない。日本海海戦は誰が参謀、誰が最高司令官でも勝てたとはいわない。がともかく、日清戦争での莫大な賠償金により六・六艦隊を備えられた段階で勝利は半ば約束されていたようなものだった。

陸軍だって同様である。日清戦争の賠償金のおかげで互角的な戦いができる体勢を整えられたといってよい。日清戦争終了時、陸軍における最重要的戦力といえる兵数は約二五万人でしかなかった。日露時は一〇〇万人ほどになった。その差の約七五万人は日清戦争での賠償金のうちの陸軍側の取り分である約八〇兆円でまかなえたといってよい。

一般人を兵士として養成するにも金がかかる。兵舎を造ってやり、武器弾薬・装備を支給してやり、二、三年間タダ飯を食わせてやり、給料も払わなければならない。あれやこれやで現代では、一人の兵士を養成するのに年間一〇〇〇万円ほどかかるといわれている。今日、わが国の自衛隊員は約二〇万人。年間、兵士の維持費だけで二兆円ほどかかる。防衛予算は年間五兆円ほどであるから、それくらいしか兵力を維持できないのである。

日露戦時はその兵員養成費は今日よりはるかに少なくてすむものだったが、それでも一人あたり年間五〇〇万円として七五万人では計四兆円弱、一〇年間でも四〇兆円にはならない（実際はその七五万人を一度にではなく、徐々に増やしていったのであるから四〇兆円どころかその半額ていどですんだらしい）。

さらに、陸軍におけるもう一つの重要な戦力といえる武器弾薬のうちの特に弾薬（砲弾）の購入費用である。日露戦争全体では砲弾を約一〇〇万発消費した。そのうち国内で調達できたのは約五五万発でしかなかった。残りの四五万発ほどは開戦時から戦中時にかけて英（アームストロング）、仏（クルソー）、独（クルップ）など国際的軍事産業から急遽、購入した。緊急的発注であるから足元を見られ高く吹っかけられる。戦時中とあって運送するにも危険手当がかかる。あれやこれやで一発につき一〇〇〇万円ほどについたといわれる。それでも全四五万発で四兆円あまりにしかならない。

ともかく、国家予算の四倍という眼もくらむような大金、いってみればアブク銭があるからそれを湯水のように遣い、絶対不敗的体勢でもなんでも自在に構えられる。陸軍は海軍と違い、表面的戦力（兵数や部器弾薬）さえ整えられれば勝てるとはいかない。他にも兵員個々人の戦意、指揮官の統率力、作戦の巧拙といった人間的要素も（勝敗に）相当程度重要的に関係する。がともかく陸軍も、日清戦争における賠償金のおかげで互角以上に戦える体勢を整えられたといってよい。

もう一つその〝金〟についていえば、やはり日清戦争での賠償金のおかげでわが国の経済的体制が、それまでの銀本位制から金本位制に移行できたことも大きかった。たとえばわが国が他国から何か物資を購入（輸入）するとする。購入費用のすべてをその国の通貨で支払うのは難しい。どの国でも輸出額に見合うほどの通貨を流通させていないからである。わが国がかりに他国から一兆円分の物資を購入する場合、その国の通貨で支払うとなると、当該国の市場から吸い上げ（買って）て調達しなければならない。実際にそれを行うとなると（その国では通貨流通量が少なくなり）、急激にその国の通貨高になり、（その国の）経済的体勢が混乱する。そこで一時的借金というかたちにする。そしてその借金の担保として国際的通貨といえる金か銀を大国の中央銀行（当時はロンドン中央銀行）などに預けておく、というようなかたちでの物資の輸出入が行われる。

さらにその借金（輸入）のさいの担保が銀ならば、一兆円分の銀は今日的価格では約二万五〇〇〇トン。世界中の銀をかき集めてようやく間に合うかどうか。そもそもよほどの大銀行でもそれほどの銀を保管できる場所がない。だが、担保が金ならば（金の価格は通常銀の一〇〇倍ほどであるから）、約二五〇トン。それぐらいなら大銀行の地下金庫に保管しておける量である、というわけで当時も現在も、大量の金を購入できるような〝カネ〟がなければ先進国家として自由に輸出入（物資の購入）を行うのは難しい。明治維新以来（もちろんそれ以前の江戸時代も）わが国ではその〝カネ〟がなくて銀本位制にならざるをえず、したがって国際的貿易を自由に行うのは難しいものだった。日清戦争における莫大な賠償金で大量の金を購入し、それをロンドン中央銀行に預けておくことで、（それを担保として）軍艦も砲弾も自由に購入できたのである。

また日露戦争全体では結局、当時の日本円にして国家予算の約四倍、十七億円ほどの戦費がかかった。そのうち三分の一ほどは国民からの借金（国債）でまかなえたが、残りの三分の二は諸外国の銀行や実業家などから借りて調達した。そのうち八億五〇〇〇万円ほどはシフというユダヤ人実業家が一手に引き受けてくれた。それについてはこのようなことがいわれている。当時、ユダヤ人はロシア国内で迫害されていた。ロシアが敗れるとロマノフ王朝が弱体化してその迫害から逃れられると、シフが日本国債を大量に買ってくれたと。だが、そのような感情だけで大金を貸してくれるほど国際的金融家は人情深くはない。ロンドン中央銀行に担保として大量の金が預けられていたから貸して（日本国債を購入して）くれただけのことである。

なお日清・日露戦に関し、以上のような〝カネ〟にまつわるはなしは高校日本史の教科書にはあまり載っていないようである。日露戦争は日清戦争における賠償金のおかげで勝てたようなものである、などとは体裁が悪くて書きにくいのかもしれない。だが、いくら体裁が悪くても、事実は事実として書くべきではないかと思われるが、どうだろうか。

ついでに言うとその賠償金は、わが国が特にあこぎだったから取った、というわけではない。戦争的事態に関し当時の国際的慣例だったからである（古い古い時代は、戦勝国は敗戦国にそれ（戦勝）に要した金額を弁償させるのが通例になっていた）。

たとえばアヘン戦争（一八三九～四二）である。アヘン戦争は世界の戦史上、まれに見るほど悪辣《あくらつ》・非道といえる戦いであった。英は中国に大量のアヘンを持ち込んだ。中国民衆はそれに溺れ、廃人同様になる者が続出した。中国（当時は清）政府当局は当然、アヘン輸入を禁止し、それを積んできた英船を拿捕《だほ》し、積荷（アヘン）を焼き捨てた。それを保障しろと英がイチャモンをつけ、戦争に至ったものだった。近代的兵器で武装した英軍にまだ火縄銃と青竜刀レベルであった清軍がまともに戦えるわけはない。中国側の敗戦となり清朝は結局、二〇〇〇万ドル（今日の日本円にして三〇兆円ほどか）もの賠償金をムシリ取られている。

アヘン戦争は日清戦争の半世紀ほど昔である。そんな古い時代のことは参考にならないというなら、日清戦争と同時代の例をあげよう。義和団事件（一九〇〇年）である。日清戦争における清側の敗戦により、中国東北部の満洲地域に政治的・軍事的に空白地帯が生じた。そこに外国人（中国側からすれば）商人やら宣教師やらが大量に入り込み、それに反発する中国人民衆が結社組織（義和団）を形成して立ち上がり、清政府当局もそれを支援して結局、清と義和団対、露・独・仏・英・米・墺・伊・日の八ヵ国連合軍との戦いに至ったものである。わずか六年前の日清戦争では日本一国にさえ完敗したというのに、その日本をも含む八ヵ国連合軍とまともに戦えるはずはない（義和団事件当時の清側の最高的実力者はまだ西太后であった。西太后には都合の悪い情報は一切届かないようなシステムになっていたためといわれる）。

むろん中国側の敗戦に至り、賠償金も発生した。当時の清朝国家予算の七倍ほどの約七億五〇〇〇万両、今日の日本円にして七、八〇〇兆円にも相当する巨額なものであった。その賠償金の負担で清朝が滅びたようなものである。また賠償金の取り分は露・独がそれぞれ二五パーセントずつ、英と仏が共に十二パーセント、わが国は米と並んで最低レベルの七パーセントしか要求しなかった。

拠出した兵力は連合軍約二万名の半数近い八〇〇〇名ほどと最大だったのに。そのような低姿勢・協調的姿勢が特に米・英に評価され、日露戦時には米は大量の日本国債を購入してくれ、英は日英同盟を結び、その強大な海軍を北海近辺に遊弋《ゆうよく》させて、ロシア北洋艦隊の全軍が東洋に回航することを牽制《けんせい》するなど（バルチック艦隊は北洋艦隊のうちの半分ほどでしかなかった）大戦中、陰に陽にわが国を支援してくれたことが、戦勝の一因といわれている。

旅団長から師団長へ

以上のように、日露戦勝の最大の要因は〝カネ〟であった。だがカネ、つまり「物」がいくらあっても戦いには勝てない。特に陸軍ではそうである。人間的要素、すなわち兵員個々人の戦意・継戦意欲・指揮官の統率力・作戦の巧拙といった人間的要素も（勝敗に）重要的に関係する。正確な数値で表すのは難しいが、日露戦期あたりでは、戦いにおける勝敗を規定する

「物」と「人」の二大要素の占める割合が、海軍では七対三か八対二くらいの割合で前者が優勢だったのに対し、陸軍では五分五分か四対六ていどで後者の比重が高かったのではないかと思われる。

日露戦に向けてのその〝人的要素〟つまり兵員の増強は日清戦争終了後、ただちに行われた。その意味では戦史的には明治二十年代中ごろから三十年代末あたりまでをひとくくりにして「日清・日露戦期」とするのが正しい。その二つの戦いのうち前半が前哨戦《ぜんしょうせん》、もしくは準備戦で、後半が本戦といってよいものだった。相手が清から露に変わっただけで、日本側にすればその間、息つく暇もなくずっと戦っていた、もしくは戦いに備えていたようなものだった。

本書の主人公大島久直についていえばその間、身分もしくは境遇は四度変わった。初めは日清戦争終了直後の台湾派遣軍参謀長、次いで東京湾防衛司令官、さらに陸軍大学校校長、最後は第九師団長（明治三十一年五月）である。このうち、前三職には特別な意味はない。それらの職に就いていた期間が長くて半年程度だったことからもわかるように、（それらの職に）特に励んだという形跡はあまり見られないからである（陸大校長は旧職であるからそれなりに勤めたのかもしれないが）。

一般兵士ならともかく、高級軍人は何かしらの役職に就いていない期間などまずない。軍人とはすべての人間において最重要的課題である〈死〉が直接的に関係する職種であるだけに、一般人よりはるかに精神の緊張意識を必要とする。休職的期間があるとその間、精神の緊張感が途切れたりし、復職してもそれを短期間で取り戻すのは難しかったりするからである。その意味では四番目の職、つまり第九師団長（中将）が久直にとって、日露戦に向けての事実上の出発点であったものと思われる。

第九師団（金沢）は第六旅団の後身である。日清戦争時の第六旅団がさらに規模を大きくし、傘下に二つの旅団、第六旅団（金沢）と第十八旅団（敦賀）を擁する、兵力にして旧第六旅団時の二倍ほどの約一万名（平時編成）前後の師団に格上げされただけである。ほとんどの上級幹部は旧第六旅団時代からの顔見知りであったものと思われる。そのように旧知の部下を率いることになったのはむろん久直の要望によるもので、それが通ったのは当時、久直の〝兄貴分〟といえる桂太郎が陸軍大臣（第三次伊藤博文内閣）の職にあったことと無縁ではなかったろう。

久直は結局、その第九師団を率いて日露戦を戦い、参戦した十数人の師団長中功績随一といわれた武功を達成したのであるが、それはむろん久直自身の力量のためもあったろうが、個人的武闘でいえば手なれた武器（気心を知った部下）を使用できたことも大きかったものと思われる。

再び金沢に今度は師団長として赴任した久直はもちろん、第九師団兵のさらなる強軍化に意を砕いた。その一つが「行軍鍛錬」であった。当時、JR北陸線は全通していなかった（北陸線の全通は明治三十三年）。緊急的動員に応ずるため、また近々に想定される日露戦では大陸における迅速な（部隊の）展開が必至的であるため、第九師団では特に行軍演習を重要視した。完全軍装による白山・立山登拝行、炎暑時の能登半島一周行軍などである。そのこともあり第九師団兵は自らを「北陸健児」と自称し、こと行軍、つまり部隊の迅速な展開に関する限り他師団にひけはとらないと自賛していた。

実際、日露陸戦の最終的決戦といえる奉天戦では、第九師団は奉天周辺に籠る露軍を西方に大きく回り込んで包囲するという困難な役を受け持たされて連日、二〇キロ、三〇キロもの強行軍を要求されたが、よくそれに耐えて任務を果たしたことが奉天戦勝利の一因となった。さすがは北陸健児と称されたものである。

久直がそのように金沢で強兵育成に励んでいたころ、日露戦の気運は日に日に高まっていた。直接的きっかけは露軍の満洲地域からの撤兵問題であった。義和団鎮圧のため満洲地域一帯に進駐してきていた露軍は、事件解決後もそのまま（満洲地域に）居座っていた。当時、その満洲地域の法的主権者は清国である。清国政府とそれを後押しする列強（その中にはもちろんわが国も含まれる）の抗議を受け、露は清国との間に次のような三期に分けての撤兵条約（満洲還付条約・明治三十五年十月）を結んだ。

第一期・条約締結後六か月以内に、露国駐留部隊を満洲の東部地域（東清鉄道の東側）から、西部地域に移動させる。

第二期・第一期撤兵終了後六か月以内に、それまで満洲地域の西側（東清鉄道の西側）にいた露国駐留部隊を露領に撤退させる。

第三期・第二期撤兵終了後六か月以内に、残存していた露国駐留部隊をすべて露領に撤退させる。

このうち、一期の撤兵だけは実行した。明治三十五年十月、奉天省東部地域の駐留部隊を東清鉄道を越えて西部地域に移動させた。だが二期の撤兵は期限が来ても守らなかった。それどころか、一期で撤兵させた部隊を再び元の東部地域に移動させた。その東部地域に居住する露国人保護の名目をつけてである（当時、その東部地域だけでなく満洲一帯には続々と露国人が入り込んで来ており、最大の拠点といえるハルビンには露風の建築物が立ち並ぶなど、さながら露領というふうな状態であった）。

日本側がはっきり日露開戦を意識したのは、露がその第二期撤兵協約を守らなかった明治三十六年四月頃のことだったといわれている。事実、四月二十一日、京都の山県有朋の別荘無隣庵において山県・伊藤博文・小村寿太郎外相・桂太郎首相・山本権兵衛海相・板垣退助内相らによる六者会談が行われ、開戦やむなしとの最終的決断が下された。実際の開戦はそれより十か月も後のことであるが、それは日本側が露の撤兵に一縷《いちる》の望みを託し、期限が過ぎても度々（撤兵を）要請していたからである。だが、露側は一切聞く耳を持たなかった。それは（露側にすれば）いくつかの事情があったからである。

その頃、露国は西欧社会の一員であった（現代では西欧と東洋の中間の〝東欧〟とされているが）。実際、露都は現在（モスクワ）より五〇〇キロも西欧寄りの、バルト海に面したペテルブルグ（現レニングラード）であった。加えて当時のロシア皇帝ニコライ二世は、英王ジョージ五世、独皇帝ウィルヘルム二世と、母親が姉妹同士の従兄弟関係にあった（ニコライとジョージが並んでいる写真が遺されているが、背格好から容貌容姿など瓜二つと言ってよいほど似ている）。それら従兄弟たちとの交遊に忙しく、その明治三十六年の後期あたりは首都ペテルブルグを留守にすることが多かった。日本側がいくら撤兵期限を守るように要請する文書を送っても、それが皇帝に届くのに時間がかかり、その返書も常にあいまいなものだった。ようするに撤兵する意志などなかったのである。

また露側のその撤兵モンダイに関し、独皇帝ウィルヘルム二世が重要な役割を演じていた。

ウィルヘルムはいうまでもなく黄禍論の主導者。露国の鋭鋒を自国から遠ざけ、東方の日本あたりに向かわせるという（自国の）安全保障上のモンダイもあり、九歳年下の従弟ニコライに日本に譲る必要はないなどと盛んに焚きつけていたらしい。ついでにいうとニコライに関する伝記（リーベン『ニコライⅡ世』朝日書店）に、「皇帝は決して魯鈍ではなくむしろ聡明といえる人物であったが、おそるべき早さで自分の考えを変えるという欠点があった」と記されているように、（ニコライは）他人に影響されやすい性格であったらしい。加えてニコライは十二年前の皇太子時代、日本訪問のさい警護の警察官に襲われて殺されかけてもいる（大津事件）。その怨恨的感情もあり、ますます日本側の要請になど、まともに応ずる気はなかったものと思われる。

さらにもう一つ、軍事上の観点からの（撤兵できない）重要なモンダイもあった。内藤湖南が視察して感じたように露はその頃、大連・旅順を東洋地域における一大軍事拠点としようとしていた。とすれば、その後背基地といえる満洲地域からの撤兵など、軍事上の必要性からしてありえない（できない）からである。

開戦、そして金州城・南山の攻略

ともあれ日露両国は開戦した。明治三十七年二月八日のことである。開戦早々黒木為楨《ためとも》大将率いる日本軍第一軍は仁川（ソウルの外港）に上陸し、半島各地に駐留する露軍部隊を追って北上した（その頃、前述したように鴨緑江周辺から首都ソウル近辺までの半島各地に露軍小部隊が展開していた。日本軍が攻めて行かなかったら小部隊は大部隊となり、はては満洲地域のように半島全域が事実上露領とされ、その体制が現在に至っても続いていたものと思われる。反日的感情を有する韓国人はこのことを想起してほしいものである)。

さらに鴨緑江に架橋して渡河したのが五月一日。対岸の九連城にこもる露軍部隊を駆逐し、南満洲地域の海城にまで攻め入った。五月中旬のことである。そのコースは十年前の日清戦争時、日本軍第三師団が辿ったのと全く同じである。そのときの将(第三師団長)桂太郎は日露戦争時は首相になっていた。桂はどのような思いでこの日本軍進撃の報をきいていたのか。あのとき軍事占領したままだったらこんなムダなことなどしないですんだ、バカバカしい、というような思いでいたのか。桂の伝記(『公爵桂太郎伝』)はそのあたりのことにはなにも触れていないが。ただし日露戦争時における日本軍第一軍は日清戦争時の経験をムダにはしていない。その日露戦争時、朝鮮半島から鴨緑江を越えて大陸内陸部にまで攻め入るにあたり、先鋒軍に第十二師団の第二十三旅団を充てていることである。第二十三旅団の長木越安綱少将(当時)は日清戦争時、桂師団の参謀長(大佐)であった。その経験を買われての先鋒軍であったものと思われる。

また第一軍と呼応して奥保鞏《おくやすかた》大将率いる第二軍は五月初旬、遼東半島のつけ根の漁村(塩大澳《えんたいおう》)に上陸し、金州城と南山に籠る露軍の攻略にあたった。それはどちらも一日で決した。金州城は一日どころかたった四時間の攻防で決着に至った。当時、砲の発達により狭い地域の平城(平地状の城)の防衛など不可能的になっていたからである。金州城は方八〇〇メートルほどのその狭い平城。露軍守備兵約三〇〇名は日本軍に囲まれて殲滅《せんめつ》される前にと、東西両門を爆破されただけで南門から脱出し、南山要塞の主力軍に合流した。

南山攻略戦は激戦に至った。守備する露軍は約三万五〇〇〇、攻める日本軍もほぼ同数の三万七〇〇〇ほど。しかも露軍は南山の頂上部に本要塞を構築し、中腹部から麓部にかけての計十二か所に堡塁《ほうるい》や散兵壕を構えていた。城や要塞攻めには攻城軍は守備軍の三倍以上の兵力を必要とする、という軍事上の常識からして短時日では陥落させられない。だがやはり五月二十六日の一日、いや半日で決着に至った。その南山攻略戦に関し、日本側の記録のほとんどは南山（要塞）の陥落もしくは攻略としているが、それは正しくない。正確には（南山からの）「露軍の撤退」である。

南山は周囲三キロほどの孤立した小丘である。大きな水源はない。そこに兵員だけで三万五〇〇〇人。当時、物資輸送の主力は馬匹であったから乗馬用、運送用の大量の軍馬もいた。日本軍に四周を囲まれると二、三日で干上がってしまう。取り囲まれて日干しにされる前にと、一日どころか十数時間（二十六日の夜明けから夕刻まで）の交戦で、余力を遺して旅順方面に戦略的撤退しただけのことである。そもそも敵要塞を陥落させた、もしくは攻略したなどとは、勇ましい表現好みの当時のマスコミ用語である。その攻略を担当した第二軍関係者も表面上はともかく、内心は（南山を）陥落させた、もしくは攻略したなどとは、考えていなかった。

その頃、第二軍司令部に情報担当者として勤務していた石光真清という予備役上がりの中尉がいた。元々は陸軍士官学校卒のバリバリの軍人であったが、日清・日露戦に備え、大陸の内情を探ろうと軍籍を離れ、民間人の資格で満洲各地を探訪して歩き、後に『荒野の花』など詳細な記録を遺している。日露戦の直前まで大連で写真館を経営していた。南山戦の翌日、その旧知の大連市街に入り、（市街が）全く荒らされていないことを確認し、（露軍の多くは南山から大連市を通って旅順に行った)、南山は陥落ではない。露軍はたんに (南山から) 戦略的撤退したにすぎないと、同書に記している。陥落や攻略させられて逃げたのなら、途次にあたる大連市街など、三万もの敗兵に荒らされ尽くされているものであるからだ。ただし、その一日、いや実質半日の南山攻防戦でも、日本軍の損害は甚大なものだった。全軍の約一割二分、四五〇〇名余もの死傷が発生した。それは日清戦争全体における全死傷者数（ただし病死は除く）の二倍以上もあった。

金州城・南山を攻略した、というよりは（金州城・南山から）露軍を追い出した日本軍第二軍は、逃げる露軍を追って旅順方面には行かず北方へ向かった。さらに旅順攻略は乃木希典《のぎまれすけ》大将率いる第三軍の担当とされた。その乃木軍の司令部に参謀官として勤務していた津野田是重大尉は戦後『斜陽と鉄血』など、当時の詳細な記録を遺している。同書には南山を旅順要塞に対する露軍の第一次防衛ラインとしており、それも含めて旅順までの遼東半島全体の（露軍の）守備陣形に関する付図も載っている。それを参考にして筆者が作製したのが図5―1である。

この図でもわかるように露軍は南山から旅順本要塞に至るまで、五線もの防衛ラインを構えていた。各ラインで日本軍にできるだけ多くの人的・物質的損害を発生させ、自軍は（その損害を）可能な限り少なくして順次後退し、機をみて大反撃するか、旅順本要塞を（できたら）本国から救援部隊が到着するまで持ちこたえる、というふうな戦略であったといわれる。旅順と南山との距離は約五〇キロ。日本人の感覚では第一次防衛ラインをそんなに遠くに構えるなど理解できないが、広大すぎるほど広大な領土を有する露民族にとっては、むしろ近距離とい

図5-1 日露戦争時の遼東半島

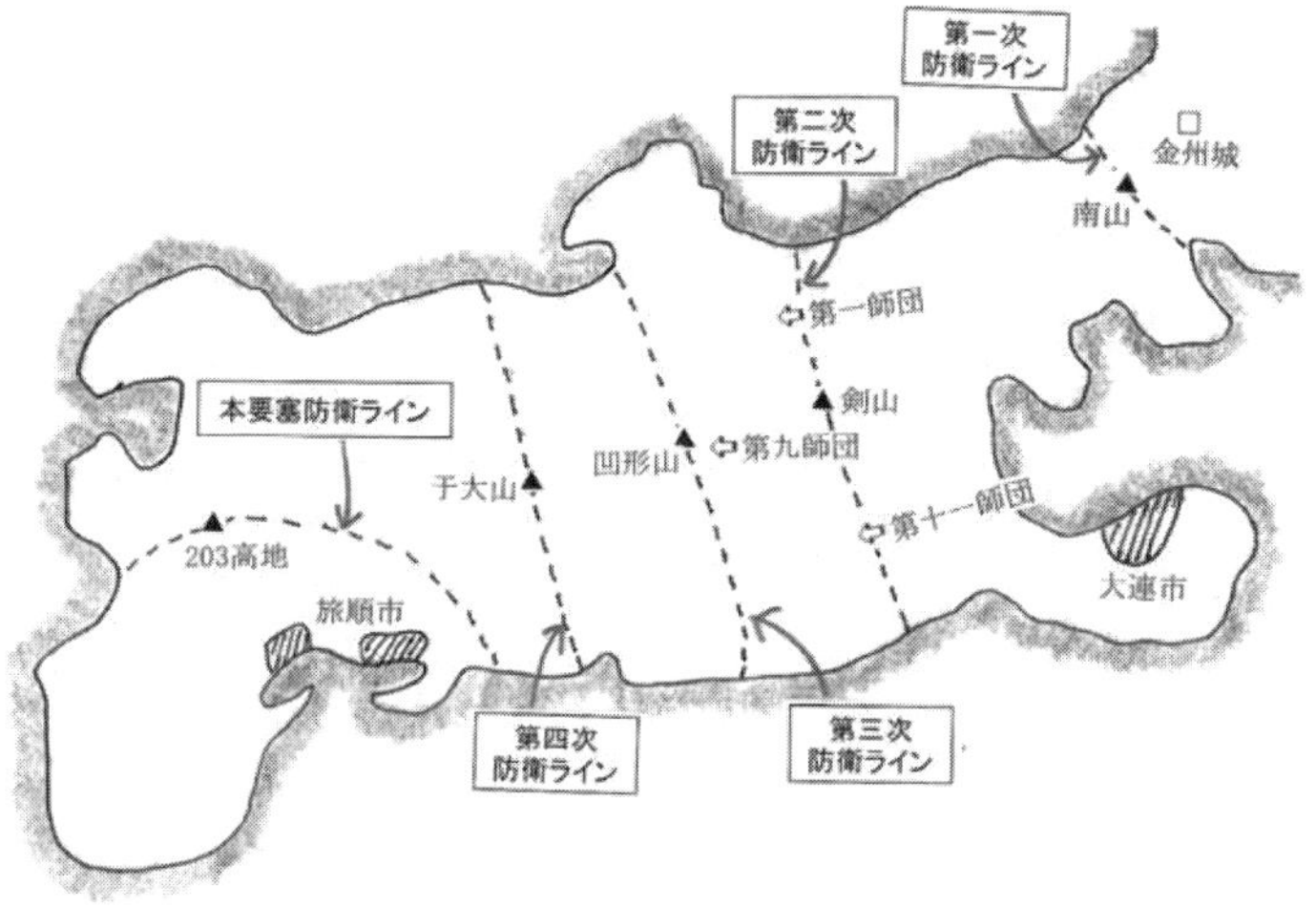

った感覚であったものと思われる。

ともあれ、南山は露軍にとっては旅順本要塞に対する第一次防衛ラインにすぎなかった。図5―1でもわかるように南山から旅順までの間、二次、三次、四次、さらに本要塞防衛ラインとまだ四線もの防衛ラインが待ち構えていた。その突破を担当したのが乃木大将率いる第三軍であり、その配下部隊の一つが本書の主人公大島久直中将を師団長とする第九師団であった。

ただし第九師団が戦地の遼東半島へ向かったのは遅かった。宇品港（広島市）出港は七月十日、大連港到着は二日後の十二日。ただちに現地（戦地）に向かい、実戦に参加したのは第三次防衛ライン突破戦以後のことであった。第九師団がそのように戦地到着が遅れたのは、例の海軍部隊による旅順港封鎖作戦とのカンケイによるものであった。

開戦時、旅順港には露太平洋艦隊約十五万トンがいた。露側には極東方面に他にもウラジオストック艦隊約八万トンもいた。その両艦隊に合流されるとやはり二十数万トンしかいない日本艦隊にとって一大脅威である。というわけで開戦早々、旅順港封鎖作戦が敢行された。旅順港の港口は幅三〇〇メートルほどと狭く、そのうち大鑑が航行可能なのは水深がある中央部の一〇〇メートルほどにすぎなかった。そこにボロ船でも沈めておき、露側大艦が通れないようにすればよい、というわけで三次にわたる港口封鎖作戦が敢行された。だが、計一〇〇名近い人的損害を発生してすべて失敗した。五月初めのことである。

海上からの旅順艦隊封鎖が失敗したからには、残るは陸側からの攻撃しかない。というわけで急遽《きゅうきょ》、旅順要塞攻略軍が編成され、それを担当する乃木第三軍が現地に派遣されたのは五月中旬。当初は第一と第十一の二師団だけであった。だが、実際に攻め入ってみると（第二次防衛ライン）、その二つの師団だけでは戦力的に少なすぎるというわけで、またまた急遽、久直率いる第九師団も投入とされたのである。以後の戦況等については主としてその第九師団と同行して、同師団が関係したほとんどの戦場と戦況を視察していた（第九師団付きの）従軍教誨僧侶佐藤巖英師の詳細な記録、『第九師団凱旋紀念帖』（金沢市・北陸館、以後たんに『紀念帖』と記す）による。なお〝紀念〟とは〝記念〟の慣用記でもあるらしい。

前哨戦

第九師団兵は大連到着早々、ある種のカルチャーショックに見舞われた。大連は大都会であり、その後背地には小集落が点在している。第九師団は移動のさい、それら小集落の家々に、小隊・分隊ごとに分宿する予定であったが、それはできなかった。現地人家屋のあまりの不潔さのためである。「現地村は日本でいえば非人村、乞食村というような不潔きわまりない村で、チャン臭、豚臭、ニラ、ニンニクの臭いが激しく、とても内部には入れない（当時、中国辺境地帯の村落では一般家庭では家屋の内部に家畜も同居し、土間にはそれらの糞尿が垂れ流しであった）、というわけで、久直ら師団幹部もほとんど舎営はできず、天幕露営するしかなかった」と、『紀念帖』は伝えている。

第九師団の戦闘行為は戦地到着四日後の七月二十六日からもう開始された。そのさい、つまり露軍第三次防衛ライン突破戦では、第一師団は北方、第十一師団は南方のともに海岸地帯、第九師団はその中間の山岳地帯を（攻略の）担当とされた。それは久直にとっては日清戦争における最終的決戦（田庄台戦）以来、ほぼ十年振りの実戦であった。その実戦、つまり露軍凹形山防衛ライン突破戦の開始早々久直は、これは日清などとは比べものにならないような難戦に至る、というような感慨を抱いたものと思われる（実際、久直に付き添って同防衛ラインを視察していた佐藤師にそのような意味のことを告げている）。露軍守備陣のあまりの頑強さのためである。

まず、凹形山頂上部に構築されていた敵堡塁はたんなる散兵壕、つまり地面を人の背丈ほどの深さに掘り、その中に兵員を伏せておくようなものではなかった。壕の深さは二メートル以上もあり、天井部はすべて尺角（三〇センチ四方）ほどもある太い材木を縦横に組み合わせた上に、土砂を厚く積み見上げた掩蓋《えんがい》を有する本格的堡塁であった。通常の榴弾くらいでは掩蓋を破壊できず、ほぼ垂直に上がり垂直的に落下する臼砲弾を集中射してようやく突き破れるほどの厚さであった。さらに堡塁のすぐ下部から山麓部までは相互に縦横に結び合わされた鉄条網が幾重にも張り巡らせてあり、中には電流が通じているものもあった。そのような、さながらブドウ畑状の鉄条網地帯をようやく突破しても、今度は上部の堡塁から銃砲によって狙い撃たれる。

それでも日本兵は勇敢だった。敵機関銃の掃射をものともせず、工兵が次々に爆薬を投じて鉄条網地帯に突破口を切り開き、(そこから)歩兵部隊が銃剣突撃を敢行して二十八日の午後二時頃、ようやく凹形山地帯の敵堡塁群を制圧できた。その直後、占領した凹形山頂上地帯に赴いた佐藤師は、「あたり一面にそれまで感じたことのような血なまぐさい臭いが立ち込めていた」と伝えている。盛夏の炎熱と死傷者の血の臭いが入り混じっていたということである。

またその血の臭いに関してであるが、二名の兵士がしきりに「南無阿弥陀仏」と、念仏を唱えながら泣いている。さらに「自分は(凹形山堡塁群の攻略を担当した)歩兵第十九連隊第一大隊第一中隊の者ですが、一昨日の朝(戦闘開始前)は一五〇名の中隊でありましたが、今は四三名になってしまいました」と言われた。そこであらためて四囲を見渡してみると、凹形山の頂上部から中腹部・山麓部のそこかしこに(第一中隊員の)死傷体が転がっており、しばらくは声も出せなかったと『紀念帖』は伝えている。

なお、第九師団にとっては日露戦争における緒戦といえるその露軍第三次防衛ライン突破戦は、七月二十六日〜二十八日の三日間にわたって行われたのであるがそのさい、死一三九名、傷五九〇名の人的損害を発生させている。それは日清戦争時、第九師団の前身というべき第六旅団が日清戦争での全期間、約半年間において被った人的損害(ただし戦闘行為のみ)約二〇〇名の四倍ほどもあった。

ただ、凹形山地帯を突破してからの第九師団の進捗は早かった。一気呵成的に進撃できた。凹形山地帯から露軍の第四次防衛ラインともいうべき于大山守備陣までの間、約三里（十二キロ）ほどは、広大な高粱畑になっていたからである。ちょうど人の背丈ほどに伸びた高粱に秘匿されて進撃でき、（高粱畑地帯の）中央部あたりまでは容易に進出できた。だが、そこからが難関だった。高粱畑地帯を横切って盤道（軍用道路）が通じており、露兵が（盤道の）路肩を楯にして守備陣を敷いていたからである。日本兵が高粱畑から姿を表すと、上部の路肩から露兵に狙撃される。というわけでしばらくは膠着的事態に陥った。

となれば以後は日本軍お得意の、ある程度の損害を覚悟での銃剣突撃である。随所でそれが敢行され、盤道地帯の露兵を駆逐し終わったのが二十九日の昼過ぎ。はるか後方からそれを見ていた佐藤師によると、日本兵がそのように盤道地帯を越えて露軍陣地に攻め入った後には、黒いケシ粒のようなものが点々と残されていたと伝えている。もちろんその〝黒いケシ粒〟のように見えたのは、日本兵の死傷体であったことは言うまでもない。

高粱畑地帯を突破した勢いでの第九師団による露軍第四次防衛ラインといえる于大山地帯占領は七月三十日のことだった。もちろんそのさいも凹形山防衛ライン突破戦と同様の戦法、すなわち歩兵・工兵・砲兵が共同してのあるていどの損害を覚悟での強行突破戦が随所で敢行され、七月三十日の一日だけで死傷合計約一〇〇〇名という、凹形山戦よりさらに多い人的損害を発生させている。その七月三十日夜の状況を、『紀念帖』は次のように伝えている。

「（二十六日からの）連日の激戦で勝ち疲れた我が兵はその夜、四尺（一・二メートル）四方ほどの携帯天幕を于大山の頂上部から麓部まで一里半（六キロ）にわたる一帯に張っている。

それが段々畑のようになり、夜になると皆あかりを灯すので遠望すると十五階・二十階建ての建物のように見える」

また、その凹形山ライン突破戦、干大山防衛ライン突破戦に関し（日本軍はその二戦とそれ以前に行われた剣山防衛ライン突破戦を合わせて、旅順本要塞攻略に関しての準備戦と称していた）、次のような勅語が第三軍に下されたと、日露戦争に関する日本陸軍の正史ともいうべき参謀本部編の『明治卅七八年日露戦史』は伝えている。

「攻囲軍は旅順要塞の前置要塞に対し、険要を冒し、劇戦数日に渡り、遂に敵を本要塞に駆逐せりとのこと。朕、深くその武勲を賀す」

それに対して第三軍司令官乃木大将は、このように奉答している。

「旅順要塞攻略準備戦に関し、特に勅語を賜り、感激に耐えません。以後ますます奮励尽力し、誓って目的を完遂いたします」

以上のように、このあたりまでは旅順要塞攻略のための準備戦にすぎなかった。それでも第九師団に関しては全軍の約六分の一もの人的損害が発生した。日清戦争時はよほどの激戦でも人的損害はせいぜい数十人に一人ていどにすぎなかった。がともかく、多大の犠牲を発生させてしまったが、当初の目的である露軍第三次・第四次防衛ライン突破という戦術的目標は達成できた。このぶんでは本戦、つまり露軍の最終的防衛ラインを突破して旅順を開城させ、併せて（旅順）港内に停泊している露艦隊を撲滅させるという大目標も、相応の犠牲を伴うにしてもほどなく達成しうるのではないかとの観測も、第三軍首脳部には流されたらしい。ところが、そうはいかなかった。以後、四か月に及ぶ本戦（旅順本要塞攻略戦）では明治建軍以来、日本陸軍がそれまでに経験したことがないような難戦にして惨戦が待ち構えていた。

第一回総攻撃——肉弾空しく

第九師団の戦闘行為は七月三十一日～八月十八日までの約二十日間、小休止となった。第九師団が攻略を担当した地域、つまり遼東半島の中部地帯は平坦な高粱畑が続いていたこともあり、（高粱に秘匿されたりして）進撃がはかどり前面に出すぎたためである。右翼の第一師団、左翼の第十一師団が担当した海岸地帯は小丘やら低山やらが多く、それら各所に構築されていた露軍堡塁群の掃蕩に手間取り、日本軍が旅順市を中心とする半径六キロほどの包囲網を完成させたのは、八月中旬頃のことである。

なお、戦術的には攻囲軍の主砲が守城軍の本城、もしくは本拠地に到達できる距離に至ってからの戦いを（本格的）攻囲戦というらしい。主砲は当時、六〇〇〇メートルほどの飛距離があった。したがって旅順本要塞の包囲網が完成した八月十九日以後の戦いを、日露戦争に関する日本側の正史ともいうべき参謀本部編の『明治卅七八年日露戦史』も、（旅順本要塞に対する）総攻撃戦としている。

その第一回総攻撃戦は過酷な戦いであった。露側守備陣の頑強さのためである。まず、小高い丘の頂上部にコンクリート製の堡塁というよりは城塞を築き、（城塞の）各所には合わせて十数門もの重砲が据え付けられており、それら（重砲群）は互いに連携的位置に配備されている。一か所の堡塁が奪われても、もしくは攻撃されても、他堡塁がそれらを側面から援護できるような構造、昔の城郭でいえば複郭的構造になっていた。さらにその要塞の前面各所には、やはりコンクリート製の掩蓋に護られた小堡塁群があり、各堡塁には機関銃部隊が配備されている。もちろんその小堡塁群のさらに前面の山腹部から山麓部にかけては、幾重もの鉄条網が張り巡らされている。

だが、日本兵は勇敢だった。爆薬を手にした決死隊が次々にまず鉄条網地帯突破に挑んだ。一隊が倒されると次なる一隊が続いた。鉄条網地帯にようやく突破口を開くと、(その突破口から)次なる突撃隊が上部の堡塁めがけて突進した。多大なる犠牲をものともせず、小堡塁地帯まではようやく行けても、さらに上部の砲台部からの重砲、特に機関銃の掃射によりバタバタと倒された。そのコンクリート製の砲台部を破壊できるような大口径砲は、第一回総攻撃時の日本軍にはまだなかった(いわゆる二十八センチ巨砲の第一線到着は第二回総攻撃戦以後)。そのあたりの惨状を『紀念帖』は次のように伝えている。

「八月十九日午後六時(敵銃砲の特に機関銃による損害をできるだけ少なくするため、旅順戦における日本軍はほとんどの場合、夜間攻撃を主体にしていた)、わが第九師団の一部、鯖江(福井県)の歩兵第三十六連隊の三原大佐は第十八旅団長平佐良蔵少将の命を受け、敵龍眼砲台前面の角面堡に向けて、第二、第三の両大隊約一〇〇〇名を率いて攻撃前進を開始した。先頭兵は日の丸の国旗を振り立てて勇ましいものだった。だが、敵銃砲の直撃を受け、たちまち山頂付近は死傷者の山と化した。翌二十日の午前一時半、師団長(久直)はこの戦況を心痛せられ、さらに一大隊を増派したがその効果はなく午前四時半、その三大隊はほとんど死傷し、山腹にへばりついたまま動けなくなった(略)。昼間引き揚げたら損害が多くなるから我兵はそのままで夜を待ち、夜間ようやく引き揚げられた。だが、その一回の攻防だけで死傷合計は約一二〇〇名にも達した」。

総攻撃部隊員約一五〇〇名のうち八割もの死傷である。軍隊では通常、全部隊の半数ていどの死傷が発生すれば、（その部隊は）全滅という。全滅以上の惨状といえる。佐藤師はその夜、第三十六連隊の本部へ行ったのであるが、そのときの状況を次のように伝えている。

「（第三十六連隊長の）三原大佐はハラハラと涙を流し、『昨日は一つの命令で部下を一二〇〇も死傷させてしまった。可愛い部下をこのように死なせて自分は生きておれない。一緒につぶれ（死に）たいと何度飛び出そうとしたことか。だが、そのたびに副官が（自分を抱えておって）どうしても許してくれなかったから、このように死に遅れている。一つの砲台もとれず、多くの部下を死なせて自分は生きておるわけにはいかない。内地におめおめとは帰れない。どうせ（自分は）旅順の土となる身であるから、これを三原の形見として持ち帰ってください』と、名刺と小さな写真を（佐藤師に）差し出した」

その覚悟どおり三原連隊長は翌二十一日、突撃部隊を率いて敵砲台に突進し、戦死に至った（死後、少将に昇進）。

一つの連隊は通常、二〇〇〇名ていどの兵員を擁する。その六割もの死傷であるから（一連隊）壊滅である。ふつうならその段階で当該連隊の戦闘行為は終了ともなるものであるが、第三十六連隊ももちろん第九師団の他の部隊もそうはならなかった。そのことについてやはりその頃、第九師団本部を訪れた佐藤師に、久直師団長はこう語っている。

「わずかばかりの間に一二〇〇人も失った。だが、退却するわけにはいかない。大元帥陛下に、外国の武官たちに対する思惑もある（その頃、第一回総攻撃の結果はいかにと、第三軍の司令部には外国の武官や新聞社の特派員らが大勢つめかけていた）。それら武官たちに第一回総攻撃は失敗したと言われたくない。又、この要塞攻防戦はセバストポリ戦（後出）と比較され、書物に書き遺されること必至である。セバストポリは（英仏連合軍らが）陥落させたのに、旅順は（日本軍が）陥せなかったと書かれたら、千載の悔いが残る。だから一つでも敵堡塁を占領しない限り、（いかに損害が多くなろうと）途中で戦いを止めるわけにはいかない。兵隊には気の毒でたまらない。可哀そうでならない。が、国のためだ。勇んで死んでくれと二十一日、二十二日、（さらなる損害覚悟での）戦闘継続に決した」

師団長ともなると眼前の自軍の状況だけでなく、背後にある諸外国の〝眼〟まで意識しなければならなかったのである。そのように久直が苦境の極みにあった頃、（久直に）会った他師団の将校がいる。第十一師団の一部隊を率いて同じく第一回総攻撃戦に参加した桜井忠温中尉である。桜井中尉はその第一回総攻撃時、一隊を率いて夜間攻撃を敢行しようとした。が、暗夜とあって方向を見失い、隣接する第九師団の司令部に迷い込んだ。そのときの状況を後年、著書『肉弾』（同書は旅順戦の、特に第一回総攻撃戦の実相を描写した記録として世界的ベストセラーになった）の中でこう語っている。

「そのとき（桜井中尉らが第九師団司令部に迷い込んだとき）、大島将軍は夏ながら上下真っ黒の軍服を着け、ちりめんの白い兵児帯を腰に引き結んで、大刀を構えられていた。自分は凛然《りんぜん》たる将軍の威風を仰いで古武士に逢うとの感を起こした。第九師団が盤龍山（砲台）を占領する際に、将軍はただ一人、黒き目標を示しつつ、全軍の士気を鼓舞されたとのことである」

その頃、一般兵卒はカーキ色（茶褐色）の夏服であった。その中でただ一人、黒服（冬服）を着用していたのは、桜井が〝黒き目標〟と記しているように師団長のありかを全軍に示す、つまり師団長が常に自分たちを見守っていることを身をもって示す、というような意味合いを有する行為であったものと思われる。ただし、夜間に黒服ではかえって目立たない。そのため、腰には幅広の白帯を巻きつけていたのである。もちろん、夜も昼もそのように目立つ服装をしていたからには、敵兵に察知され狙撃の対象とされたりする。それは覚悟の上であったろう。とともに師団長自らも兵卒たちと同様、危地に身を置いているという姿勢を示すことにより、（兵卒たちを）鼓舞するという意味合いを有する行為でもあったものと思われる。

また、通常の細身の軍刀ではなく先祖伝来の大刀を手元においたのは、死にあたっては明治新時代の軍人としてとともに、大島家の家職である秋田藩大目付としても臨みたいとの意図にもよるものではなかったかと、筆者は推測しているがどうだろうか（旧武士階級出身の特に武芸練達者は、細身の軍刀など軽すぎておもちゃの刀のようで、そんなものを身に着けても気合が入らないと、評判が悪かったものらしい）。

予備隊を投入して戦局を展開

ともかく久直はその第一回総攻撃時、日本軍第三軍の最高的指揮官の一人として露軍だけでなく、諸外国の武官や観戦記者たちも〝相手にして〟戦っていたようなものだった。損害がいかに多くなろうと彼らの手前、そして大げさに言うなら日本軍の、さらには日本人全体の名誉のためにも戦いを途中で止めるわけにはいかなかった。

一方、久直はただ猪突するだけの勇将ではなかった。元々は参謀官でもある。戦いを継続するにあたり、一つの作戦を用いた。第九師団の残兵を二つに分けて右翼隊、すなわち平佐良蔵少将率いる第三十六連隊と第十九連隊の一部、合計三〇〇〇名ほどを主として牽制部隊とし、一戸兵衛少将を長とする左翼隊、つまり第七連隊と第三十五連隊のやはり三〇〇〇名ほどには工兵・砲兵・騎兵部隊を配し、それを本攻撃部隊とした。さらに第十九連隊の残兵を予備部隊とし自らの直属とした。

その方針にもとづき二十一日の午後六時、まず牽制部隊を進発させ、盤龍山砲台右側面を偽装的に攻撃させた。それで敵守備部隊を右方に引き寄せておき午後八時、暗闇に乗じて本攻撃部隊を密かに進発させた。本攻撃部隊は首尾よく敵兵に察知されず盤龍山砲台の下部に達し、鉄条網地帯の突破にかかった。夜間密かにということで爆薬ではなくハサミで切断しようとしたが鉄条網は通常の鉄線ではなく、太さ七ミリもある鉄棒状のものになっていた（砲台のすぐ下ということで露軍は特に太い鉄線にしていたらしい）。いたしかたなく爆薬を投じての強行突破となり、敵兵に察知されてたちまち銃砲火が集中した。猛火をものともせず二、三の勇士が爆薬を抱えて突進したが、それらはことごとく名誉の戦死を遂げるに至った。少人数ではダメなら今度は集団でと五〇人、七〇人と固まって突進したが、それらもまたことごとく猛火のえじきになる。

もはやこれまでと歩兵第十七連隊長大内大佐自らが第三大隊を率いて突進したが、瞬時に身に二十四発もの機関銃弾を浴び名誉の戦死を遂げるに至った（大内大佐は死後、少将に昇進）。連隊長が斃されたからには司令部員も無事にはすまない。連隊副官、連隊旗手も同様に死傷し、名誉ある連隊旗は負傷した一兵卒がかろうじて身を挺《てい》して押し立て、（その名誉を）保持しているという有様であった（連隊旗はどんなことがあっても戦闘中は倒されるわけにはいかない。倒されたらその連隊の〝死〟を意味するからだ。それは今日における運動会での棒倒し競技に名残りとなって伝えられている）。かくして二十二日の天明までに集まった残兵は全攻撃部隊員二〇〇〇名余のうちわずか七十余名しかいなかった。

だが、いくら損害が多くなろうと諸外国の駐在武官や観戦記者たちの手前、それこそ刀折れ矢尽きるまで戦いを止めるわけにはいかない。久直はとうとう最後まで保持しておいた予備部隊の投入を決断した。午前九時、予備部隊である後備歩兵第四旅団の第九連隊を左翼一戸旅団に隷属させ、三十五連隊の残部とともに（最後の）突撃命令を発した。その突撃のさいの指揮官大庭連隊長（中佐）は、部下にこう訓示したと伝えられる。

「諸士に常にきかせているとおり、死なば弥陀《みだ》の浄土、活きれば金鵄《きんし》勲章だ。しっかりやれ」

さらに帽子を阿弥陀に（つばを後ろにすること）かぶり直し、自ら先頭になって進んだが、たちまち機関銃弾の餌食になり最後を遂げた。二十二日の午前十時ころのことだった。もはや万策尽きたといってよい。

その頃の久直の状況が伝わっている。第九師団司令部から敵盤龍山砲台に至るまでの山上部・山腹部・山麓部、ことごとく日本兵の死傷体の山である。その死傷体の山をぬって伝令兵が駆け下りてくる。「師団長閣下、〇〇中隊全滅です」と、報告し終わるとバッタリと倒れる。そのような状況が続き、久直もとうとう心身に異常をきたしてきたらしい。掩蓋から飛び出そうとした。参謀や副官が「閣下、どちらへ（行かれるのですか）」と問えば、「イヤ、一命を捨てて申し訳する」と言う。「閣下がおなくなりになると、師団はどうなります」と、お止め申すと、「だからといって生きておれるか」と、応酬するというような状況であったと、『紀念帖』は伝えている。

なお久直は後年、新聞記者などに「戦争について何か語ってほしい」などと要請されたさい、戊辰戦争や西南戦争、日清戦争についてはは断片的にではあるが語ったが、日露戦争に関してはほとんど触れることはなかった。ただ「人間、死のうと思って死ねないときほどつらいことはない」とだけ言ったと、伝えられる。このときのことを思い出していたのではなかったのか。

戦争的事態の、それも激戦の経験者はよく、このようなことを言う。「戦局の展開は意外なところから発生したりする」。その時の第九師団についてもそうだった。久直がそのように死を決して掩蓋から飛び出そうとしていた時分、盤龍山東砲台から一〇メートルばかり下の砲弾痕に身を潜めていた二名の兵士が飛び出し、一人は日の丸の国旗を振り、一人は大石を抱えて敵塁に攀じ登り、石を塁内に投げ込んで、また元の砲弾痕に逃げ帰った。さらにその二勇士は砲台部から駆け降り、無事に麓部にまで逃げ下ったのである。

その二名の報告により、敵砲台の守備兵は意外に少ないと判明した（第一回総攻撃の前三日間、日本軍は各種砲類を総動員して敵砲台・堡塁の砲撃を行ったことにより、露側にも相当な人的・物質的損害が発生していたのである。そのような相手側の損害状況はわからないが、自軍のそれはイヤでも眼につく。ということで戦闘中は常に自軍不利との意識に駆られるものらしい）。

特に二挺の敵機関銃さえ制圧できれば東砲台奪取もそれほどの困難事でもなさそうと判明した。そこで六名が志願して急遽、敵二挺の機関銃破壊隊が結成された。その六勇士は首尾よく東砲台下に忍び寄り、爆薬を投じて機関銃を爆破しえた（ただしその六勇士は一人も生還できなかったらしいが）。それを見て山腹各所に身を潜めていた歩兵第七、第三十五連隊の残存兵らも勇を鼓し、軍旗を奉じて敵砲台に躍り込み、午前十一時三十分、遂に盤龍山東砲台の一角を占領するに至った。と同時に、他部隊残存兵らも同様に東砲台に駆け寄り、同砲台をようやく確保しえた。

だが、東砲台の日本軍は今度は隣接する西砲台や近辺の露軍他堡塁などからの側射を浴びることになった。それを見て久直は第九師団の全力を傾注して東砲台を確保すべく、最後の残置部隊ともいうべき師団司令部の護衛部隊から砲兵部隊まで糾合《きゅうごう》し（砲兵は歩兵の頭越しに砲を撃つ役であるから、最前線に出ることはまずない）、東砲台の確保に急行させた。と同時に東砲台から西砲台に向けての砲撃が勢いを増し、またそれに勇気づけられて西砲台近辺に潜んでいた日本軍残存兵らも（同砲台に）駆け登ったこともあり、盤龍山東西砲台は双方とも日本軍が確保するに至った。午後八時頃のことだった。なお、その盤龍山砲台も含む旅順における露軍の諸砲台や堡塁等の攻略難易度を表1に示しておく。表1はこれまでに挙げ

表1　各種砲台・堡塁の攻略難易度表

超A級（永久砲台）	二龍山砲台
A級（永久砲台）	松樹山砲台　盤龍山砲台　鶏冠山砲台 一戸砲台　望台砲台
B級	永久砲台以外の宿泊施設を有する各種堡塁
C級	宿泊施設はないが天井部を有する。掩体壕など
D級	たんに兵員を一時的に伏せておくだけの散兵壕

た旅順戦に関する諸記録等を参考にして筆者が作製したものであるが、ともかくこのような砲台や堡塁などが旅順市周辺に合計五七個所もあったのである。

以上のように盤龍山東西両砲台は第九師団が三日間にわたる昼夜を問わない文字通りの総力戦、それこそ死戦のはてにようやく奪取しえたのであるが、そのさいの戦後談のいくつかをつけ加えておこう。

まず、両砲台占拠後、佐藤師が負傷兵を見舞ったさいのことである。折よく、第九師団参謀長須永大佐も見舞いに来ていた。そこかしこの露天に数百名の負傷兵が横たわっていた。それらに須永大佐が「ただ今、盤龍山東西両砲台は我が有に帰した、我が有に帰した」と叫びまわったらそれに応じ、負傷兵たちに血色が戻り、立たない足でヨロヨロと立ち上がり、上がらない手を無理に伸ばし、一斉に「万歳」の歓声が上がった。

さらに第一回総攻撃戦終了後、佐藤師が久直のもとを訪れたさいである。久直はそのとき横になって休んでいた。（佐藤師が）「閣下」と声をかけると起き上がって、「君か」と言われたから、「御成功を祝します」というと、もう（久直は）満面涙にくれていた。そして「一緒に来た上長官（師団の幹部将校）はみな死んでしまった。世間の人は（自分のことを）人殺しの師団長、鬼将軍と言うだろう。だが、これで（盤龍山東西砲台がとれて）大元帥陛下にも国家・国民にも申し訳が立つ。（自分は旅順の土となるかもしれないから）、君は還ったらこのことだけは皆に伝えてくれ」と、ただただ涙にくれるだけであった。

なお、その第一回総攻撃のさいの第九師団兵の死傷合計は約五〇〇〇名。それは第九師団全軍約九〇〇〇名の半数以上もの人的損害であった。そのような惨状は他師団も同様で結局、第一回総攻撃のさいの第三軍全体では参戦人数約五万名の三割ほど、約一万五〇〇〇名もの死傷が発生した。それは日清戦争全体での死傷合計（ただし病死を除く）約一五〇〇名の一〇倍ほどにも達した。

第二回総攻撃——正攻法（攻撃路開鑿法）も実らず

第一回総攻撃は失敗した。というよりは当初の目的、すなわち第一回の総攻撃で強襲的に旅順市前面の諸要塞群を陥落させ、その勢いで市街に突入し（市街全体を）制圧してしまおうとのもくろみは成功しなかった。その原因はいろいろある。まず、露側の要塞隠蔽工作が万全だったことである。

露側は要塞構築工事を日露戦が既定路線になりつつあった明治三十四年頃から始めたのであるが、そのさいまず、作業員たちを現地旅順からではなく大連・金州あたりから募集し、それらを貨車で運んだ。地元民を使ったのではどう秘匿してもどこでどのような工事をしているかは、噂となって広まるし、他郷人を客車でなく窓のない貨車で運んだのはもちろん、工事個所を隠匿するためである。さらに工事中も露軍兵士たちを監督官として配備し、作業員たちが交流して相互に自らの工事内容などを話し合ったりすることを禁じた。

日本軍はもちろんスパイ的探索員を何人か旅順に派遣した。その中には大本営の参謀官もいたが、以上のように露側の（要塞）隠蔽工作が厳重だったため、工事の詳細などはほとんどわからなかった（そのように露側の要塞秘匿工作が徹底しており、また工事に従事した旅順人はほとんどいなかったこともあり、工事終了後作業員たちはみな殺されたとの噂も流れたらしい）。

さらに露側の兵士たちの耐性、戦意のほどを見誤っていたことである。「ロスケなど日本軍が攻めて行ったらヘナヘナと降参するに決まっている」というふうな見方が一般的であった。とんでもなかった。露側の要塞守備隊員たちは、日本兵ほどではなかったにしろ勇敢であり、戦意も旺盛であった。それには文豪トルストイ（一八二八〜一九一〇）も一役かっていた。

日露戦争の半世紀ほど前、ロシア民族は黒海に突き出たクリミア半島先端部のセバストポリ要塞に籠り、英・仏・土（トルコ）連合軍と戦った。露国伝統の南下政策を阻止しようとその三国が同盟し、セバストポリを攻略しようとしたもので、戦いは十一か月半も続き最終的には露側の敗北、つまり要塞陥落に至ったものであるが、その過程で露側は約四五万、連合軍側も約二〇万といわれる〈死〉を発生させている。その戦いに当時二十六歳であった若きトルストイが砲兵士官（少尉）として参戦し、戦後『セバストポリ物語』を書いた。それはロシア民族の愛国心を鼓舞する内容で当時、文字の読めるロシア人のほとんどが読んだといわれる（トルストイの文名が高くなったのも同書のおかげらしい）。

その教訓もあり、露側の要塞守備隊員たちにもセバストポリ（守備隊員）に負けるな。せめて（セバストポリと）同期間くらいは持ちこたえようとの意志統一もなされていたといわれる。

またセバストポリの経験と教訓もあり、旅順要塞の防備体制も（セバストポリ時代より）はるかに強化されていた。セバストポリ時代は要塞のほとんどは地上に露出されたせいぜい石や煉瓦を積み重ねただけの建築物にすぎなかったのが、旅順時代は砲の発達に備えてそれらの特に主要塞の多くは地下に潜り、コンクリート製の頑丈な構築物に変わり、セバストポリ時代は要塞前面の障害物は馬除けの木の柵にすぎなかったのが（当時は騎兵による突撃が攻撃側の一般的戦術であった）、旅順時代は歩兵の匍匐《ほふく》前進に備えて木の柵に二段、三段もの鉄条網が結び付けられているというふうにである。そのように露側の要塞隠蔽工作が厳重で、また防備体制も万全であった以上、第一回の総攻撃で（要塞を）陥落させられなかったのはむしろ当然の帰結のようなものであった。

だが日本側の、特にマスコミが騒いだ。金州城は半日で陥ちた。南山も一日で陥落させた。旅順も短時日で攻略できるだろうともくろんでいた。ところがそうはならなかった。第三軍が旅順攻略戦にとりかかったのは六月初め、それから二か月もかかってようやく本攻略戦を開始するに至った。その第一回総攻撃時、〝旅順陥落〟との予定稿を準備していたマスコミも少なくなかったと伝えられる。だが、第一回総攻撃では本要塞部には一指だに触れられなかった。（本要塞）前面部の小要塞や堡塁をいくつか奪ったにすぎなかった。

予定稿がムダになった腹イセもあり、マスコミの矛先は乃木司令部に向かった。（第二軍の華々しい戦果に比べて）第三軍はダラしない。はては〝乃木無能論〟までが渦を巻いた。一般民衆もその扇動に乗った。当時、第三軍司令部にいた津野田是重参謀（大尉）によれば、そのような論調の投書が（旅順の司令部にまで）二四〇〇通あまりも届いたといわれる。なかには「乃木は切腹して（国家・国民に）詫びよ」との趣旨のものも少なくなかったらしい。

くり返して言う。金州城は数時間、南山も半日で決着がついたのは、攻略を担当した第二軍将兵が特に勇敢で、作戦が特に優れていたためではない（もちろん、第二軍兵士は勇敢で、作戦指揮も妥当なものではあったが）、露軍はたんに戦略的撤退をしたにすぎない。

また、旅順が短時日で陥ちなかったのは、乃木軍司令官やその幕僚たちが特に無能だったためでも、第三軍の兵士たちが特に至らなかったためでもない。近代的防御設備を施した要塞の攻略はことほどに難しく、また時間もかかるということである。実際、旅順戦の一〇年後の第一次世界大戦時では、独・仏国境のベルダン要塞に籠る仏軍を、独軍が一〇〇万の大軍で攻めかかったのだが一年かかっても陥落させられず、引き分け的に終わっている（双方とも矢弾尽き、疲れ果てて軍を引いた）。鉄とコンクリートで固めた近代要塞の攻略はことほどに至難事で、特に〝肉弾〟などではかすり傷くらいしか与えられない、というだけのことである。

その意味では乃木は気の毒な立場であった。そもそも乃木は日露戦の直前期、三年近く休職（明治三十四年十月～三十七年二月）していた。その間、栃木県の田舎（那須野）に籠って百姓仕事に明け暮れている。その頃、年齢にして乃木は五十代の半ば、平均寿命が五十歳そこそこであった当時ではもう相当な老人である。加えて乃木は若いころから歯に欠陥があった。虫歯だらけで中年期あたりからは上下とも総入れ歯であった。満足な義歯などなかった当時、日常会話にも不自由していた（田舎に籠って農夫同然の生活をしていたのも、他人と会話したくないためもあったらしい）。

もちろん、乃木を休職から引っ張り出した軍首脳部もそのこと、つまり乃木はもう戦闘部隊の最高的指揮官といった激職などには耐えられそうもない心身的状況であることは、承知していた。そのため、現役に復帰した当初の乃木の身分は留守近衛師団長（三十七年二月）、つまり外地に出征した近衛軍の留守をあずかる責任者であった。三年も軍の現場から離れていた乃木にとって、そのていどが適職であったものと思われる。

だが、戦局は意外な方向に推移して行った。当初、旅順の露艦隊は港口を封鎖して港内に閉じ込めておく方針であった。それが成功していたら、乃木が大陸に渡ることはなかったのかもしれない。ところが旅順港封鎖作戦は失敗した。そこで急遽、陸側から攻め入って（旅順諸要塞を）陥落させた後、港内に籠る露艦隊を撲滅させるに変わった。その陸側からの旅順諸要塞の攻略は十年前の日清戦争時、乃木少将（当時）率いる第一旅団が担当し成功している（日清戦時も旅順には日露時とは比較にならないくらい小規模のものであったが、要塞も砲台もあった）。ということでまた急遽、経験者の乃木が引っ張り出されただけのことである。旅順戦のわずか一か月前、明治三十七年五月のことであった。

ともあれ、旅順（本要塞）は第一回の総攻撃ではとれなかった。旅順本要塞の防備がいかに頑強か、その攻略がいかに困難事であるかが判明しただけ、のようなものだった。その意味では第一回総攻撃は戦術的にいえば、実際に攻撃をしかけてみて（相手側の）防備体制などを正確に知るという威力偵察戦、と言ってよい。その（威力偵察戦の）結果、日本軍は第二回総攻撃時は戦法を変えた。近代要塞攻略のための正攻法ともいうべき、①「攻撃路開鑿法」と、②「大口径砲の活用」である。

まず①である。図5―2（同図は『紀念帖』に掲載されている付図を参考にして筆者が作製）のようなかたちの攻撃路（以後攻路とも記す）を掘り進めて行き、そこを潜行した攻撃部隊が敵

図5-2　敵塁に対する攻撃路

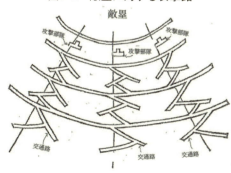

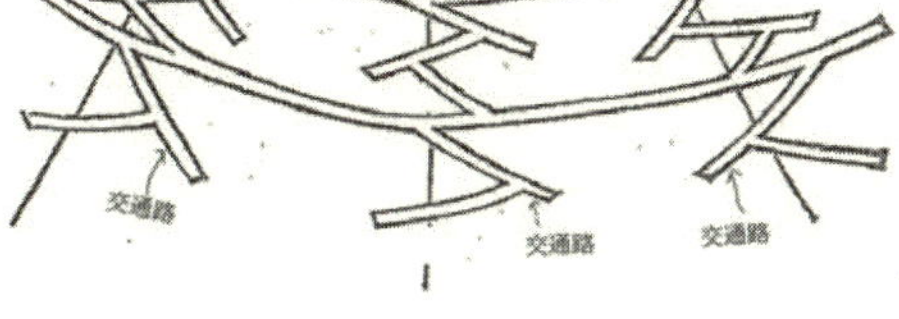

要塞の直下にまで至り、一気に銃剣突撃をするか爆薬を投じて突破口を開くかして、(要塞内に)殺到する、というふうな戦法に変えた。攻路がこのように錯綜と入り組んでいるのは、直線状に掘ったのでは上部の敵要塞からの直射を受けるからであり、また途中に休憩的個所や武器・食糧などの集積所なども設置する必要があったからである。第一回総攻撃時から第二回のそれまでに二か月も間が空いたのは、敵前でこのような複雑な攻路を開鑿するのに手間もヒマもかかったためである。

また②である。鉄とコンクリートで固めた近代要塞は通常の砲では破壊できない。より巨大な砲、いわゆる二十八センチ要塞砲の活用である。日本各地の海岸部に据え付けられていた要塞砲を取り外し、旅順まで運んできた。それまで(第一回総攻撃時まで)日本側の最大砲は十五センチ重砲であった。砲の威力は単純計算して口径の三乗に比例するから、二十八センチ要塞砲は十五センチ重砲より六倍ていどの破壊力があった。それら合わせて十八門の巨砲が十月初めに旅順に到着し、第二回総攻撃時から活用された(三師団それぞれ六門ずつ配備された)。②でまず敵砲台・堡塁を集中射して破壊し、防御能力を減殺させた後、①により突撃隊員を(要塞内に)飛び込ませるという戦法、つまり当時の要塞攻略に関する正攻法に切り替えたのである。

もちろん〝肉弾〟、つまり兵員の補充も行った。第九師団についていえば、第一回総攻撃時、兵員は九〇〇〇名ていどいた。それが第一回総攻撃終了後四〇〇〇名そこそこに減じていた。人数的には師団というよりは旅団規模である。その補充を行い、三〇〇〇名ほどの補充兵が急遽、内地から到着した。当時、露軍ウラジオストック艦隊が日本艦隊に撲滅され(ウルセン沖海戦・八月下旬)ていたため、日本近海の制海権が確保されており、日本軍大陸派遣部隊の根拠地宇品から戦地まで一週間ていどで急行できた。また、その第二回総攻撃戦開始にあたり、日本軍は一種の心理作戦も用いた。二十八センチ巨砲弾を敵要塞に三発、旅順市街に一発の割合で撃ったことである。二十八センチ砲の最大射程距離は約八〇〇〇メートルもあった。市街どころかそれを超えて港内にまで届く飛距離である。ただし、メクラ撃ちであるから、港内に停泊する艦船にはほとんど損傷を与えられなかったらしいが。

だが結果を先に言うと、戦法をそのように当時の要塞攻撃に関しての正攻法に切り替えても、日本側の成果は第一回総攻撃時のそれより少ないものだった。日本側の攻撃力が向上した以上に、露側の防御力が増大していたからである。前記表1でいえば第二回総攻撃時で日本側は第一師団は松樹山砲台、第九師団は二龍山砲台、第十一師団は鶏冠山砲台の攻略を担当したのであるが、それら三砲台は当時の表現によれば、「永久砲台（永久的に攻略が難しい）」というような構造をしていたからである。たとえばそれらのうち第九師団が（攻略を）担当した、表1でいえば超Aクラスの攻略難易度を有する二龍山砲台の構造はこのようなものだった。

まず、二龍山の頂上部一〇〇メートル四方ほどを主陣地とし、そこにコンクリートの台座・防壁を有する主砲を五門ほど構える。さらにその一ヘクタールほどの広さの主陣地の周囲には深さ一〇メートル、幅十五メートルほどの壕を巡らし、壕の内岸（頂上側）には二階建ての居室がびっしりと建て並んでおり、各居室には食糧庫・武器弾薬の集積庫、兵員の居住所などがあり、もちろんそれらの壁面には銃眼がうがかれており、壕内に入り込んだ敵兵を（居室の内部から）狙撃できるような構造になっている。

そもそも、一〇メートルもの深さのほぼ垂直の壕内にどうやって入り込めるのか。長いハシゴでもなければ不可能的である。実際、日本軍はそのハシゴを用意し、（ハシゴをかけて）降りようとしたものの、まごまごしているうちに壕内の露兵に撃たれたりし結局、第二回総攻撃戦では二龍山砲台には第九師団は一指だに触れえなかった、と言ってよい。堡塁・砲台というよりは、巨大な建造物がそのまますっぽり地下に潜った〝地下宮殿〟のようなものだったからである。実際、二龍山砲台陥落後、同砲台の内部に入ってみた佐藤師はそのあまりの巨大さ・壮大さに〝肝をつぶした〟と語っている。

なお、そのように一砲台もしくは一つの要塞だけで（他の砲台などからの援助・援護を受けず）、独立的にある程度長期にわたって戦えるような人員的・物質的戦力を有する構造物、つまり「永久砲台」は、表1でいえば超Aクラス砲台とAクラス砲台までがそれに相当する。第二回総攻撃時は日本軍三師団はいずれもそれら「永久砲台」を攻略目標としたためもあり、結果的には（それらを）一つも陥落させることができなかったのである。それら永久砲台の前置堡塁、当初P堡塁とたんに記号で呼ばれていた小堡塁を一つ、ようやく奪取できたようなものだった。それも攻略を担当した第九師団の一戸兵衛少将率いる第六旅団が、相当な無理攻めの結果であった。それについてだけふれておこう。

まずP堡塁の直下までは図5―2のような攻路を掘り進めた。さらにその攻路を通って土嚢を抱えた決死隊員がまず先行し、（土嚢を）壕内に投げ込んだ。次なる決死隊員が土嚢を足場として壕内に飛び込み、（壕内の）露側守備隊員たちとの銃撃戦に至った。当初は飛び入った側の人数が少なかったためもあり日本側の非勢的事態に至り、壕から退却しようとする日本兵もいた。それを見て指揮官たる一戸少将が剣を抜き放ち、こう叱咤したと伝えられる。

「この砲台を棄てて退却せんとする者は、日本国家のため、我が手にかけて討ち果たさん」。それで退却しようとした突撃隊員も我にかえり、「志気とみに上がって再び激戦場に戻り」、さらに後続部隊も次々に駆けつけてきたこともあり、ようやく同砲台を確保できた。八月三十一日午前一時頃のことだった（このように旅順戦では特に激戦ほど夜間から深夜にかけて行っていたのである。それにしても当時の兵卒は強かった、ご苦労なことだったと、本書を書きながらつくづく感じ入っている）。

なお、第二回総攻撃戦では日本軍が奪取した主な砲台はP砲台くらいのものだったことから、日本側の記録には以後、同砲台は「一戸砲台（または堡塁）」と記されている。またその第二回総攻撃戦の結果、第九師団についていえば人的損害（死傷合計）は約一〇〇〇名と、第一回総攻撃時の五分の一ていどでしかなかった（それでも十分に多いが）。第一回総攻撃時は人的損害をものともせずの肉弾突撃が主体だったのに対し、第二回時は地道に攻路を掘り進めて行くという正攻法に切り替えたためであることは言うまでもない。ただしその攻路開鑿にあたり、上部の砲台・堡塁などから撃たれたりしたこともあり、日に二〇名、三〇名と損害（死傷）が発生し、その二か月の準備期間だけで約一五〇〇名もが死傷に至っているが。

第三回総攻撃――全軍〝死士〟となり

その頃、つまり第二回総攻撃でも旅順本要塞部を陥落させることができなかった十一月初めあたり、第三軍だけでなく日本軍全体に関する重大的事態が発生していた。いうまでもなくバルチック艦隊の東洋地域回航（以後、東航とも記す）である。なお、バルチック艦隊の東航に関し、それが露旅順艦隊と合流することを懸念して大本営や政府首脳が第三軍に旅順攻略を急がせた結果、無謀な肉弾突撃を敢行したりして人的損害が多く発生したなどとされていたりするが、それは正しくない。というよりは後講釈、もしくは結果論的見方である。

そもそも開戦当初は、バルチック艦隊の東航など軍首脳部にももちろん第三軍司令部にも、話題にさえ上がっていなかった。実際、乃木は旅順に赴くにあたり、このようなザレ歌を詠んでいる。「急ぐなよ、旅順の敵は逃げはせじ、よく喰って寝て起きて戦へ」。つまり八月下旬の第一回総攻撃時、さらに十月末の第二回総攻撃戦あたりまでは、旅順はじっくり攻める予定だったのである。そのためもあり、第一回総攻撃から第二回総攻撃までの間、二か月も準備期間をとっている。また、第一回総攻撃では無謀な肉弾突撃を敢行したりして日本側の人的損害が多くなったのも、攻略を急いだ、もしくは急がせられたためではない。露側の要塞隠蔽工作が万全だったため、守備側の詳細がわからず、とりあえず攻めてみてそれを知ろうとした結果であり、その意味では第一回総攻撃とは戦術的に言えば威力偵察戦のようなものだったのである。

そもそもバルチック艦隊の（バルト海から）東洋地域までの回航など、当時の海軍関係者の常識からして想定外のことだった。バルチック艦隊は戦艦八隻、巡洋艦九隻、駆逐艦九隻など、補給艦、付属艦などを合わせると全五〇隻にも及ぶ大艦隊である。それらが根拠地であるバルト海のリバウ港からアフリカ大陸南端の喜望峰を越えて（主力艦の多くは幅の狭いスエズ運河を通れなかった）日本近海まで約三万キロ。その間、何艦かは故障したりする（実際、機関部の故障により戦列を離れた艦もあった）。故障艦を見捨てるわけにいかないからそのたびに艦隊全体としての船足は落ちる。

さらに燃料である石炭補給のモンダイもあった。それほどの大艦隊に供給できるだけの石炭は運べない。途中で補給する必要がある。その補給が順調に行くかはわからない（実際、補給に手間取り、艦隊全体としての船足は落ちた）。加えて艦船そのものの能力低下のモンダイもあった。当時、遠洋航海する艦船の能力は既定の八～六割ていどに落ちる、との経験則があった。実際、船底に貝や海藻などが付着し、また機器がさびついたりガタがきたりするからである。実際、速度についていえば日本海海戦時、露側主力艦のほとんどは既定の十八ノットどころか、その七割ていどの十三～十四ノットしか出せなかったといわれる。あれやこれやで地球を四分の三周もするメリットがあるのかというのが、当時の海軍関係者の間では常識だったのである。

それが現実のこととして日本側関係者が知ったのは、第三軍が第二回総攻撃に失敗した後（バルチック艦隊のリバウ港（バルト海）出航は十月二十日）、バルチック艦隊がジブラルタル海峡の港町タンジールに寄港した十一月十日あたりである。日本政府首脳と大本営はその確報を受けて十一月二十三日、第三軍に次のような勅語を下した（意訳）。

「旅順要塞は敵が天嶮に加工を施した金城湯池といえる要害である。それがカンタンに陥ちないのはわかる。がしかし、今や（バルチック艦隊が東航しているからには）旅順攻略を弛緩している余裕はない。この機に至り、第三軍は総力をもって攻略に当たらんことを望む」

従来までの勅語は、ただ兵卒の労苦・奮闘をねぎらう、という趣旨のものがほとんどであった。今度ははっきり（旅順攻略を）急いでくれと言っているに等しい。もう乃木も〝旅順の敵は逃げないから〟などとのんびり（？）構えてなどいられない状況に至った。その勅語を受けて次のような奉答文を奉上した。

「臣希典、勅語を賜り恐懼《きょうく》に耐えません。将兵一同、誓って速やかに軍の使命を遂行いたします」

当時の勅語は〝重い〟。それに対する奉答文はさらに〝重い〟ものだった。乃木がこのように〝速やかに任務を遂行します〟、つまり旅順を速やかに陥落させると言明したからには、それができなければ責任をとって〈死〉しかない。もちろん、乃木軍司令官が以上のような奉答文を奉上したことも、その〝覚悟〟を定めたこともただちに第三軍全軍に伝えられた。指揮官クラスの高級将校は乃木と同様、「旅順要塞陥落させずんば〝死〟」の覚悟を定めたものと思われる。実際、佐藤師はその現場に立ち会っている。第九師団のある大隊長が部下を集めてこのような訓示をしていた。

「今度の(第三次の)総攻撃はなまはんかな覚悟では成功しない。第一線(自らの部隊のこと)は砲台で死ぬ。第一線が砲台で死んだら、連隊長は連隊の予備を率いて(砲台に突入し)砲台で死ぬ。連隊長が砲台で死んだら、旅団長も旅団の予備を率いて(砲台に突入し)砲台で死ぬ。旅団長が砲台で死んだら、師団長は師団の予備を率いて(砲台に突入し)砲台で死ぬ。師団長が砲台で死んだら、軍司令官は軍の予備を率いて(砲台に突入し)砲台で死ぬ。それでようやく大元帥陛下(や国家・国民)に申し訳が立つ」

佐藤師は以上のような訓示を聞いた後、一戸旅団長のもとに赴いた。そのさい一戸少将から、あなたは国に帰られる身ですからと〝遺書〟を託されている。さらに一般兵卒の居住区に行ってみると、内地からの補充兵部隊が来ていた。みな、一週間かそこらで(内地から)急遽、戦地のそれも最激戦地の旅順へ連れて来られた新規徴集兵ばかりである。中にこんな会話を交わしている者もいた。

「(下級兵士が上官の上等兵に向かって) 上等兵どの、今にも命令が出ると、戦争に出なければなりませんか」。「そりゃあ、出にゃならんだろ」。「戦争が済んだらここに帰って来れんでしょうか」。「いやぁ、今度の戦争 (第三回総攻撃のこと) は大元帥陛下から特別な御勅語が下された戦争であるから、軍全体が決死の軍である。それゆえ、明日の戦争は皆が死ぬるの決心をしておらねばならぬ」。

以上のような会話を交わした後、当の新兵はしばらくおし黙っていたが、やがて独り言をつぶやいた。「それじゃあ、今度、私が補充部隊を発ってくるとき、国元から母親が、あるいは戦地は寒いだろうとフランネルのシャツを一枚持ってきてくれたので、それに着替えて死んでやったら母親も満足するだろう。妹も自分で編んだ毛糸の手袋をくれた。それをつけて死んでやったら妹も喜ぶだろう」と、つぶやき、寒い中わざわざ着替えた。

結果をいうと、以上のようにそれこそ「全軍死士に」との覚悟で臨んだ十一月下旬からの第三回総攻撃も実らなかった。そのさい、第一師団と新着の第七師団 (大迫尚敏中将を長とする第七師団(旭川)は第三回総攻撃戦から旅順戦に参加した) は松樹山砲台、第九師団は二龍山砲台、第十一師団は鶏冠山砲台を主たる攻略目標としたのであるが、それら三砲台は表1でもわかるように、超Aクラス、Aクラスの攻略難易度を誇る砲台、というよりは〝地下宮殿〟のようなものだったからである。多大の人的犠牲や物質的損失を発生させてようやくその内部に入り込めても、廊下部あたりでまごまごしているうちに (廊下部に隣接している) 兵員居住室の銃眼からの掃射により、バタバタと倒されたりし、損害が多くなってたまらず撤退、というふうな戦況だったからである。

乃木夫妻〝死〟を決意

そのような第三軍にすれば絶望的状況から発生したのが例の白襷《しろだすき》決死隊であった。第一師団から二大隊、第七師団から一大隊、第九師団から一大隊、第十一師団から二大隊、合計約三一〇〇名の選抜兵が全員、夜間でも識別できるようにと肩から斜め十文字に白襷をかけ、旅順市街に決死的突入を試みたものである。指揮官は発案者の中村覚少将（第一師団）で、出発は十一月二十六日午後十時のことであった。だが、白襷決死隊も結局は全体の半数（約一五〇〇名）もの死傷者を出し、中村少将自身も負傷したこともあり、成功には至らなかった。

　つまり当初の目的である旅順市街制圧はできなかった。だが戦後、露側関係者が語ったことによると、成功の可能性は決して低くはなかったらしい。白襷隊は水師営から旅順街道を直進して行ったのであるが、露側は堡塁や砲台の守備兵は多くても、その決死隊が突進して来た街道方面の守備兵は少なく、市街入口に構えたバリケードの守備隊員は一〇〇名ていどしかいなかったためでもある。見通しの良い街道上を銃だけの日本軍部隊がしかも夜間に突進してくるなど、露側は想定していなかったらしい。ただ、日本側突撃部隊員にも（市街に）突入してからの方策について意志統一がなされていなかった。バリケードを突破し意外とカンタンに市街入口に到達できてマゴマゴしているうち、応援の露側砲兵部隊が駆けつけて来た。銃だけの日本側と砲力主体の露側との銃砲撃戦に至り、となれば砲の側に分がある、というわけで（決死隊の）退却となったものらしい。

白襷決死隊も失敗した。この頃、乃木軍司令官は苦境の極みにあった。それに追い打ちをかける事態が発生した。乃木の次男保典少尉の死である。長男勝典中尉はそれ以前（五月二十七日）南山の戦いで戦死していた。乃木にはその二子しかいないから軍首脳部はせめて次男だけは安全地帯にと、保典を第一師団の副官とし最前線にはあまり出さないようにしていた（乃木自身はそのことについて賛成ではなかったらしいが）。だが、運の悪いときはどうにもならないもので、保典少尉は副官として他部隊に連絡に赴くさい、窪地を潜行中流れ弾に額を直撃された。ほとんど即死であったらしい。十一月三十日のことであった。

その報を受け、乃木自身も〝死〟の覚悟を定めたらしい。さらなる決死隊の派遣を決断し、「自分が一部隊を率いて決死隊として旅順市街に突入するから、（第七師団から）その部隊を出してくれ」と第七師団長大迫尚敏中将に要請した。大迫と乃木は十年前の日清戦争時における最終的決戦（田庄台戦）では乃木は第一旅団長、大迫は第五旅団長として協力して戦った仲間である。共に武人的気質の持ち主とあって個人的にも親しい間柄であったらしい。

だが、いくら（個人的に）親しくても、大迫の立場としてはいそうですかと応ずるわけにはいかない。「大迫も男子でござる。いましばらくご猶予を」と、婉曲《えんきょく》に断られた。決死隊を自師団から出さなければならない事態になど至ったら、軍司令官をわずらわすまでもなく大迫自らがそれを率いる、ということである。大迫に断られた乃木は今度は久直に同様な要請をした。もっと具体的に「一戸少将の隊を出してくれ。自分が直率して（旅順市街に）突入する」と。久直もその田庄台戦では（そのとき久直は第六旅団長）終了後、遼河堤防上で共に勝利の祝杯を挙げた間柄である。だが、久直にはもっと具体的に断られた。「まだ万策尽きたわけではないでしょう。今しばらくご辛抱されてはいかがですか」と。

乃木の東京の留守宅でもその頃、同様の事態が発生していた。〝死〟を決して旅順陥落を念じようとしていた人がいた。軍人ではない。民間人のそれも女性、乃木夫人静子である。静子ももちろん、旅順がそれまで二回もの総攻撃を敢行してもまだ陥落していないことは知っていた。三回目の総攻撃に至る前、十一月十七日の早朝時のことだったらしい。二階の自室の雨戸を開けていると、路上に一人の軍服を着た陸軍将校が立っている。（静子と）眼が合うと、いきなりこう罵倒された。

「乃木のノロマめ、何をまごついているか。我々が兵隊を作ってやれば片端から殺してしまう。然るに自分は武士であるとか、侍であるとか豪語しているくせに、いまだに生きている。若し真の武士であるならば申し訳のためいさぎよく切腹するか、せめて辞職するのが当然である。一体、家族共も何をぐずぐずしているかい。少しは考えてみるがよい」

あまりの暴言に静子夫人はショックを受け、その日は食事もとらず、病気と称して終日、自室に籠っていたらしい。その夜、かつて乃木家に女中として奉公し、その頃は（乃木家の）近くに嫁いでいた老女性一人だけを伴い、粗服に着替えて三等車に乗って伊勢に向かった。翌日、まだ夜の明けないうちに伊勢神宮の神殿に至り、まず全裸になって水ごりをした。あたりは身震いするような寒さだったらしい。さらに神殿に額づき、一心になって祈願した。「どうか旅順だけはとらせてください」と。しばらくしてどこからか声がした。「汝の願いはかなえてやる。そのかわり最愛の二子は取り上げるぞ」と。静子は夢中になって応じた。「旅順さえとらせていただけたら（二子だけでなく）、私ども夫婦の命も差し上げます」と。やがて我に還るとあたりは白みかかっていた。静子はそそくさと衣服をまとい、また三等車に乗って帰京した。

この話には後日談がある。次男保典少尉死の報はその当日にはもう東京の陸軍省には届いていた。翌十二月一日、その報を静子夫人に伝えるべく、寺内陸相が乃木邸に赴いた。夫人と面会しても寺内が何かを言い出しかねてムズムズしている。その様子を見て静子が、「あの、次男が戦死したのですか。よく死んでくれました。これで世間の母様方に申し訳が立ちます」と、口を開いたから、（寺内は）唖然として何も言われず、そのままそそくさと辞去したと、その旅順戦中、第三軍参謀兼軍司令官の副官的立場で乃木に近侍していた津野田是重大尉は著書『斜陽と鉄血』の中で伝えている。

児玉〝護国の鬼〟となる

なお例の二〇三高地奪取も、この〝全軍死士〟との覚悟のたまものと言ってよいようなものだった。二〇三高地の重要性も、したがってそれを奪取することの必要性も、第三軍司令部もその上部組織である満州派遣軍首脳部も早くから認識していた。だが、二〇三高地そのものはとれても近接する露側諸堡塁や砲台が健在である限り（それらから側射されたりして）、その確保は難しいというわけで、まず露側近接砲台などを掃蕩してからと、十二月初めあたりまで二〇三高地攻撃は延期されていたのである。だが、ことここに至っては、つまり〝全軍死士〟にとの覚悟を定めたからには、そんな悠長なことはしておられない。相応の損害を覚悟で、すなわちどれほどの〈死〉を発生させても二〇三高地を奪取する必要があるとの認識にいたった。

それを主導した人物がいる。満州派遣軍総参謀長児玉源太郎大将である。以下はその児玉と同道して、満州派遣軍総司令部から第三軍に（二〇三高地奪取の）指導に赴いた田中国重参謀大尉（当時、後の大将）の戦後談、『日露戦争回顧談』による。

（第三軍の指導のため）田中は児玉と同道して十一月二十六日、つまり第三回総攻撃の開始日、遼陽から鉄道で旅順に向かった。途中、金州の駅で二〇三高地を奪ったとの報をきいた。それで児玉と祝杯を挙げているとほどなく（二〇三高地は）また露軍に奪取されたとの第二報が届いた。あわてて現地へ行ってみるとこのような状況だった。昼間は日本兵が突撃して二〇三高地を奪う。だが、夜になると二〇三高地と峰続きの露側陣地から（二〇三高地は独立した一つの山ではなく頂稜部は双丘的地形で他端には露側陣地があった）、勇敢な露兵が忍び出てきて、爆薬を投じて日本側（二〇三高地守備兵）を追い払うというような、奪ったり奪われたりの戦況が繰り返されているためでもあった。

そこで児玉は命じた。「夜間も二〇三高地付近を砲撃するようにと」。もちろんそれによって夜間、密かに忍び寄る露兵を撃退できる。だが同時にその夜間、二〇三高地付近に警備している日本兵の幾分かにも損害が発生する。いわば〝友軍撃ち〟である。それを言って渋る砲兵隊長に児玉は厳命した。「これは（満州派遣軍総参謀長としての）命令である」と。しばらく児玉の表情を注視していた砲兵隊長はやがて口を開いた。「わかりました。ご命令にしたがいます」と。児玉にしてみれば、二〇三高地奪取ももちろん旅順戦全体としても「全軍死士」との覚悟でもって臨まなければ成功しない難戦である。どうせ〝死〟なのであるから、敵の弾に当たるも自軍のそれによるものも同じ、ということではなかったのか。

二〇三高地は結局、五回も日露両軍による奪ったり奪われたりの戦況が続き、六回目にようやく日本側の確保に至ったのであるが、それにも児玉が一役かっていた。二〇三高地がそのように両軍の奪取合戦に至ったのも、日本側の（二〇三高地）守備隊員が少ないためでもあった。二〇三高地頂上付近での日本側攻撃隊員の死傷が相次ぎ、それらの後送のため一条しかない攻撃路が塞《ふさ》がれて、十分な数の頂上部確保隊員を送れなかったのである。

そこで児玉はさらに厳命した。「攻撃路は負傷兵らの後送に使ってはならない。攻撃隊員専用の通路とし負傷兵は攻撃路から外れ、しばらくその付近に待機しているように」と。もちろん、それによって頂上部確保要員の集結がはかどり、（結果的にいえば）頂上部の確保にも至れたのであるが、同時に待機させられた負傷兵の幾分かにも〈死〉が発生したことはいうまでもない。

加えて児玉はそのとき、自軍将校にもう一つの〝死〟を強要している。二〇三高地から旅順港を俯瞰できても、そこに停泊している艦の艦名や種類などは陸軍関係者にはわからない。それらの確認のためその頃、海軍側から岩村団次郎参謀（中佐）が第三軍に派遣されていた。二〇三高地確保の見通しがあるていどついた段階で、その岩村参謀に児玉はこう命じた。「直ちに二〇三高地に至り、港内を視察するように」と。ただし、これには砲兵隊長からクレームがついた。「まだ（二〇三高地付近には敵味方）銃砲弾が雨中しております。（視察は）頑丈な観測所を構築し終わるまで待っていただけないか」と。

だが児玉は承知しなかった。重ねて命じた。「直ちに行くように」と。正確にいえば、これは児玉の越権的行為である。いくら大将といっても陸軍者に海軍将校に対する命令権はないからである。だが、児玉の表情を注視していた岩村はこう応じた。「承知いたしました。直ちにまいります」と。結局、岩村と陸軍側から白水中佐と国司少佐の三名が、危険を冒して二〇三高地に至って港内を見下ろし、実際に露艦隊のほとんどが港内に停泊しており、またそのうちの何艦かは二十八センチ巨砲弾の直撃を受けて破損されていたことも確認できた。なお、その岩村参謀らの出立のさい、人情家の乃木は一人一人と決別の握手を交わしたが、児玉はそのときそっぽを向いていたらしい。

もちろん児玉は自軍兵士にそのようにいわば〈死〉を強要する以上、自らも無事にはすませない覚悟を定めていた。二〇三高地奪取成らずんばそして旅順艦隊撲滅成らずんば己れ自身も〈死〉の覚悟を定め、（その二〇三高地奪取指導のため）旅順に赴くにあたり、児玉は折りよくその頃、満州派遣軍慰問に訪れていた大関宮内次官に〝遺書〟を託していたと伝えられる。

第九師団のそして日本陸軍の名誉のために

二〇三高地の完全奪取は十二月五日。ただちに同高地上に観測所が築かれ、そこからの正確な誘導により、二十八センチ巨砲弾が次々に旅順港内に停泊する露艦に命中し、戦艦七隻、巡洋艦五隻のほとんどを爆沈、もしくは大破し終えたのが翌六日。その時点で第三軍に課せられていた至上命題である〝旅順艦隊撲滅〟は達せられたといってよい。だが、第九師団の戦いはまだ終わっていなかった。第九師団の、そして日本軍全体の名誉にも関する〝仕事〟がまだ一つ、残されていたからである。

それまで第九師団は旅順攻略準備戦では凹形山堡塁群と于大山堡塁群を、第一回総攻撃戦では盤龍山砲台を、第二回総攻撃戦では一戸砲台を奪取、もしくは陥落させていた。そのため第九師団は「戦えば必ず勝つ」というような〝伝説〟が生じかかっていた。それは第九師団だけの伝説ではなかった。外国の駐在武官や従軍記者たちには師団の区別などわからない。第九師団すなわち日本軍である。つまり外国人の間では〝日本軍は戦えば必ず勝つ（敵塁を奪う）〟というような定評になっていた。ところが、第三回総攻撃戦では第一師団と第七師団は（共同して）二〇三高地を陥落させたが、第九師団は（第十一師団も）それまで一つの敵塁も奪っていない。それは両師団が攻略を担当した二つの砲台が、特に第九師団のそれは表1でもわかるように超A級といえる防御力を有する砲台というよりは、〝地下宮殿〟のようなものだったためであることはいうまでもない。

だが、いくら相手の防御が強力であっても第九師団の、ひいては日本陸軍の名誉のためにも、第九師団はその〝地下宮殿〟に対する戦いを途中でやめるわけにはいかない。そこで久直は地下宮殿は地下よりと、その二龍山砲台のさらに地下に坑道を掘り、先端部に大量の爆薬を装填《そうてん》し、地下から爆破する方策をとった。乃木が十二月初め、久直に決死隊の拠出を要請したさい、「まだ万策尽きたわけではない」と止めたのは、その見通しがあるていどついていたからである。地下からの爆破であるから、地下宮殿のあまり下では効果が薄い。（地下宮殿の）わずか数メートル下を二筋の坑道を掘り進めて行った。上部の露兵に察知され、（上部から）穴を開けられて撃たれたりし、日に十名、二十名と損害が出た（穴を開けられると下から応射したり、壁にへばりついたりして避けたらしい）。一か月におよぶ坑道掘削作業が終了したのが十二月二十六日。先端部に計約三トンもの爆薬を装填し、爆発の効果をより強力にするため坑道を埋め終わったのが翌二十七日。爆破決行は二十八日のことだった。

そのさい第九師団は約一三〇名の決死隊員を地上に待機させている。地下からいくら爆破させてもそれだけで敵砲台を奪取することはできない。せいぜい（地下宮殿の）一部を破壊できるだけにすぎない。爆破させた後、その破壊口などから戦闘員を突入させて敵残兵を掃蕩するためである。そのとき、突入に備えて整列した決死隊員の写真も『紀念帖』に載っている。やはり全員肩から斜め十字に白い襷をかけている。一か月ほど前、旅順市街に突入した白襷決死隊はあまりにも有名であるが、この第九師団によるいわば第二決死隊については私が知る限り、日露戦争に関するどの記録にも載っていないようである。本書に特に記載しておく。その決死隊の出撃にさいし、久直は次のような訓示を行った。

「今更、予は諸君に向かって言うべき言葉はない。攻撃に関する訓示・注意事項などはすでに尽くしている（略）。ただ一つだけ言っておく。この砲台がもし陥ちなければ予も又、（この砲台を枕に）討ち死にする決心であるということを」

爆破し、さらに決死隊を突入させてもなお砲台を奪取できなければ、もう万策尽きたといえる。そのような事態になど至ったら、師団長自ら残兵を率いて決死隊となって二龍山砲台に突入するということである。

そのとき、明治三十七年十二月二十八日午前十時がきた。『紀念帖』によればその瞬間、「轟《ごう》然《ぜん》、天地が割れんばかりの爆声が起こり、同時に大地は大地震のようにユラユラと動揺し、渦まき起こる黒煙、飛ばされたる土石は濛々《もうもう》として中天にみなぎり、天日もために暗からんばかりで、その黒煙のため砲台付近は何も見えない。ピカッと一筋の火柱が上がった（敵砲台に備蓄されていた大量の爆薬が誘爆したらしい）ばかりであった」と、伝えている。さらに続いてこう補足している。

「飛んだ土石といえば、小さな石や土のように思われるかもしれないが、決してそんなものではない。大きなものは三、四尺四方ほどもあるような岩石が飛んで、それが砲台突入に備えて近くに待機していた我が決死隊員に落ち、（決死隊員にも）少なからずの死傷者が出た」

実際、半数近くの決死隊員が損傷したらしいが、残兵は爆破のさいに開いた径二〇メートルほどの巨大な突破口から飛び込み、敵砲台守備兵たちとの白兵戦に至った。さらに決死隊員以外の待機兵も続々とその突破口から飛び込み十時三十分、砲台内の敵軽砲線地帯まで進出しえた（通常、軽砲線地帯は前面にその後方に重砲線地帯がある）。そのさい、待機兵部隊は二門の山砲と二門の機関銃をそろえて敵部隊を掃射した。その距離わずか三〇メートルほどであった。世界の戦史上、重砲をこれほどの近距離で使用したのはこのとき、すなわち二龍山砲台突入戦以外にはあるまいと、『紀念帖』は誇らしげに伝えている。

だが、敵はまだ頑強であった。軽砲線地帯は突破されても重砲線地帯に籠り、小銃・爆薬をもって抵抗を止めなかった。（至近距離であるから）爆薬を投げつけたりして日本兵の近接を阻んだということである。さらに敵には二挺の機関銃を擁する応援部隊が駆けつけてきたこともあり、一時は日本側の非勢的事態に陥りかけた。たった二挺でも一分間に六〇〇発、つまり一秒間に一〇発も撃てる機関銃では一〇〇名、二〇〇名の部隊でも瞬時に制圧されたりする。が、そのときの日本兵は文字通りの決死隊であった。突撃隊長平佐少将は心を鬼にし、「この千載の好機（突破口が開かれたこと）逸すべからずと、決死隊員らにさらなる突撃を命じた」。折よくそのとき、日本側にも砲隊が駆けつけてきて敵機関銃の破壊に成功したこともあり、全隊員勇を鼓して突撃し、敵重砲線地帯も奪取しえた。と同時に「万歳」の声は四方から沸き起こり軍旗が翻った。午後四時三〇分ころのことだった。

ところが、敵はなお抵抗を止めなかった。重砲線地帯を突破されても、今度は砲台の咽喉部《いんこうぶ》（出入り口付近）に拠って抵抗を続けた。その数、四、五〇人ほどであったらしい。このときの状況を『紀念帖』は「敵ながら天晴れ」と記している。もう勝ち戦、日本側にも敵をほめる余裕が出てきたということである。あとは時間のモンダイである。最後は日本軍お得意の〝皮を斬らせて肉を斬る、肉を斬らせて骨を断つ〟の戦法、すなわち歩兵による銃剣突撃である。各所でそれが敢行され、砲台の上部から露兵がことごとく駆逐されたのは午後七時三十分。もうあたりはすっかり夕闇に包まれていた。そのとき敵残兵の多くは砲台の上部から追われ、地下部に籠っていたが、夜間とあってその日の戦闘行為は終了、本格的（残敵）掃蕩戦は翌日ということになった。

しかし、翌日を待つまでもなかった。翌二十九日の午前三時、敵残兵は兵舎内の器具類、武器弾薬類に火を放ち、去って行ったからである。この戦闘行為における敵死傷者はおびただしいもので、爆破のさいの生き埋めばかりで三、四百名はいたと『紀念帖』は伝えている。また戦闘行為の数日後、佐藤師は同砲台に入って行ったのであるが、そのときに至ってもまだ敵死体は五〇ほどはあったと同書に記している。一方、第九師団側の人的損害は、十一月初めからの第三回総攻撃戦全体に関してであるが、死傷合計一四〇〇名ほどと、第一回総攻撃戦の三分の一以下であった。第一回総攻撃戦では肉弾による突撃が主体であったが、（第三回時は）その他に、地下からの爆破という機械戦も併用したためでもあったことは言うまでもない（それでも十分に多いが）。

開　城

以上は第三回総攻撃戦における第九師団に関しての記録であるが、他師団、つまり第一、第七、第十一師団のそれと、さらに（旅順）開城時の経緯等については主として第三軍参謀津野田是重大尉の手記『斜陽と鉄血』に拠る。

第九師団と並行して（第九師団の南側方面の）鶏冠山砲台攻略を担当した第十一師団は、（第九師団と同様）同砲台を地下から爆破するという作戦を用いた。やはり二筋の坑道を掘り進めて行って爆破し、さらに突撃部隊を突入させて十二月十九日、同砲台を完全に占領しえた。そのように爆破と（敵砲台）制圧が第九師団のそれより早かったのは、第十一師団が担当した鶏冠山砲台は海岸に近いこともあって土質が柔らかく、掘りやすかったためもあったらしい（第九師団が担当した二龍山砲台の下部は大岩石地帯のようなものであった）。

また爆破後に第九師団と同様、砲台各所で突撃隊と守備隊員との白兵戦が展開されたが、そのさいの第十一師団側の死傷は約七〇〇名と、第九師団のそれの半数ていどであった。そのように日本側の損害が少なかったのは突入する以前の十二月十三日、たまたま同砲台にいた露側における要塞全体の実質的最高司令官ともいうべきコンドラチェンコ少将が、二十八センチ巨砲弾の直撃を受けて死に至っていたこともあり、守兵全体の士気がなえていたためともいわれる。実際、要塞全体の守将ステッセル中将は開城後、コンドラチェンコを失った時点で(守城戦も)もはやこれまでと観念したと語っている(ステッセルは乃木と同様、旅順要塞全体の統率上の最高司令官で、実戦に関する作戦・指揮などのほとんどはコンドラチェンコの担当だったらしい)。

一方、第一師団とその第三回総攻撃戦から(旅順要塞攻略戦に)新規に参加した第七師団の最終戦は大晦日から元日にかけての松樹山砲台攻略戦であった。さのさい、前日までに二龍山砲台をほうむった第九師団は応援部隊として一大隊を派遣している。ただし、応援部隊の損害(死傷)はごく軽微なものだったらしい。第一師団と第七師団も同様に地下坑道を掘り進め、地下から松樹山砲台を爆破して突破口を開き、決死隊を突入させて制圧するという作戦をとったが日本側の死傷合計は五〇名ほどでしかなかった。その頃には鶏冠山砲台、二龍山砲台の陥落が知れ渡っていたこともあり、露側守兵の戦意がなえていたためと思われる。また第九師団はその元日、第十一師団と協力して両師団の中間的地帯にある望台砲台(観測所も兼ねた砲台)をとった。それが第九師団にとっても旅順戦全体にとっても最終戦になった。

露側からの降伏使節の到着は元日の午後四時三十分頃のことだった。ただしそれは第三軍司令部にではなく、前線部隊に対して届けられた。前線部隊はその文書を直ちに第三軍司令部に送ったのであるが、開封されたのは遅く午後八時三十分ころのことだった。降伏申込書はフランス語で書かれており、それを読めるのは第三軍首脳部では仏士官学校留学経験のある津野田参謀しかおらず、(津野田はその元日の夕刻は)正月と戦勝の祝い酒にしこたま酔いしれていたからである。酔いからさめてあらためて同書簡を開いてみると降伏申込書だったので(その意外さに)あっけにとられたと、津野田は『斜陽と鉄血』の中で正直に告白しているそれもそのはず、日本軍は元日までに旅順周辺の諸要塞のほとんどを制圧し終わったとはいえ、旅順本市街にはまだ一兵も入っていなかった。周辺の諸要塞を陥落させた後、市街戦に至り、敵守城部隊をも掃蕩してはじめて降伏に至るというのが当時、要塞攻防戦の常道のようなものだったからである。それが予想に反して（市街戦に至る前）の降伏申込書だったので、あっけにとられたのである。そのように〝早すぎる降伏〟と感じたのは露側の軍・政府首脳部も同様だったらしく、ステッセルは帰国後死刑判決を受け、獄舎に収監されている（それは後に日本側からの減刑嘆願もあって釈放されているが）。

ただそれにはステッセル側にも事情があった。ステッセルは武官専門ではなく文官も兼ねていた。旅順要塞防衛軍の最高司令官であったが、同時に遼東半島一帯の総督的地位にもあった。その総督として旅順には夫人と娘を連れて赴任してきていた。後に降伏のさいの事務処理のためステッセルの官舎を訪れた津野田は夫人と娘に面会し「女房、子ども連れではとても市街戦などできるわけない」と、納得しているが。

また、有名な一月五日の水師営における乃木・ステッセル会談ではこのような会話も交わされた。ステッセルがまず乃木にこう言った。

「聞くところによると閣下は当方面における戦場で最愛の二子を失われたとのことである。真に御同情に耐えない」

その頃、乃木の長男・次男の戦死の報は露側にも伝わっていたものと思われる。それに対して乃木は平然と微笑をたたえつつ、

「予は二子が武門の家に生まれ、軍人として共に死処を得たることを悦ぶ。長子は南山に斃

れ、次子は二〇三高地において戦死した。かくの如く彼らは国家の犠牲になったから独り予ばかりでなく、彼ら自身も満足していることだろう」

と、平然と応じたから、ステッセルはしばし感慨おくあたわざり、口もきけないようであった。ややしばらくして乃木は「閣下には御子息ありや」と口を開いたら、ステッセルはこう答えた。

「一子あるが目下近衛師団の歩兵中尉として露都に勤務しており、本戦には参加していない。当人は極東に来たらんことを切望していたが、本戦は予の嘱望《しょくぼう》するところではなかったから、勅令にあらざれば（戦地には）来るべきでないと止めた」

日露戦に関しての日露両国人の受け止め方の違いでもあったろう。すなわち、日本側は敗戦になど至ったら国家・民族の衰亡にもつながりかねない大戦かつ自衛戦争と認識していたのに対し、露側にとっては極東はるか辺地におけるそれほど重要性も必要性もない一地方的局地戦にして侵略戦、ともとらえていたということである、

翌六日から旅順開城に関する実務が発生したがその際、久直は開城司令官に任命されている。そのことに関して第九師団兵は「やはり我が師団の武勲が抜群だったからと」、鼻高々であったと『紀念帖』は伝えている。実際、武功随一的であったことは間違いない。だが、武功があったから開城司令官、昔で言えば名誉ある城受け取りの最高的責任者とするわけはない（そんなことをすれば他師団のやっかみを買う）。旅順攻略戦に当初から参戦していた三人の師団長のうち、第一師団長の松村本務中将はその頃、脳関係の疾患（脳梗塞）により病床にあり（死は開城一か月後の二月四日）、第十一師団長の土屋元春中将も同様、体調を崩して戦列を離れ鮫島中

将に代わっていたこともあり、健在なのは久直だけだったためと思われる。旅順戦における師団長職とは（もちろん他の職も）、ことほどに心身の消耗を伴う激職であったということである。

なお、当時は一大決戦が終了すると師団、または軍団単位での追弔会《ついちょうえ》、つまり死者を弔う法要を挙行するものだった。第九師団のそれは明治三十八年一月二十日に行われた。場所はそれまでの数次の戦いで第九師団が攻略を担当しそれに成功した諸堡塁・諸砲台のすべてが見張らせる楊家屯という小村であった。

その村の高台に五メートル立方ほどの巨大な墓室を造り、中に旅順で果てた約五〇〇〇名に及ぶ第九師団将兵の遺骨と、遺骨が収容できなかった死者については官・姓名を記した木簡を納め、佐藤師らを導主とする盛大な法要を行った。ただし、本来ならばその施主の一人であるべき久直は参列できなかった。その頃、旅順のはるか彼方五〇〇キロほどの奉天付近には露軍新鋭部隊が続々と集結してきており、それに対応すべく、そして第九師団にとっては大陸における次戦でありまた最終戦でもあった奉天戦に備えて、北方に向けて移動中だったからである。

第六章　日露戦争（後篇）――奉天戦篇

日露戦において日本陸軍は大規模な戦いを六度している。緒戦の大陸上陸戦（鴨緑江戦や金州・金山戦）と旅順戦、遼陽戦、沙河戦、黒溝台戦、奉天戦である。それらは地理的にそれぞれ相当に離れていることもあって、この六戦すべてに参戦した軍団、もしくは部隊はない。最高でも五つくらいまでである。本書の主人公大島久直中将率いる第九師団についていえば、旅順戦と最終的決戦といえる奉天戦の二つだけである。その奉天戦に赴くにあたり、第九師団兵は口々にこう言っていたと伝えられる。

「今度は人間が相手だから気が楽」

旅順では岩石や鉄とコンクリートの掩蓋・鉄条網・防壁を相手に戦っていたようなものだった。奉天戦では広漠たる大陸の平原地帯において、主として露軍部隊という〝人間〟が相手の戦いになる。行軍力、迅速な展開力、耐久力といった「人間力」しだいの勝負になる。それなら負けないというふうな意味である。実際に奉天戦では第九師団兵は（もちろん他師団兵も）、数においてはるかに勝る露軍を相手に〝人間力勝負〟を挑み、それに打ち勝って（露軍を）奉天からはるか北方のハルビンあたりにまで敗残させた。その軌跡を追う。

戦線北へ

第三軍が奉天戦に向けて北上を開始した明治三十八年一月下旬頃までの日本陸軍全体の編成、各軍団のおおまかな展開（戦闘）状況は次のようなものだった。

第一軍（最高司令官は黒木為禎大将）傘下に近衛・第二・第十二の三師団を擁する。開戦早々の明治三十七年五月、朝鮮半島中部に上陸し、鴨緑江戦に勝利して退却する露軍を追って大陸深奥部にまで進出し、遼陽戦・沙河戦を戦う。

第二軍（最高司令官は奥保鞏大将）傘下に第三・第四・第六・第八の四師団を擁する。金州・金山戦に勝利し、そのまま退却する露軍を追って東清鉄道沿いに北上し、遼陽戦・沙河戦・黒溝台戦を戦う。

第三軍（最高司令官は乃木希典大将）傘下に第一・第七・第九の三師団を擁する。旅順戦に勝利し、奉天戦に向けて北上中。

第四軍（最高司令官は野津道貫大将）傘下に第五・第十の二師団を擁する。遼陽戦・沙河戦・黒溝台戦を戦う。

第五軍（最高司令官は川村景明大将）傘下に第十一師団を擁する。奉天戦のために新しく編成された軍団。鴨緑江軍ともいった。

以上は第一線で主力となって戦う部隊（野戦、もしくは現役部隊ともいった。たとえば第九師団についていえば、正式な名称は野戦第九師団）だけで、他にも予備的部隊の後備師団もしくは旅団や、独立的部隊（特に配属軍団を定めておかず、戦況によって随時的に派遣される部隊、たとえば独立騎兵（砲兵・工兵）〇〇連隊など）を合わせると、第一～第四までは一軍団それぞれ四万～五万名、第五軍だけは少なく三万名程度、総計にして二十二万少々であった。一方、露軍の方は全軍団合わせて約三十二、三万といわれている。また、緒戦の大陸上陸戦と旅順戦・奉天戦を除く他の三戦のおおまかな戦況は次のようなものだった（地理的状況は図6―1参照）。

◎遼陽戦（明治三十七年八月二十五日〜九月五日）

遼陽は東清鉄道沿線では奉天に次ぐ大都市。そこに集結する露軍約二〇万に対し、日本軍の三軍団（第一軍・第二軍・第四軍）約十二万が攻勢をかけた戦い。両軍とも相手に決定的打撃を与えられず、引き分け的に終わる。露軍は余力を残して奉天付近に後退した。人的損害（死傷）は日本軍側約二万四〇〇〇、露軍側約二万といわれる。

◎沙河戦（三十七年十月五日〜十六日）

大陸において露軍が初めて攻勢に出た戦い。露軍の最高司令官クロパトキン大将がそれまでほとんど攻勢に出なかったため、露軍内部や本国宮廷内で〝退却将軍〟との陰口をきかれていた。その不評を打ち消すために行われたといわれる。だが、腰のすわっていない攻勢だったこともあり、やはり引き分け的に終わる。参戦兵力は遼陽戦

図6-1　満洲地域概略図

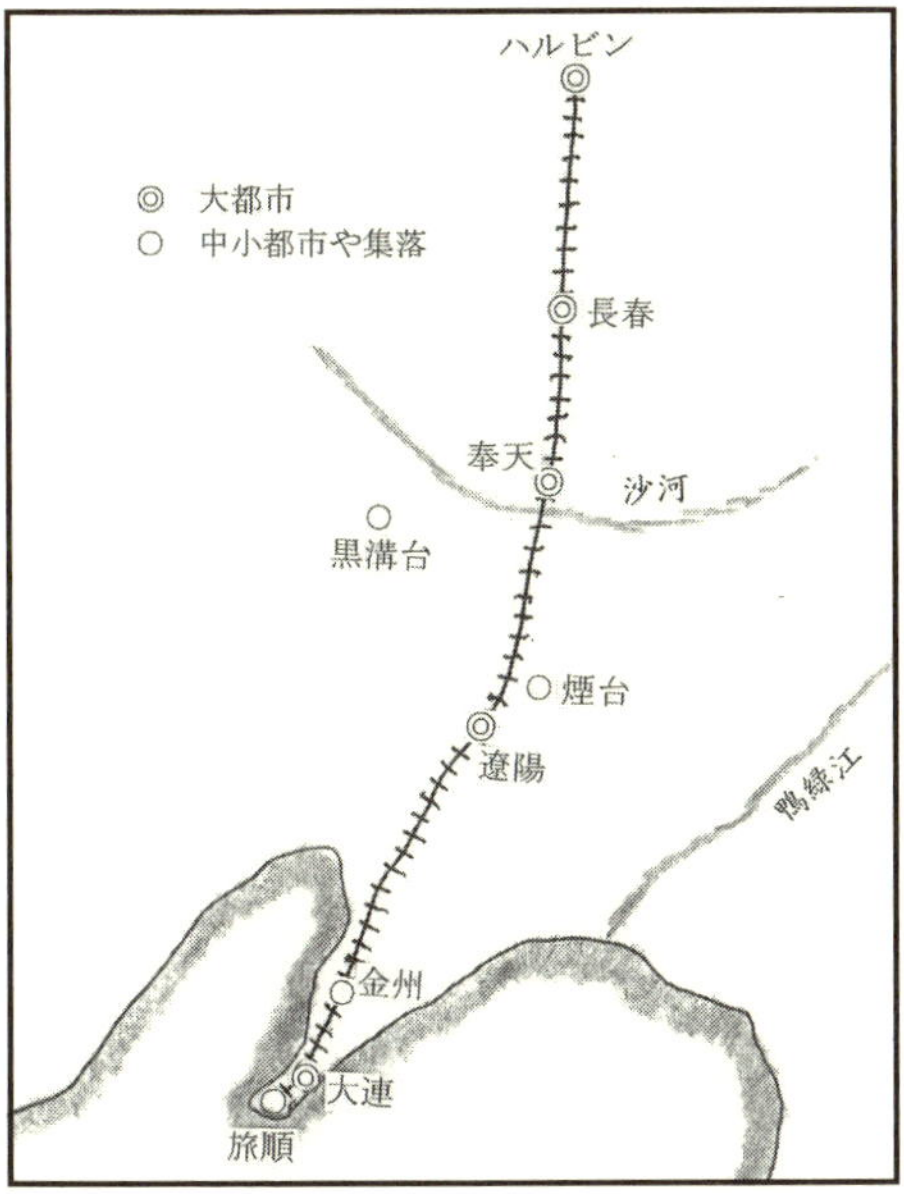

と同程度の日本軍約十三万、露軍約二二万で、人的損害（死傷）は両軍とも約二万くらいずつといわれる。

◎黒溝台戦（三十八年一月二十五日〜二十九日）

寒地民族露軍お得意の冬季反攻作戦。一世紀ほど前（一八一二年）の冬、モスクワにまで攻め入ったナポレオン軍約四五万が、それに引っかかって壊滅的惨敗を喫したことはあまりにも有名。ただし黒溝台戦では、守備する日本軍（第二軍と第四軍）約五万名は五日間の激戦に耐え、良く黒溝台の陣地を守り抜いた。攻める露軍約一〇万が一枚岩でなかったことが（そのように守り抜けた）最大的要因といわれる。そのとき露軍はそれぞれ五万名くらいずつの二軍団編成であった。だが第二軍司令官グリッテンベルク大将が、第一軍司令官クロパトキン大将より十歳も年齢が上であったにもかかわらず（そのときグリッテンベルクは六十八歳でクロパトキンは五十八歳）、黒溝台戦ではクロパトキンが総司令官とされた（クロパトキンの方が露宮廷内での受けが良かったためといわれる）。そのことに不満を有するグリッテンベルクが自軍（第二軍）をあまり動かさず、傍観に終始していたのである。グリッテンベルクは結局、黒溝台戦終了後ほどなく病気と称し、本国に帰還している。人的損害（死傷）は日本軍側約九〇〇〇、露軍側約一万といわれている。

なお、軍隊においては指揮官と配下的立場にある者との間の年齢的上下関係はきわめて重要なもので、ときには戦い全体の帰趨《きすう》にもかかわる要因ともなりうるものである。平時だったらこの限りではない。たとえば会社などにおける通常の仕事だったら、年下の上位的地位者の指示・指令にも素直に従えるが、〈死〉というすべての人間存在にとっての最重要的課題が直接的に関係する軍隊ではそうはいかない。人間における支配・被支配、もしくは指示・被指示のさいには、階級的差異といった相対的指標などよりもっと絶対的な基準のようなものを必要とする。そしてそれは通常は「年齢差」である。それ以外にすべての人間存在に関し、明瞭な差異を判別しうる事象はまずないからである。以上のこともあって昔から軍隊では「星の数よりメシの数」、つまり階級的差異よりもそれまでに生きてきた、もしくはその社会で経験してきた年数の差が（支配・被支配的関係においては）より重要である、というようなことが言われているものと思われる。

日本軍はもちろん満洲派遣軍の編成にあたり、司令官各位間の年齢的関係に十分配慮している。たとえば前記五人の軍司令官のうち、総司令官の大山巌大将より年齢が上なのは一人（第四軍の野津）しかいない。その野津にしても大山よりわずか一歳しか上でなく、両者はともに元薩摩藩士の同僚で、野津は自らが第一線で指揮をとる軍将タイプで、後方にあって全軍を統率する総司令官タイプではないことを自覚しており、個人的には大山を旧名の〝弥助〟と呼び捨てていたが、総司令部からの指示・指令に対しては特に異など唱えることなく、素直に従っていたが。

それは第三軍司令官乃木と配下の第九師団長大島久直の関係についても同様であった。その二人は年齢は乃木が一歳下であり、かって明治陸軍の創成期の共に少佐時代、どちらも東京地域鎮台勤務の同僚だったこともあり、個人的には「オレ、オマエ」の間柄であったが、旅順戦でも（もちろん奉天戦においても）久直はそのことをおくびにも出さず、上官乃木に対しては常に敬語で接していた。そのことを徳としていたものと思われる。奉天戦終了後、乃木は総司令部に「第九師団はよくやってくれた。第九師団にも感状を授与してほしい」と、強硬にかけ合い(感状に値する働きをしたことは事実であるが)、それを実現させたことについては後述する。

第三軍には期待しない

以上のように奉天戦までの戦いは両軍とも総力を結集しての総力戦ではなく、一部の軍団による局地戦・前哨戦のようなものであった。奉天戦では共に総戦力を傾注しての大会戦、最終的決戦に至るであろうことは、両軍共に認識していた。その決戦に向けて三十八年の一月下旬、第九師団軍は北上の途についた。当時、旅順から遼陽を経て奉天、さらに鉄嶺を越えてハルビンに至る東清鉄道は全通していた。だが、単線のしかも故障の多い車輛とあって首脳部はともかく、一般兵卒は汽車での移動などできない。ひたすら行軍である。第九師団付きの西本願寺派教誨師佐藤嚴英師の同行記『第九師団凱旋紀念帖』(以下、たんに『紀念帖』とも記す)によれば、次のような状況であった。

「雪の中を北風に向かって今日も六里(一里は四キロメートル)今日も七里、ときには(一日に)九里も十里も歩いて行った」

途次の給養も良くはなかった。行軍中の食事は行く先々で軍の兵站部隊から支給されるのであるが、満洲の一月二月は厳寒の絶頂期である。マイナス二〇度、ときには三〇度にも下がる寒気のため、「朝に受けた弁当が昼になるとカチンカチンに凍ってしまい、金づちで叩いても割れないほどに固まっている」、というような有様であった。

汽車での移動の久直ら師団司令部員だって、安楽な旅行というわけにはいかなかった。その頃、汽車には暖房などなく、どころかトイレさえなかった。用足しはすべて停車時を見はからい、汽車から降りて各駅で果たすしかなかった。そのための事故が発生した。第三軍首脳部に関してである。ある暗夜、汽車が停車した。駅に着いたと思った参謀長小泉正保少将が用足しに車外へ降りた。だが、そこは駅のホームではなく鉄橋上であった。あまりの寒さのため機関車のボイラーの温度が上がらず、推力不足で臨時停車していたのである。小泉少将は枕木の隙間から河原に転落して重傷を負い、後送されるという事態に至った。第九師団軍が当時、日本軍の総司令部が置かれていた遼陽の北十五キロほどの煙台という小都市の周辺に集結したのは、二月八日のことであった。そのさい、佐藤師は第九師団の一般兵卒を集めて、次のような意味の講話をしている。

「旅順では第一師団は松樹山砲台、第七師団は二〇三高地、第十一師団は鶏冠山砲台の攻略を担当し、それを果たした。だが、どの師団も独力ではなく、すべて他師団の助力を仰いでいる。我が第九師団だけは独力で、しかも最強力的砲台といえる二龍山砲台を葬った。第九師団の勇名は世界中に鳴り響いている。このように我が第九師団は攻城戦では大殊勲を達成しているのに、野戦に出したらダラシなかった、三文の値打ちもなかった、と言われたら口惜しいではないか。第一（それでは）旅順で散っていった戦友に申し訳ないではないか。（そんなことを言われないように）奉天でも頑張ろうではないか」

当時、各師団間の競争意識は旺盛だったものである。それぞれ他師団と張り合い（他師団に）負けまい、ひけはとるまいと競争して戦ったものである。佐藤師の講話のためばかりではなかったろうが、第九師団兵は奉天戦においても旅順戦に劣らず勇戦敢闘したことについてはおいおい述べる。

日本軍全軍が煙台周辺に集結した二月二十日、満洲派遣軍総司令部は傘下五軍団の司令官と各軍団から一名ずつの参謀官を集めて、あらためて作戦会議を開いた。第三軍からは乃木と津野田是重参謀（大尉）が出席した。そのさい、総司令部参謀長松川敏胤大佐はまず、図6―2のような日露両軍の大まかな配置状況図を示した。その頃、露軍は奉天を中心としてその前面十五～三〇キロメートルほどに弓形の守備陣形を構えていた。それに対して日本軍は右翼から第五軍（鴨緑江軍）・第一軍・第四軍・第二軍・第三軍の順に布陣していた。以上のような配置図を示した後、松川は次のような日本軍の基本的作戦計画を示達した。

図6-2 奉天戦開始時の日露両軍配置図

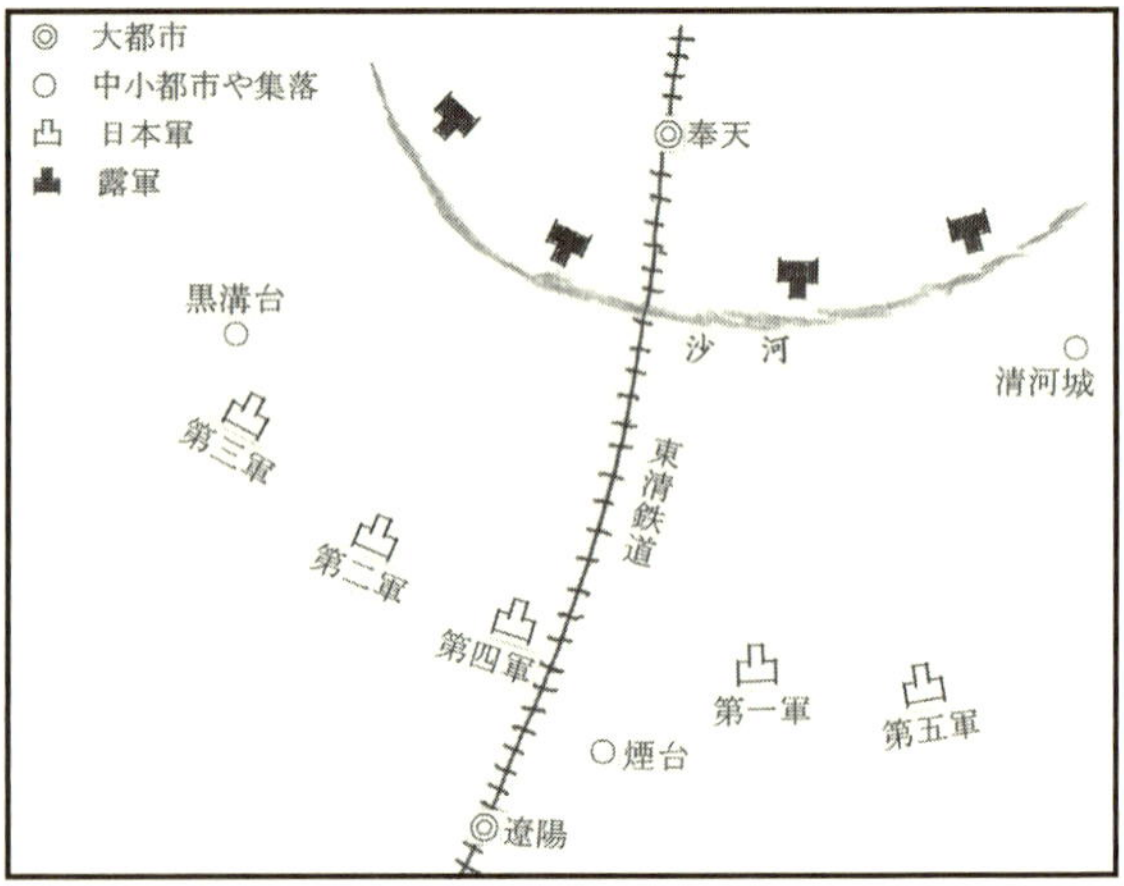

「わが軍はまずはじめに最右翼の第五軍と最左翼の第三軍を動かし、敵の左翼と右翼に牽制的攻撃をしかける。それに対応しようとして露軍の中央部隊の少なからずは両翼方面に移動すると思われる。それで薄くなった露軍中央部に我が中央部隊の第一軍と第二軍、第四軍が集中的に攻勢をかけて（敵軍の）中央突破をはかる。そのためにその三軍には特に兵力を多く（全体の七〇パーセントくらい）配備し

である。中央突破がなされれば、露軍全体を敗勢に追い込むことは至難の業ではない」というような日本軍全体の基本的作戦計画を示した後、各軍団長・参謀に向かって「何か質疑はないか」と聞いた。それに対し、第三軍参謀の津野田が真っ先に口を開いた。

「そのように陽動し、敵中央部隊を（左翼方面に）引き寄せるには、我が第三軍は兵力的に少なすぎる。もっと多く（の部隊を第三軍に）配備してもらえないか」

第三軍は旅順における半年間にわたる難戦・惨戦により、各師団とも兵力を大きく減じていた。その補充部隊も到着していたのであるが、まだ兵力的に（他軍団に比べて）少ないことを言ったのである。実際、通常なら（戦時編成では）一万二〇〇〇名はいるのに、第七師団では九〇〇〇名余しかいなかった。

ただ松川にしてみれば、兵力が少ないのは第三軍だけでない。そもそも三十数万ほどの露軍に対し、二十万そこそこの日本軍が挑もうとしているのである。兵力が（相対する）露軍部隊より少ないのは全軍同様である。第三軍だけに兵力を増強してやるわけにはいかない。津野田の要望は一言のもとに却下された。だが、津野田は引き下がらなかった。「旅団（単位の増強）が無理ならせめて大隊程度でも（第三軍に）配備してもらえないか」と、食い下がった。それを松川はこう言ってはねつけた。「なんと言われても兵力の増強はできない。そもそも第三軍には多くは期待していないのであるから」。面と向かって〝お前らには期待などしていない〟と言われ、さすがの乃木も顔色を変えたといわれる。

それでもと食い下がろうとする津野田を乃木が眼で制して、その場は収まった。だが、松川がそのように第三軍に対して冷淡な態度をとったことについては伏線があった。旅順戦に関してである。旅順戦における最終的局面の二〇三高地奪取指導のため、児玉源太郎満洲派遣軍総参謀長が旅順に赴いたことは前述した。そのさい、児玉は第三軍の司令部に至り、参謀官の日誌を点検した。ところが、ある参謀官のそれには八月末までの分しか記載されていなかった。児玉が至ったときの十一月末までの分が欠落していたのである。その三か月の間、第三軍の各師団はそれぞれ最強力的砲台の攻略を担当していたこともあり、一つも成功していなかった。そのためもあり、当の参謀官としては自信喪失気味、意気消沈気味であったためと思われる。

が、しかし、児玉にしてみれば、それをなんとかするのが参謀官たるものの職責ではないのか、との思いがある。そもそも参謀日誌に何も記載していないなど、職務怠慢にもほどがあると児玉は憤慨し、激高のあまり当の参謀官の参謀肩章を引きちぎったとしている書もある。いくらなんでもそこまではしなかったのかもしれないが、ともかく児玉は総司令部に帰っても「第三軍の司令部はなっていない」というようなことを松川らに告げており、それもあっての「第三軍には多くを期待していない」であったものと思われる。

なお津野田は後に松川案を「巧緻《こうち》にすぎる」と批判している。まず、露軍の左翼を衝き、次に右翼も衝くことによって露軍中央部隊を大きく左右に振り動かす。それで薄くなった露軍中央部に日本軍主力部隊が大攻勢をかけて（露軍の）中央突破をはかるという戦略は、一見したところうまい作戦のようにも思われる。だが、特にその露軍中央部隊と左翼部隊の間は一〇〇キロ近く離れている。腰の重い露軍が日本側が想定しているように軽々と転陣するとは思えない。逆に動きすぎて薄くなった日本軍中央部隊と左右両翼部隊との間を露軍に衝かれて、日本軍の方が中央突破される危険性だってある。それよりも初めから日本軍左翼部隊を大きく伸ばし、露軍の後方にまで廻り込み（露軍全体を）包囲する態勢をとった方が良いのではないか、ということである。

結果をいうと津野田説の方が正しかった。開戦早々の二月二十二日、日本軍最右翼部隊がまず動き、露軍の最左翼部に向けて大きく進出し、その方面における（露軍の）根拠地の一つ清河城を攻略した。だが、それに対抗するため露軍は大部隊など送らなかった。少数の警備的部隊を派遣したにすぎなかった。清河城から北方の撫順方面は重畳たる山岳地帯が多く、大兵を展開するのに適しない地形だったことにもよる。

なお、開戦当初の日本軍のそのような陽動作戦に関し、多くの日露戦関係の史書類はこう記している。そのように陽動した日本軍第十一師団はかつて乃木が師団長をつとめていた。それを露軍が知っていて、乃木軍すなわち日本軍第三軍がその方面に廻ったと勘違いし、自軍の左翼方面に大部隊を送ったと。

それは正しくない。開戦当初は確かにそのようにしようとしたらしい。だがほどなく、動いたのは乃木軍（第三軍）ではなく、それより人数的にははるかに少ない第五軍にすぎないと知り、少数の警備的部隊を送っただけであった。当時、満洲北部は古くから露人が入り込んでおり、また義和団事件（一九〇〇年）以後は露軍が駐屯していたこともあり、露領同然であった。露語が通じていた。親しい住民もおり、諜報網は日本側よりはるかに発達していた。その諜報網により、日本側の動静を正確に知っていたのである。清河城方面では両軍の大規模な衝突は発生しなかったことがその証明である。つまり、日本軍第五軍約三万は清河城でただ警備していただけで、結果的にムダ足を踏んだのである。そのムダ足が全軍の破綻《はたん》に至らなかったのは他の四軍が（第五軍の分も）奮戦したからである。

ついでに言うと、松川案は児玉総参謀長の決裁を受けたものであるから、児玉案ともいえる。つまり奉天戦における基本的戦略としては児玉大将案より、一参謀大尉にすぎない津野田案の方が適切だったのである。なお司馬遼太郎さんは、当時の日本陸軍において名参謀といえるのは、上級者では児玉、下級者では津野田としている。その説の当否はともかくとしてこの頃、児玉は俗にいえば〝ヤキが回っていた〟のではなかったのか。よくいわれる。人間、いったん死を決して事に当たると、その時点で人格が変わる。以後は生命力が燃え尽きたようになり、別人格的になったりもすると。

前章で述べたように、児玉は二〇三高地奪取指導のため、旅順に赴くにあたり死を決していた。二〇三高地奪取と旅順艦隊の撲滅成らずんば〝死〟の覚悟であった。そのような心身の極限的状況に身を置いた結果、その頃は自らの生命力が燃え尽きようとしていたのではなかったのか。なお、児玉の死は早く、日露戦争終了後ほどなく（一年後）明治三十九年七月（享年五十四）のことであった。

ついでにいうと日清戦争時、日露戦時の児玉と同じような立場（総参謀長、ただし当時は海軍はまだ独立した組織ではなく陸軍の一部門のような位置づけであったから、陸海軍合わせての総参謀長）であった川上操六大将の死は、年齢的には児玉より早く、五十一歳時の明治三十二年五月のことであった。

もう一つ、ついでに言うと、川上の後を受け継いだ田村怡与造《いよぞう》中将（甲州人であることから今信玄といわれた）の死は、年齢的にはその二人よりさらに早く四十八歳時の明治三十六年十月のことであった。その後任は自分しかいないと当時、内相・台湾総督という勅任官（その職に就くには天皇の許可が必要）であった児玉がその身分を捨て、それより位官階級的には一段階下の奏任官（その職に就くのに天皇の許可はいらない）にすぎない参謀部次長の職に、自ら求めて就任したことはあまりにも有名である。国家の存亡、民族の消長を一身に担《にな》って大戦の作戦を練る立場にある最高的地位者とは、ことほどに心身の消耗を必然とする激職であるということなのかもしれない。

全軍躍動（二月二十七日～三月二日）

第五軍を除く他の四軍の前進運動は二月二十七日から開始された。そのさい、日本軍全体の最左翼に位置し、露軍の右翼方面に大きく進出して露軍中央部隊をその方面に引き寄せる役割を受け持たされた第三軍は、左翼に第一師団、中央に第七師団、右翼に第九師団という布陣を構えた。つまり第九師団は第三軍全体が奉天を中心として半径十数キロから二十数キロの弓形の守備陣を構える露軍の、前面から側面にまで回り込むさいの旋回運動の軸的役割を受け持たされたのである（奉天戦全体における第九師団軍の

図6-3 第九師団の進撃コース

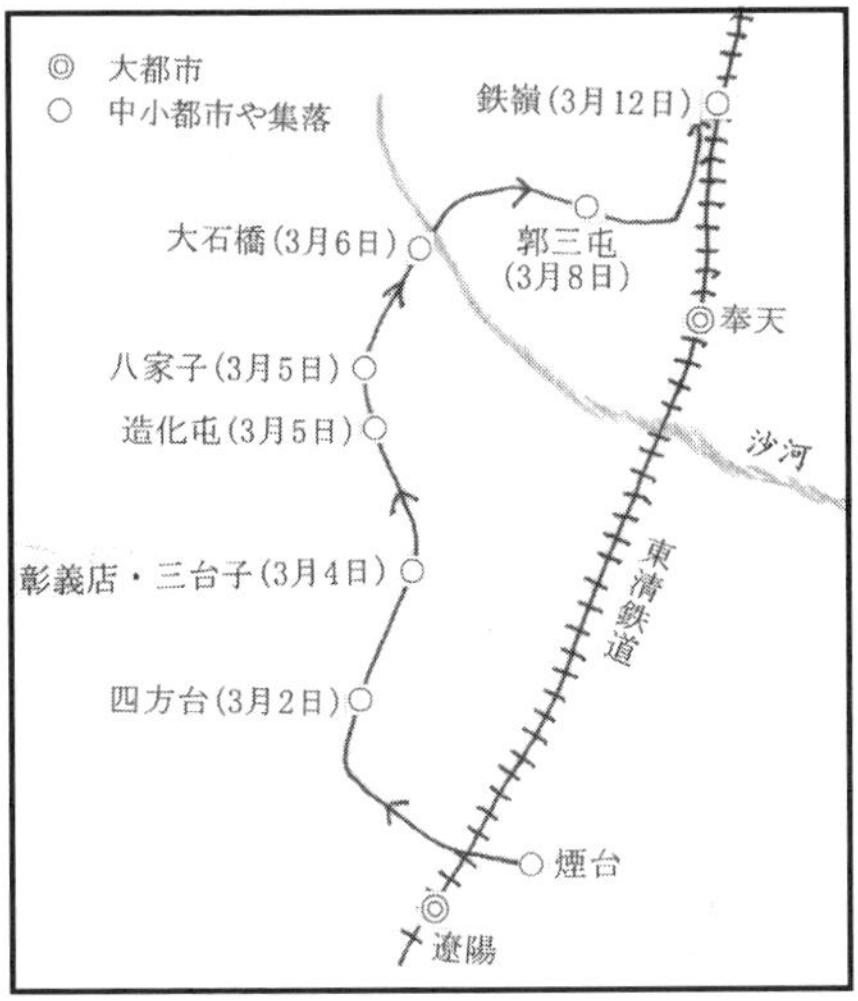

進路については図6―3参照)。そのため、日本軍全体が前進運動を開始した二月二十七日早朝七時、第三軍の中で最も早く動いたのは最左翼の第一師団で、四時間おいて中央部隊の第七師団が出発し、第九師団はその日は動かず、(第九師団が)進発したのは翌二十八日であった。

だが第九師団の前進運動は初日から齟齬《そご》をきたした。第九師団の前進方向には四方台という二キロ四方ほどの台地があり、そこに二万ほどの露軍部隊が待ち構えていたからである。砲を構えて高地に陣取る二万に対し低地から一万(第九師団兵、正確には一万一五〇〇名ほど)が攻めても勝ち目はない。が、幸い、四方台は孤立した台地ではなく、周辺各所にそれぞれ一~二キロほどの間隔をおいて独立した小丘がいくつかあり、現地人集落も点在していた。第九師団軍は各連隊大隊に分散し、それら小丘や集落を縫って進み、四方台に迫る作戦をとった。巨大な熊を狼の群れがいくつかの小群に分かれて襲撃するようなものである。そのあたりの戦況を津野田参謀は奉天戦に関する自らの著書『軍服の聖者』(以後、たんに津野田記とも記す)の中で、こう伝えている。

「午後三時、第九師団は四方台に向かって前進運動を起こし、積雪に埋もれた原野を、敵の猛火を浴びながら恰《あたか》も練兵場におけるが如く、正々堂々と前進した。殊《こと》にその師団砲兵が敵を去る四〇〇〇メートルの第一の陣地(小丘)から一六〇〇メートルの第二の陣地(小丘)へ移動するの如きは、雨と降り注ぐ敵の弾幕の中を泰然自若として前進した。その動作は何と形容したらよいか、驚嘆以外の何物でもなかった。不幸にして連隊長宇治田大佐は敵砲の全弾を受けてあはれにも戦場の露と消えたが、師団全軍の運動には何等の悪影響もなく、部隊は奮然と前進運動を続け、夜に入って四方台に突入した」

隊長を失っても部下は動揺などせず、一糸乱れず行動したということである。以上は日本軍の規律が行き渡っていたことを象徴する日露戦全体に関する有名な挿話であったらしく（津野田は第三軍司令部に戻っても、折にふれてこの話を吹聴していたらしい）、司馬遼太郎さんも『坂の上の雲』の中で、次のように引用している。作家らしくさらに脚色してである。

「第九師団の運動すべき空間は積雪に蔽われた鏡のような平原で、（四方台に）布陣する露側から見れば白い平原にネズミが一匹走ってもすかさず視野にとらえることができた。ところが第九師団一一四二八人は、よく照準されたロシア軍の弾砲火を浴びても、あたかも練兵場を行くが如くしゅくしゅくと進んだ。

とくにこの砲兵第九連隊の前進に対してはロシア軍の砲弾が集中した。彼らは敵との距離四キロの地点から敵に向かって前進を開始し、二キロ半進み、予定の陣地（小丘）に入ったが、この間に宇治田という連隊長の体に突如として砲弾が炸裂《さくれつ》し、閃光と砲煙が消えたとき、宇治田は人馬もろとも消えてしまっていたが、すぐさま他の者が指揮を代行し、隊列は少しも乱れることなく前進した」

『坂の上の雲』は司馬さんも断っているように、個々の戦闘場面の描写は原則として省略し、日露戦全体の推移や背景的状況を叙述することに重きをおいた構成になっているが、この挿話はよほど印象が強かったものらしい（司馬さんは今次大戦時の戦車隊小隊長（少尉）。今次大戦時の戦車隊は日露戦時の砲兵隊の後身のようなもの）。

一方、『紀念帖』は同じ場面についてこう伝えている。

「敵の銃砲弾の中を師団全部、歩騎砲工（部隊）連携し、一糸乱れず軍規を維持して前進した（略）。私は雨あられの如く降り注ぐ弾を冒し、雨のように浴びせかけられる榴散弾の中を、まるで大道を歩むが如く平気で前進せる兵士を見たときは、感激のあまり思わず暗涙にむせんだのであった。

そのようにして四方台の四キロの地点から敵に向かって前進を開始し、距離一キロ半ほどの地点に至ったさい、宇治田大佐は午後五時三〇分頃、高粱の積める上に登り、双眼鏡を手に取って敵陣を眺め、号令している一刹那、敵の一弾に腹部を貫かれて壮烈なる戦死を遂げられるに至った」

津野田記とそれを参照して書いた司馬記、さらに『紀念帖』のいずれが正しいかはもちろん、その現場に居合わせており、したがって描写がより具体的な佐藤師の（『紀念帖』の）方である。そもそも津野田はそのとき、第三軍最左翼部隊の第一師団に本部（第三軍司令部）からの連絡参謀として出張しており、第九師団とは同行していない。第一師団から本部への帰路、途次の第九師団に立ち寄ったりする。そのさいの伝聞であったらしい。また、司馬さんは『紀念帖』は参照していなかったものと思われる。

以後の四方台方面の戦況についていえば、連隊長が戦死するほどの激戦であるから第九師団軍も日中は進めない。各部隊、日中は四方台周辺の小丘や集落、叢林地帯などに潜んでおり、夜間突撃を敢行した。午後七時頃、各部隊は密かに敵前四、五〇〇メートルの地点にまで忍び寄った。その頃、第九師団の左方に位置する第七師団と第一師団は、四方台の側方から後方あたりにまで進出しようとしていたから、（四方台の）露軍は包囲攻撃されることをおそれ、退却の色を見せはじめていた。「この機、逸すべからずと大島師団長は全軍に夜間突撃を下命し、四方台を完全に占拠するを得た」（『紀念帖』）。三月一日の午後十一時頃のことだったらしい。

またその交戦中、佐藤師は四方台近くの叢林に身を潜めて戦況の進捗状況を見守っていたのであるが、（四方台）確保の報を受け、一安心してその場に露営の仕度をしていると、死者の弔葬をするからとの司令部からの伝令が来た。従卒に案内されて二日の午前二時頃、司令部がおかれていた独立家屋（同集落の公会堂などを接収して第九師団本部の宿舎としていたらしい）に行き、宇治田連隊長ら死者の葬儀を施行した。佐藤師は同夜はそのまま本部の宿舎に泊まったのであるが、一般兵卒の多くは各部隊ごとに分かれて近隣の叢林地帯に露営した。そのさいの露営火が一里余にわたって連なっている有様は壮観であったと、『紀念帖』は伝えている。

夜が明けて三月二日、佐藤師が四方台集落を歩き廻っていると、ある家で大勢の男女の泣き声がする。中へ入ってみると五人の女性と三人の男性が泣いている。その家の十二歳になる男の子が流れ弾にあたって死んだとのことだった。そこで佐藤師は外套《がいとう》を脱いで法衣姿になり、自分が日本の僧侶であることを示すと、居合わせた男女は「支那でも同じだ」という。さらに数珠を取り出して読経してやると「多謝、多謝」と喜んでくれた。死者が男の子一人だけだったのは、戦闘的事態に至ると、大人たちは物陰に隠れたり姿勢を低くしたりして難を避けていたのに、子供のこととてじっとしてはおれず、興奮して動き廻ったりしたがための災難であったらしい。

第一の危機（三月二日～四日）

奉天付近の満洲地域はほとんどが平坦な地形で、それぞれ数百メートルから数キロほどの距離を置いた各所に数十戸の民家を有する集落が点在する、というような地勢をしている。それぞれの集落の間は高粱・大豆・小豆などの雑穀畑や野菜畑、牧草地、小叢林地帯などになっている。日本軍も露軍もその奉天戦の期間中は、集落内の大家屋や集会所などを接収して本部（司令部）の宿舎とし、一般兵卒は同様に小家屋に分隊・小隊ごとに分宿するか、周辺の叢林地帯などに露営するかしていた。それら集落は大きさによって〝屯〟、〝子〟などと呼ばれていた（一般に屯の方が子より規模が大きく人口も多い。ただしそれは集落が成立した当初のもので、時代が下がるにつれて必ずしもそのとおりではなくなっていたが）。また、当時の中国辺境地帯は大家族主義で一戸で少なくても十数人、多いものは数十人も居住していた。さらにそれら集落間を結ぶ街道が交錯する地点の村落は〝駅〟、商店が多い地域のそれは〝店〟などと呼ばれていた。

第九師団軍の奉天戦における次戦は三月二日、それら小集落のうちの三台子と彰義店に籠る露軍部隊の掃蕩であった。掃蕩と記したのはその二拠点に配備されていた露軍は小部隊で、日本軍が迫るやほんのかたちだけの抵抗をしただけでただちに退却したからである（先遣的部隊であったらしい）。その状況を『紀念帖』はこう伝えている。

「まず露軍部隊が籠る北三台子（という集落の）前面に砲列を敷かしめ、攻撃した結果、敵が撤退して容易に占領できたからさらに北上し、北三台子に隣接する彰義店集落も急襲したところ、露軍部隊が撤退し、これも容易に制圧するを得た」

ただし、そのような楽戦ばかりではなかった。露軍は一般に自軍側が戦力的に劣勢とみるや簡単に退却、もしくは撤退し、退却部隊が合流したり新たなる援軍を得たりして大部隊になると頑強に抵抗したり反抗したりする。三月二日午後、そのような事態が発生した。そのとき、第九師団の最右翼方面を行く先遣的部隊は、右方の渾河《こんが》左岸地帯を退却しつつある露軍大部隊を認めた。それは第九師団に隣接してその右方の露軍部隊の攻略を担当していた日本軍第二軍に追われて退却しつつある露軍、約一個師団軍であった。それらは対岸の日本軍第九師団の先遣部隊を認めるや、その少数をあなどり、「左向け、左」の号令とともに進路を左方に変え、「ウラー、ウラー」の喚声をあげて氷結していた渾河を渡って攻撃して来たと、『紀念帖』は伝えている。ただし、そのあたりでも渾河の幅は一〇〇メートルはあったらしいから、喚声はともかく（指揮官の）号令は聞こえなかったはずであるから、このくだりは佐藤師の想像と思われるが。

そのようなとき、日本軍はよほどの劣勢でもなければ撤退などしない。あくまでも踏み止まって抵抗する姿勢を示した。露軍は日本側の少数をあなどり、（日本側の）前面を通り過ぎ、さらに後方にまで迂回して包囲攻撃の態勢を示した。そのときの第九師団先遣部隊は、正確にいえば歩兵一個中隊と機関銃部隊一個小隊に騎兵（伝令兵）数名の、合わせて二〇〇名程度でしかなかった。万を越す露軍大部隊と二〇〇名では勝負にならない。日本側はほどなく壊滅的状態に至り、五、六名を残してほとんどが死傷した。その残った五、六名は近くの小集落に籠ってさらに抵抗を続けたのであるがそのさい、「負傷兵もみな起き上がり、互いに刺しつ刺されつの格闘戦に至った」と、『紀念帖』は伝えている。かつて日露戦後、巷ではこのような俗謡が流行ったものである。「さっさと逃げるはロシアの兵、死んでも尽くすは日本の兵」。そのとおりの戦況も実際にあったのである。

伝騎による以上のような戦況の急報を受け、師団長久直はただちに「本隊より第七連隊、一戸少将率いる第六旅団より第二大隊の合わせて約三〇〇〇名を現場に急行させたため、両軍は近くの彰義店集落に入り込み、彼我入り乱れての終夜にわたる撃ち合いになり、暗夜のこととて危うく同士討ち寸前の事態に至ったりし、実に苦心惨憺をきわめたりした」（『紀念帖』）らしい。

ただ、そのとき第九師団に向かってきたのは露軍の本隊ではなく（本隊なら一軍団少なくとも五万名前後を擁する）、本隊の退却を援護する一部隊でしかなかったらしく、翌三日の朝方になると、本隊が遠くへ去ったため自らの役目は終わったとばかり退き気味になったので、第九師団軍もようやく焦眉を開けるに至った。そのあたりの応接は、広すぎるほど広大なしかもそのほとんどが平原地帯である領土を有し、したがって大部隊の迅速な進退に巧みな露軍はお手のものであった。がともかく、二日の夜から三日の朝にかけては終夜、そのような激戦が続き、翌四日も全滅部隊の死傷者の収容、各部隊の整理、再編成に追われ、第九師団はほとんど前進できなかった。

その頃、第九師団が属する日本軍第三軍全体に関しある重大な事態が生じかかっていた。ことによったら第三軍だけでなく、奉天戦における日本軍全体の帰趨にも影響しかねない事態、というよりは第三軍首脳部に関していえば失態である。二日から三日にかけて露軍大部隊との応接に忙殺されたのは第三軍の中では第九師団だけで、その左方を行く第七師団、さらにその左方の第一師団は露軍部隊との接触がほとんどなかったので進撃がはかどり、第九師団と第七師団との間隔が開きすぎたのである。最大で四〇キロほど開いたといわれる。

その間はわずか二個中隊二〇〇名ばかりの騎兵部隊が警備しているにすぎない。しかもその四日は第三軍司令部から傘下の各師団に、「本日は全部隊その場に停止しているように」との指令が出された。青くなったのはそれら各師団と本部との連絡に駆け回っている第三軍参謀津野田である。その薄くなった部分を露軍に衝かれて包囲網が破られでもしたら、日軍全体の崩壊にも至りかねない。戦国の昔ならそのような事態が発生したら、作戦担当者（軍《いくさ》目付、もしくは旗奉行と言った）はその場で切腹である。血相を変えて第三軍司令部に飛び込んだ。そのときの詳細を津野田は『軍服の聖者』の中で、次のように伝えている。

「第三軍司令部に至り、予はただちに将軍（乃木）の居室に入っていった。然るに将軍は予の姿を認めると、『何を怒鳴りに来たか』と言われた（第九師団と第七師団との間隔が開きすぎたのを乃木も知っていたのである）。そこで予は『何も怒鳴りに来たのではありません。しかし一体、今日の有様はなんです。それに（大きな空白地帯ができたのに）明日はなぜ現地に停止せよ、との指令を出されたのですか』と言った」

第三軍だけでなく日本軍は各軍とも予備的部隊を保有している。それらは一般に精兵（現役兵）ではなく、臨時徴集の応召兵や後備的老兵集団であったりしたが、それでも間隔が開きすぎた空白部を埋める役目くらいは務まる。そしてそのように配備するのは軍司令官の権限でできるのに（乃木が）それをしなかったことを暗に難詰したのである。

「すると将軍は『今日のことは何も求めてしたわけではない。成り行きでこうなったのだ。それに明日の停止命令は総司令部の命令だから仕方ない』と、懇切にさとし、『まあ一杯やれ』と、机上にあったウイスキーを一杯めぐまれた」

この頃、乃木は一種の悟り、もしくは枯淡の境地にあったらしい。すでに愛息二子を失っている。旅順では日本陸軍創設以来最大的と言ってよいほどの難戦・苦戦を経験した。惨戦のあまり一度は自らも死を決し、一部隊を率いて砲台に突入しようとさえした。そのような苦難を嘗めた結果、もはや死生を超越した心境にでも至っていたのではなかったのか。

よくいわれている。奉天戦における日本軍の最高司令官大山大将は、戦況がうまくいっているときは自分はなにもしない。だが、日本軍が不利的事態に陥り、全軍崩壊にでも至りかねない状況にでもなったら、（その時は）自分は殿軍《しんがり》を率いて戦い、全軍の崩壊を食い止めて戦闘死するとの覚悟であったと。

同様に乃木も、第三軍の戦況が敗残的事態にでも至ったら、その時こそ自らが陣頭に立って戦う。それまでは配下部隊のなすがままにまかせる。がしかし、最終的責任はすべて軍司令官自らがとる、というような覚悟でいたのではなかったのか。そのような心境を感じ取れたがこそ、津野田は奉天戦に関する自らの著書に『軍服の聖者』とのタイトルを冠したものと思われる。なお津野田はそのように三日から四日にかけて第三軍各師団間の距離が開きすぎたことに関し、その頃が第三軍はもちろんのこと奉天戦全体においても、日本軍における第一の危機であったとしている。

大石橋の争奪戦（三月五日～六日）

大規模な戦い、特に広漠たる平原地帯を舞台とする会戦では、勝敗の分岐点ともなりうる地がある。その地をどちらの側が確保するかで以後、戦局全体の推移に大きな影響を及ぼす地点、もしくは地物のことである。奉天戦におけるそれの一つは奉天の西方二〇キロほどの渾河にかかる石橋、大石橋であった（日露戦に関係する大石橋という地名はもう一つ、遼東半島のつけ根にもある。本書でいうそれは奉天付近の大石橋）。

大石橋を日本側が確保すればあとは西方から奉天までは一瀉千里《いっしゃせんり》、地形的障害物はほとんどない。逆に大石橋を露側に奪われたら、その方面から重い砲車を通せる路はなく（渾河は氷結していたが砲車を渡せるほどの厚さはなかった）、第三軍全体の奉天攻めに支障をきたす。というわけで第三軍第七師団の先遣部隊一個中隊がまず動き、三月五日の早朝時、大石橋を確保しえた。だが、大石橋が奉天戦全体の帰趨にもかかわる要点であることは露側も認識していた。ほどなく露側も大石橋奪還を目指し、大部隊を送ってきた。その五日のやはり早朝時、第一師団軍と同行して大石橋付近にまで至っていた津野田参謀の前述手記によれば、このような状況であった。

「わが兵は（大石橋に先着していた第七師団の先遣部隊と津野田が派遣されていた第一師団軍を合わせて）、わずか一個師団程度であるのに対し、敵は大砲を十余門も並べ、その歩兵部隊は第一線だけで十数大隊を数えたから思わず慄然《りつぜん》とした」

日本側は第一師団全体でも約一万名、砲門は十数門にすぎないのに対し、露側は第一線だけで兵数、砲門数ともその程度はあり（露側の一大隊は約八〇〇名、それらが大隊ごとにまとまって進撃してくるから、何大隊であるかはほぼ正確にわかる）、さらにその後方にはそれこそ雲霞《うんか》のような大軍が陸続として連なっていたのである（実際、そのときの露軍は一軍団五万名ほどはいたらしい）。そして午前八時頃になると、「濃密なる散開体勢を保って我が軍を圧迫してきた」

びっしりと厚く広く展開して押し寄せて来たのである。一方、そのとき大石橋とその前面にまで進出して守備していた第一師団の第一線部隊は、後備歩兵第十五旅団軍約三〇〇〇名であった。後備兵、つまり本来ならば日本本土の警護的部隊として残置されるか、大陸に派遣されてもせいぜい後方警備の役割くらいしか受け持たされない、平均年齢四十歳を越えた老兵集団ということである。そのような弱兵まで第一線に出さざるをえなかったのはもちろん、第一師団も旅順における難戦・惨戦で現役兵・健兵の多くを失っていたためであることは言うまでもない。津野田記によればそれら老兵集団はほどなく、このような状況に至った。

「(露軍部隊に近接されると) 大河の決潰するが如くたちまち壊乱し、敗走しはじめた」

津野田は思わず軍刀を抜き放って第一線に飛び出し、居合わせた第一師団参謀長星野大佐に向かい、「予備隊、予備隊」と連呼した。第一師団の予備部隊を一刻も早く投入してくれということである。敵大部隊の進撃を食い止め、算を乱して敗走してくる自軍部隊を救うには、こちらからも新手部隊を投入して抵抗するしかないからである。そのときかたわらにいた第一師団長飯田中将は、「それはオレがするからオマエはとにかく、(潰走してくる) 後備部隊の方を処置せよ」と言われた。

そこで津野田は銃砲弾の雨注する中を馬で疾駆し、退却してくる部隊に分け入り、声を限りに「一歩もそこから退くな。若《も》し退けば我が砲兵に撃たせるぞ」と叫んだら、退却する兵もようやく我に還り、停止した。さらに(飯田)師団長が予備部隊を投入してくれたので、敵の第一次襲来はかろうじて阻止するをえた。

だが露軍は通常、よほど確固とした勝算でもなければ逆襲などしない。正午頃になると日本側の劣勢を見てとったらしく、第二次襲来の様相がますます濃厚になってきた。第七師団の先遣部隊一個中隊と、第一師団軍約一万名だけでは心もとない。そこで津野田は伝騎を走らせ、他師団の動向を探らせた（そのころ、第三軍全体で大石橋の確保にあたるとの意志統一ができていたらしい）。そのときまず、第七師団の一部隊、第十五連隊の砲兵部隊が西方から急行して来たので、「軍司令官の命令である」と称してただちに大石橋を渡らせ、その前面の守備につかせた。そのさい、津野田記によれば、

「この砲兵部隊の行動は実に賞賛に値するものだった。第一の砲車は敵砲によって破壊されたが、第二、第三の砲車はそのまま平然として横たわる僚友のしかばねを乗り越えて予定の陣地に進入し、主として火炎砲（着弾すると強烈な火炎が放射される）をもって応戦し、ようやく敵の襲来を一時的にではあるが食い止められた。

（さらにその後）午後二時頃、折り良く第九師団長大島久直中将が幕僚を率いて南方から大石橋に進出して来られた。予は助けに船と、ただちにその馬前に進み、先ず下馬を乞い、朝来の（大石橋付近における）友軍の状況を説明し、『いかなる兵種でもよろしいから、近くにある（第九師団の）部隊をすみやかに分配していただきたい』と懇請《こんせい》した」

日露両軍の攻防の要点である大石橋を確保すべく、第九師団では師団長自らが少数の司令部員だけを率いて、先遣部隊として急行して来たのである。

「師団長（久直）は予の乞いを容れ、その副官を後続部隊に走らせ、三〇分後、一戸少将率いる歩兵第六旅団約四〇〇〇名が大石橋に到着した。それで一安心したが、そのとき軍司令官（乃木）もまた、大石橋に進出して来られたから、この地の守備はいよいよ堅固にな

った」

よほどの事情がなければ軍司令官自らが第一線に出ることはない。乃木も大石橋の確保が第三軍の、ひいては奉天戦における日本軍全体の帰趨にもかかわる重要事であることをおもんばかり、その状況の視察に来ていたのである。

なお、この大石橋付近における日本軍後備部隊の潰走は当時、戦史に残るほど有名な事件であったらしい。日本陸軍はそれまで創設以来の外戦でごく少数部隊でならともかく、大隊以上の部隊での潰走的事件は皆無的に発生していなかったからである。司馬さんも『坂の上の雲』の中でこのように伝えている。

「このとき大石橋における日本軍の混乱ぶりというのは軍はじまって以来のものだった。この現場に急行した第九師団長大島中将は、前方から三々五々逃げてくる兵を見て、『これが日本兵か』と、かたわらの参謀長をかえり見てつぶやいたくらいであった。日本兵の素質はここまで低下していたのである。師団長みずから飛び出してこの潰走兵のひとりをつかまえて実情をきくと、『仕方ねえでがす』と、真っ青になってしぼり出し、そのままどこかへ逃げ去ってしまった」

また、第九師団に関する正史というべき『紀念帖』はさらに詳しく、次のように記している。

「この日（三月五日）、第一に大石橋に到着したのは（第九師団の中では）師団司令部でありましたが、一個軍団約五万名と思われる敵が到来し来たり、情勢はしきりに急を告げ、大島師団長はこれを救わんとせしも、大石橋にあるものは（第九師団軍の中では）師団司令部だけで、将軍の手元には一兵もなく、銃弾は雨の如く飛び来たり、榴散弾は其の辺に爆裂するという有様で、実に危険でありましたが、将軍は自ら支那家屋の屋上に上がり、手に双眼鏡をとって観察して居られると、敵は刻一刻と我に迫り、押し寄せて来るので伝騎を派して（自軍後続）部隊の所在確認に力《つと》めると、このとき一戸少将率いる歩兵第六旅団は大石橋の一千メートルほどの地点に至っていたので、直ちに『敵の逆襲あり、すみやかに（大石橋）に進出せよ』と、一戸旅団に伝えた。

この急報に接した一戸少将は直ちにまず砲兵中隊を開進（通常は一列縦隊くらいになって行軍するが、敵陣近くになるといつでも戦闘状態に至れるように横隊になって進撃すること）せしめ、他隊もそれに応じて開進し、大石橋に至ると、今やおそしと待ち構えていた師団長はその進撃の早かったことを喜び、一戸旅団を大石橋を越えてその前面に展開させたので、（大石橋の）守備は更に頑強になった」

加えて久直はこのとき、自軍の砲兵部隊をそれまで大石橋の南端部にいた第七師団（砲兵部隊）からは離れさせ、同橋の北端部に移動してそこから砲撃させた。そのため、

「敵は意外な方向からの（日本軍砲兵部隊の）砲撃に気勢をそがれ、潮のごとく来たりし大軍が雲の子を散らすように退却しはじめたから、一戸少将は『今じゃ、今じゃ、今やらんと間に合わんぞ』と叫ばれ、この（一戸）将軍の声に応じ歩砲兵全力を合わせて敵の退却を脅かし（歩兵は敵の前面部を銃撃し、砲兵は後方部を砲撃すること）、さしもの大軍も姿が見えぬほど退却していったのであります」と、『紀念帖』は誇らし気に伝えている。

久直が自軍砲兵部隊を第七師団のそれとは離れさせ、別の位置から砲撃させたのはもちろん、敵に新手部隊の到来を知らしめることによって相手側の気勢を削ぐためであったことは、言う

までもない

混戦・乱戦（三月七日〜八日）

西方から奉天に至る要衝大石橋はようやく確保しえた。だが第三軍の、そして第九師団の難戦・苦戦はそれで終わりにはならなかった。それからがむしろ本番のようなものであった。

その頃、日本軍全体の戦略が変わった。開戦当初は日本軍はまず左右両翼を伸ばし、露軍のそれぞれ右翼・左翼に牽制的攻撃をしかける、それによって露軍中央部隊の少なからずを左右両翼方面に移動させ、薄くなった（露軍中央部）に日本軍の主力部隊といえる第一・第四・第二の三軍が大攻勢をかけ、（露軍の）中央突破をはかる、であった。だが、それは成らなかった。露軍中央部隊が、特に日本軍右翼部隊の進出に対しては（おそらくはそれが牽制的進出にすぎないと見抜いたこともあり）大部隊など送らず、したがって日本側が当初想定していたほど薄くはならなかったからである。津野田参謀が危惧していたように日本側の作戦が小手先的にすぎ、また自分勝手的にすぎたのである。

そこで日本軍全体の戦略も変わった。開戦時は牽制的役割にすぎなかった最左翼の第三軍をさらに伸ばし、奉天の後方あたりまで大きく廻り込ませ、露軍全体を包囲するに変わった。三月七日頃のことである。第三軍全体の役割変更に応じ、第九師団のそれも変わった。当初は大石橋のあたりまでまず進出し、その近辺で中央部から移動して来た露軍部隊と持久的交戦をする、であった。そのような（持久的交戦という）役割を越えて、大石橋からさらに前進して奉天後方あたりまで大きく廻り込む、とされた。そのあたりの事情を後年、久直はこう語っている。

「第三軍がそのように役割変更されたことにより、当初は第三軍の最右翼に位置していた我が軍（第九師団）は、第三軍全体の最左翼に大きく廻り込むことを要求された（その七日頃、第三軍の他の部隊、第一師団と第七師団はいずれも敵と交戦中で、とりあえず移動できそうな部隊は第九師団しかなかった）。平時の演習ならばそのような移動などたやすいが戦時の、しかも前面には敵の大部隊がひかえている中での移動である。司令部（第三軍本部）からはとにかく早くしてくれとの督促が矢のように来るが、そんなにうまくいくものではなかった」

実際そうだった。三月七日早朝、まず第九師団と隣接してそのすぐ左方で露軍部隊と交戦している第七師団の後方を通って左方に大きく廻り込み、さらに前方に出て、造化屯という集落に至った。もう奉天駅まで直線距離にして二〇キロ足らずである。だが、そのあたりで第九師団軍の進出は止まった。露軍大部隊と遭遇、というよりはそのあたりに密集していた（露軍大部隊の中に）突っ込んだようなかたちになったからである。『紀念帖』によれば次のような状況であった。

「この日、朝から霧が深かった。その朝霧にまぎれ、何の防柵もない畑地を進めたのは幸運であった。ただ、銃砲声は霧の中から殷々《いんいん》と聞こえ、敵の戦闘部隊が霧の中から突如として現れたりし、避難してくる地元民によれば、『敵は二、三日前から、造化屯集落の周辺に兵力を増強させ、村の囲壁（満洲辺境部の現地人集落の多くは古くから盗賊・匪賊《ひぞく》の襲来に備え、周囲に防壁を巡らしているものだった）に銃眼をうがち、防御工事を施している』とのことだった。

（そのようにして待ち構えている露軍に対し）第九師団は逐次前進し、造化屯集落の一五〇〇メートルほどの地点に達し、砲兵は小河川の東端に砲列を敷き、午前九時三〇分、猛烈に砲撃を開始すると、敵も撃ち返して来たが、それに屈せず歩兵部隊は前進して小銃戦を開始し、彼我の距離一〇〇〇メートルほどを隔てて銃の撃ち合いになった。そこで午前十時、歩兵第十八旅団長平佐少将は予備隊の前進を命じ、三〇分ほどで造化屯の前方五〇〇メートルほどの地点に達したが、（そのとき）敵砲兵二個中隊が現れて最も猛烈に我が砲兵部隊を縦射（真正面からほぼ水平に撃つこと。つまり至近距離での砲の撃ち合いになったのである）した。そのため多大の損害を被り、非常なる苦難に陥った」

露軍も奉天をすぐ後方に控え、ここを先途と防衛につとめたのである。なお、このあたりの戦況は錯綜《さくそう》していてよくわからない。『紀念帖』の著者も霧の中での乱戦・混戦に至ったことにより現地取材などできず、後になってのまた聞きが多かったためとも思われる。それは他書も同様で、本書は前掲した諸書の他に、第九師団傘下の四つの連隊のうちの一つ第七連隊（金沢を本拠とすることから金城連隊とも呼ばれた）の記録『金城連隊史』も参照しているが、それを調べてもこのあたりの状況は大雑把にすぎてよくわからない。また、日露戦争に関する日本陸軍の正史といえる参謀本部編の（『明治卅七八年日露戦史』全八巻約四〇〇〇頁もある）も調べてみたが、こちらの方は記述が総花的かつ錯綜としていて、いくらていねいに読んでももっとわからない。

ついでにいうと参謀本部編の同書はそのようにわかりにくいこともあって、戦史研究者の間では〝悪書〟とされているらしい。それもあって本書では同書からの引用はあまりしていない。がともかく、七日は密集して待ち構えている露軍大部隊の中に朝霧にまぎれて日本軍第九師団兵が突っ込み、日中は造化屯集落の内外各所で乱戦・混戦が行われていたのである。その結果、夕刻になってようやく第九師団軍は露軍部隊の多くを同集落内に追いつめられた。

夜戦になれば日本側有利である。その頃の日本軍は演習として夜間戦闘の訓練は十分に積んでいた。午後八時、平佐少将率いる第十八旅団に属する第十九連隊と、同じく第三十六連隊の一部がまず、集落内に籠る露軍部隊に突入し、さらに一時間おいて九時、平佐旅団の残り全部隊が突入し、造化屯集落をほぼ制圧するをえた。午後九時四十分頃のことであった。その間、第九師団のもう一つの旅団、一戸少将率いる第六旅団は同集落の外部で待機し、周辺の警備役を務めていた。造化屯集落は東西五〇〇メートル、南北一キロメートルほどの小村。第九師団軍全部隊が突入するには狭すぎ、また夜間とあって同士討ちの危険も想定されたからである。

だが、一戸旅団は友軍の激戦に我慢ができなくなったらしい。友軍が戦っているのただ見物しているのも能がないとばかり、独断でやはり造化屯集落に突入した。その待機命令は久直師団長が発したものであるから、正確にいえば（師団長）命令違反であるが、当時は敵から逃げての命令違反は厳に戒められていたが、敵に向かってのそれは大目に見られていたものである。結果、一戸旅団のその突入時、折よく平佐旅団兵に追われて同集落から退却してきた露軍部隊と鉢合わせし、それらを又（同集落内に）追い返した。そのさい、露軍退却部隊はよほどあわてたらしい。『紀念帖』はその狼狽ぶりを次のように伝えている。

「（集落の入り口で突入する一戸旅団兵と鉢合わせしたので）伏居する地物のあるのにもかかわら

ず、敵は立ちたるまま我に対して攻撃してきたため、損害が多くなり、たまらず元来た造化屯集落内に逆戻りした」

銃撃戦は通常、地に伏して姿勢を低くしたり、地物をたてにしたりして行う。あわてふためいてパニックになり、そのような態勢をとる時間的精神的余裕がなくなり、立ったままの姿勢で撃ってきたのである。日本軍側はもちろん、瞬間的に伏居の態勢になれる。露側の損害の方がはるかに多くなり、たまらず元来た造化屯集落に逆戻りして行ったということである。

その（七日）夜、造化屯集落に籠った露軍は万に近い大部隊であったらしい。攻める第九師団側は二旅団合わせて数千（おそらく四〇〇〇名ほど）にすぎない。しかも夜戦である。露軍部隊全体を殲滅《せんめつ》はできない。七日の夜から翌八日の朝にかけて暗闇にまぎれ、朝靄に秘匿《ひとく》されて露側のかなりの者は造化屯集落から逃れ、その二キロほど東方の八家子という造化屯と同じくらいの規模の小集落に向かった。そこには日本軍先遣部隊がすでに駐屯していたが、砲兵部隊の一小隊にすぎなかった。

なお、そのころ露側には軽気球があった。それを七日の朝、自軍陣地から飛ばして上空より日本軍の展開状況を視察している。造化屯の周辺にいくつかの集落があったのに、そのうちの一つ八家子に向かったのは（八家子の）日本側守備兵が少ないことを、上空からの偵察で知っていたものと思われる。そのあたりの状況を『紀念帖』は、「八家子はまだ（第九師団側が）確保に至らず」と伝えている。わずか一個小隊、約五〇名にすぎない日本側守備隊は突如として露軍大部隊の襲来を受け、たちまち劣勢に陥った『紀念帖』によればこのような事態に至った。

「（砲車牽引用の）軍馬はあるいは斃れ、あるいは四方に駆け出し、将校・砲手のほとんどは死傷し、機関砲一門を残すのみになった。だが（そのように上級指揮官が全滅的事態に至ったにもかかわらず）、わずかに残った砲弾を集めて沈着に砲門を据え、砲撃を開始し、敵に多大なる損害を与えて危難を救った兵がいた。野戦砲兵上等兵竹田源治という者です。（竹田上等兵は）実に八家子における勇士の一人であります。この勇士の奮戦のためもあり、我が軍も我に還り、敵もようやく（八家子攻略をあきらめて）撤退しはじめ、奉天方面に退却していった」

八家子戦の実相は以上のようなものだったが、後にその竹田上等兵の奮戦をまた聞きで知ったと思われる津野田はよほど感動したらしく、『軍服の聖者』の中でわざわざ「勇敢なる伍長（竹田上等兵のこと、竹田はそのときの奮戦により後に感状を授けられ伍長に昇進した）」と題して、次のように伝えている。

「八家子で敵の逆襲を受け、我が砲兵第九連隊は不幸にも中隊長・小隊長はもちろんのこと、殆ど全部の砲手と駄馬が敵弾のため倒れ（実際はそのとき中隊長はいなかった。砲兵一小隊だけであった）、第二陣地に到着したときは、わずかに一門の砲と一名の伍長を残すのみになった。がしかし、この伍長は敢然として少しも躊躇《ちゅうちょ》することなく、ただ一門の砲を陣地につけ、自ら操作して砲撃をはじめた。この勇敢なる砲兵伍長の動作は友軍歩兵に絶大の衝撃を与え、彼らは敢然として起って突撃に至り午後一時頃、八家子を完全に守り抜いたのであります」

津野田記を参照していたと思われる旧日本軍砲兵少尉司馬遼太郎さんが、このエピソードを見逃すはずはない。『坂の上の雲』の中でさらに脚色し、このように記している。

「その伍長はひとりで砲を陣地につけると、みずから砲弾をつめ、みずから照準し、猛烈な砲撃をはじめた。この間、雪原のあちこちに伏せていた第九師団の歩兵たちは、このただ一門の味方の砲声にはげまされ、感動して泣く者もあり、ついにいっせいに突撃を開始し、八家子という敵の拠点（実際は八家子には日本軍がすでに先着していた）をようやく奪ったのであった」

なお、竹田伍長は以後、特に旧日本軍砲兵部隊の間では、〝勇敢なる伍長〟として永く語り伝えられたといわれる。さらに津野田はこのときの（竹田伍長の）勇戦に関連し、次のような感想を付け加えている。

「予は日露戦前、二回ほど観戦武官として第九師団軍の秋季演習に参列したことがあるが、当時はその（第九師団の）兵士の従順にして根気強いこと以外、特に印象を認めなかったが、実戦になってみると、この通り旅順戦から奉天戦にかけて大殊勲を果たしたので、一大疑問を起こした。このような殊勲は何に起因するのだろうか。換言すれば訓練よろしくを得たのか、復《ま》た地方的特色にあるのか、この点は後に識者の示教を得たいものである」

識者の教示を仰ぎたいなどと謙遜しているが津野田はおそらく、以上のような問いの解答をすでに得ていた。古来、兵士についてはこのようなことが言われている。

「良き兵士とは良き人なり」

社会人もしくは人間として自らの職責を自覚し、（その職責を）根気強く忠実に果たそうとする〝良き人〟の方が、ふだん大言壮語し勇者ぶっている者などより、急場に至ってもその自らの職務を忠実に実行しようとするだけに、かえって〝良き兵士〟にもなりうるということである。

加えて、本書が久直の伝記のようなものであるから言うわけではないが、やはり古来からの戦陣訓の一つ「勇将のもとに弱卒なし」である。久直は前述、大石橋争奪戦の稿でも述べたように、苦戦・難戦的事態が想定されるさいには常に自ら全軍の陣頭に立ち、危険を冒して自ら戦況を視察して作戦を練るものだった。そのような「指揮官先頭」的姿勢のためもあったものと思われる。兵士にはもともと勇兵も弱兵もない。指揮官が勇将であれば兵卒もその姿勢を見習って〝勇兵〟にもなりうるということである。もちろん、その逆もまた真であることは言うまでもないが。

日本軍〝大潰走〟（三月九日）

奉天戦では全体として兵力比は二（日本軍）対三（露軍）程度の割合であった。その少ない方の日本側が多い方の露側を包囲し、殲滅しようとしたのであるから、どうしても無理が生ずる。包囲網の薄い部分を多数側に衝かれたりし、破綻的事態に至ったりする。実際にそれが発生した。

会戦十一日目の三月九日のことであった。その頃、露軍は奉天から退却の意志を固めていたらしい。一時的に奉天の北五〇キロほどの鉄嶺、さらにそのまた北方約四〇〇キロのハルビンあたりまで後退し、本国から新手部隊の到着を待って大部隊となって反撃しようとの計画もあったらしい。そもそも露軍は伝統的に守戦・退却戦に強い。退却するにしても単純には退かない。退却部隊に対して追撃戦をさせないため、もしくは追撃する側の（追撃戦における）効果を減じさせるため、偽装的攻撃をしかけたりする。実際に三月九日、そのような事態が発生した。しかもそのとき、偽装的攻撃をしかけられた奉天の西方二〇キロほどの地点にまで進出していた日本側第三軍第一師団軍の第一線部隊は精兵は少なく、後備兵が多い構成になっていた。そのほころびが出た。三月九日午後のことである。津野田記はこう伝えている。

「三月九日、午前中は膠着《こうちゃく》であった（両軍ともあまり動かず、ただ漫然と銃砲を撃ち合っていただけらしい）。だが、午後に至り、露軍は突如として攻勢に転じてきた」

その二、三日前から日本軍がほぼ一方的に攻撃し、露側はほんのかたちだけの抵抗をしただけで直ちに退却する、というような戦況が多かったのでその頃、日本側にはもう奉天戦もメドがついた、終戦も近い、というふうな楽観的気運も生じていたらしい。そんな気分でいたところに露側が突如として攻勢に出て来たのである。津野田参謀があわてて馬を飛ばして前線に行ってみると、そこでは（津野田が）かつて見たことも聞いたこともなかったような惨状が生じていた。

「歩兵第二旅団と後備歩兵第一旅団とから成る我が軍（第一師団）第一線部隊が、広漠たる原野をあたかも雲の子を散らすが如く三々五々、隊列を乱して敗走して来た。（津野田は）しばらく停止し、唖然として凝視していると、その状況はいよいよ悲惨になってきた。敗兵のほとんど全部は銃を捨て、剣もなく、或る者は背嚢《はいのう》や帽子さえ持っていない。はなはだしいのになると脚絆《きゃはん》も靴もなく、全くはだしの者さえあった」

休憩していたときに突然、露軍大部隊の襲撃を受け、応戦するどころかほとんどパニックになり、あわてふためいて着のみ着のまま、それこそ裸一貫で我先にと逃げて来た、ということである。兵は一般に休憩時でも敵の突然的襲来にも即応できるように、銃器はすぐ手元におき装身具類も肌身離さず、というような訓練をなされているものである。そのような兵士としての最低限のしつけさえなされていない〝弱兵集団〟だったのである。

第一旅団とは江戸っ子集団である。そのうちの後備兵、つまり通常ならば東京の下町あたりの商店主や番頭、その従業員として客相手にもみ手で商いをしている手合い、つまり機を見るに敏なる商売人集団である。その機を見て、つまり自軍側に利がないとみるやたちまち戦意を失い、狼狽のあまり取るものも取らず逃げて来たのである。また、本来ならばそれら老兵集団を支援してやるべき歩兵第二旅団（佐倉）兵も、年齢こそ若いものの臨時徴集の、したがって兵士としての訓練が未熟な応召兵が少なくなく、同様に算を乱して我先にと逸走してきた。そこで津野田は潰走してくる兵士の群れの中に馬を乗り入れ、

「疾駆しながら停止を命じたが、一人も応ずる者はいない。その間にも敵の銃砲弾は周囲に雨注してくる。やむを得ず下馬し、ある部隊の曹長を呼び止めて停止を命じたが、頭部の負傷を理由に応じようとしない。試みに包帯を解いてみると軽微な擦過傷だった。そこで軍刀の背で軍曹の肩を一撃し、『いやしくも幹部ともあろう者がなんたる有様だ』と一喝すると、ようやく我に還ったらしく彼は重々の罪をわび、敗兵の収容につとめた」

もちろん派遣参謀ばかり敗兵の処理、叱咤激励に飛び廻っていたわけではない。第一師団長飯田中将、参謀長星野大佐ら首脳部も四方に疾駆し退却部隊の制止と、隊伍の整理につとめた。また、露軍は日本軍敗走部隊を急追はせず、じわじわと押し寄せるだけだったので、第一師団軍もようやく小康を得ることができた。

そこで師団長はあらためて自軍部隊を整理してみると、それまで四〇〇〇名はいたはずの第一師団軍は合わせて六〇〇名程度に減じていた。もちろんその減少した三〇〇〇名あまりのほとんどは死傷ではなく、どこかに逐電《ちくでん》や遁走《とんそう》であったものと思われる。なお、このときの日本軍大潰走は日露戦争全体に関しても有名な事件だったらしく、司馬さんも『坂の上の雲』の中で引用し、さらに「日本兵の資質はこの頃、これほどにまで低下していた」と付言している。

飯田師団長は急遽、その残兵六〇〇名あまりを二〇〇名くらいずつの三中隊に編成し、それぞれ小丘や小叢林地帯に陣取り応戦態勢をとった。そのとき、三中隊の指揮官のうちの二名は中村少将（旅順戦において決死隊をひきいて市街に突入し、負傷した指揮官。そのときは負傷が癒えて現場に復帰していた）と、壱岐《いき》少将であった。兵二〇〇名といえば通常なら中尉クラスが率いる中隊である。その指揮官を将官が務めていたのである。だが、いくら将官が指揮していても、わずか三個中隊六〇〇名では、逆襲してきた露軍大部隊（一万名程度はいたらしい）は防げない。大兵に正面から圧迫され、両少将の部隊もたちまち退き気味になった。そのさい、敵は日本側の少数をあなどり、「傲然《ごうぜん》たる態度で我が敗兵に追して進んで来た。俯瞰《ふかん》すると第一線は一個師団ほどで半ば散開し半ば密集し、その背後にはさらなる大部隊が密集している」状況であったと、津野田記は伝えている。

もはや一刻の猶予もできない。参謀長星野大佐は自ら砲兵部隊に走ってその指揮をとり、津野田も同じく機関銃部隊に至ってまず、「目標、敵の第一線、距離は一〇〇〇メートル。射撃の開始はしばらく待て」と、叫んで敵の接近を暫時《ざんじ》待ち受け、双方の距離が五〇〇メートルほどになったとき、「一斉に薙《な》げ」と号令した。機関銃をほぼ水平に構え、左右に振るように射撃することである。そのさい、津野田記によれば機関銃手は「幸いにも予の号令に従った」。たった一挺でも一分間に六〇〇発も撃てる機関銃の威力は大きい。しかもさえぎるものとてない広漠たる大雪原地帯である。たちまち敵の第一線部隊は

「あたかも草でも薙ぐが如くバタバタと倒れ、しばらくして敵部隊は徐々に後退しはじめ、薄暮の頃には死者の他に敵兵はほとんどいなくなっていた。そのとき師団長が来て、『津野田、津野田、もう予備部隊は一兵もない。どうしたら良かろう』と言う。そこで津野田は（派遣参謀の権限をもって）、『後備歩兵第十四旅団と砲兵部隊がまだこの地に残っています。これを閣下の隷下《れいか》に属させます。軍司令官には後刻、私が責任をもって御許可を仰ぎます（近辺にいくら他部隊がいても、その部隊を直率していない師団長が独断で使用することはできない。この場合は派遣参謀が軍司令官に具申し、その許可を得てはじめてできる）』と言上し、第一師団軍もようやく焦眉を開けるに至った」

と、津野田記は伝えている。

なお、このときの津野田の二つの独断専行的行為は後に問題とされた。まず参謀には指揮権などないのに、第一師団の機関銃部隊を指揮したことである。津野田がそのように（機関銃手を）指揮したさい、「幸いにも兵士たちは予の号令に従った」としたのは、兵士たちも当然、参謀官には実戦部隊員に対する指揮権などないことを知っているはずであるから、機関銃手が自らの命令に従うか（津野田も）確信が持てなかったからである。さらにやはり独断で予備部隊の第一師団に対する配備を決定したことである。もちろん、津野田は第三軍司令部に戻ったさい、この二つの軍規違反的行為を乃木に伝えてその罪をわび、断罪をまった。だがその頃、

前述したように乃木はそれこそ〝軍服の聖者〟であった。恐縮して言上する津野田に対し（その二つの越権的行為については何も言わず）、ウイスキーを差し出してこうねぎらっただけであった。

「ご苦労だった。今夜は寒いからまず一杯やれ。そろそろ先も見えてきた。しっかり頼む」

第九師団最後の激戦（三月九日）

なお、津野田はこの三月九日の第一師団軍の〝大潰走〟を、奉天戦における第三軍に関する「第三の危機」であったとしている。露軍大部隊の逆襲を受け、腰の伸びきったそして兵数的には劣勢であった第三軍が、崩壊寸前的事態にも至りかねなかったということである。それは第九師団に関しても同様であった。その三月九日の戦況について『紀念帖』はこう伝えている。

「三月九日、朝来、敵が逆襲して来て、（第九師団軍がそのころ進出していた奉天北西二十キロほどの）郭三屯集落内外は一時、猛烈なる銃砲撃により修羅場と化した」

やはり露側は主力部隊の退却援護のため、大逆襲して来たのである。逆襲部隊は一個師団約一万名程度であったらしい。第九師団はすでに師団のかたちをなしていないほど、おそらく健兵三〇〇〇名程度にまで減じていた。その約三〇〇〇名はもちろん、潰走も退却もしなかった。集落の各所に半円形の守備陣を構築し、あくまでも抵抗する姿勢を示した。各旅団・連隊単位で中央部の大家屋などに首脳部が陣取り、その外側に小家屋などを盾にして第二線守備部隊、さらにそのまた外側に同様に小家屋や囲壁などを盾にして第一線守備部隊と、三線くらいの守備陣形を構えた。そのような半円形の守備陣が郭三屯集落内に、久直ら師団司令部のものも合わせて四か所もできたらしい。そのさい、首脳部のそれでは通常なら戦闘行為にはあまり参加しない書記や伝令兵までが銃・剣をとって戦ったと『紀念帖』は伝えている。

それで敵の第一次の逆襲は阻止しえた。従来なら露軍はそのように第一次的襲来が阻止されたらそのまま退却、さらに全部隊の撤退にも至るものであったが、そのときは違った。撤退などせず、郭三屯集落の周辺に蝟集《いしゅう》し再度の襲来の姿勢を示していた。そのようなとき日本軍は座して相手の二次的襲来を待つようなことはしない。こちらから先制攻撃するにしかずと、第九師団歩兵三十六連隊の片岡大隊約三〇〇名（一大隊は戦時編成では通常八〇〇名程度の兵員を擁する。度重なる激戦でこのくらいにまで減じていたのである）は午後四時十分、郭三屯集落から出撃し、その付近の畑地や小叢林地帯などに陣取る露軍部隊に攻勢をしかけた。

敵も猛烈に撃ってきたが、そのとき露側には砲がなかった（激戦すでに十日、その頃両軍とも砲弾に備蓄量が少なくなっていた。特にそのあたりの計算が大雑把な露軍は部隊によっては絶無的にもなっていたらしい）ためもあり、片岡大隊は露軍部隊を五〇〇メートルほど後退させるをえた。が、それが限度であった。いくら露側には砲はないといっても一万にも及ぶ大兵である。敵の銃撃はますます熾烈《しれつ》になり、片岡大隊の独力でのそれ以上の前進は不可能的になった。それを見て三十六連隊のもう一つの大隊（第一大隊）約三〇〇名を福谷連隊長自らが率い、増援部隊として投入し、「わが砲兵部隊も援護射撃をしたため、敵大部隊は元来た方向に退却して行った」（『紀念帖』）。

だが第九師団の郭三屯集落内外の難戦・苦戦はそれで終わりにはならなかった。露軍大部隊は同集落の周辺からは後退したものの遠くへは去らず、砲の射程距離（約三〇〇〇メートル）外の畑地に止まったままであった。さらに午後八時五十分、露軍歩兵部隊約五〇〇名が、郭三屯集落の東側から突如として侵襲してきた。夜襲は日本軍のお家芸であるが、それを今度は露側が敢行してきたのである。夜戦のしかも接近戦ということもあり、銃撃戦には至らず、いきなり白兵戦になった。

「敵は密集の隊形をなし、喚声を挙げつつ突入して来た」のである。「ウラー、ウラー」の叫び声が一帯に響き渡っていたのである。そのとき露側の放火による火災が発生し、しかも非常なる大火であったらしい。その猛火の中を、「敵は我が軍が盾にする囲壁を打ちこわし、飛び越えて来た」結果、各所で「猛烈なる格闘戦に至り、刀剣相磨し、悲愴の極点に達し」、半円形の守備陣を敷いていた日本側の第一陣の多くは破られ、敵は（同集落内の）奥深くにまで突入して来たが、第二陣守備部隊により、「或いは我が銃剣の先にかかって倒れ、或いは戦意を失って村落外に退去した」と、『紀念帖』は伝えている。その間、三〇分ほどであったらしい。

ところが敵の夜間侵襲はそれが終わりではなかった。まだ郭三屯集落の東方からの侵襲部隊が交戦中の午後九時、今度は同集落の西方からやはり五〇〇名ほどが同様に突入して来た。まず東方から次いで西方からと、連携的に進入してきたのである。本来ならばその両部隊同時的に突入の予定だったらしいが、そのあたりの計算は大雑把な露兵とあって、どちらかの隊が遅れたか早まったかしたためらしい。いずれも決死的突撃部隊であったものと思われる。その逆襲部隊に対して日本側守備部隊は（東側守備部隊と同様）三層の守備隊形を敷いて対抗し、

「はじめは第一線守備部隊が極力射撃をもって突入を阻止しようとせしも、敵はその兵力の優勢なるに乗じて我が右翼を包囲し、囲壁各所の破壊部より侵入し、彼我の声は村落各所

に起こり、（敵は）旋風の如く怒涛の如く勢いで至るところ個々人の接戦が発生し、彼我の識別が困難になり、しかも火炎はますます各所に延焼し、その焔然《えんぜん》たる火炎と爆声が相磨して、一種言うべからざる修羅場を演出し、殆ど郭三屯村落一帯は一時、地獄の場と化したのである」

と、『紀念帖』の著者は宗教家らしい描写で伝えている。

そのような接近戦・格闘戦に至っても、日本側は冷静だった。旅順の難戦で修羅場慣れしていたこともあったものと思われる。多くの友軍兵の死傷にもかかわらず、一般兵卒は動揺などせず、半円形守備陣の指揮官福谷大佐も沈着に「手元に残ったわずかな守兵と工兵部隊、さらに機関銃小隊も糾合して急遽、機関銃陣地を構築し、あくまでも抵抗する姿勢を示した」（『紀念帖』）。

旅順では日本側がもっぱら白兵突撃を敢行し、露側が機関銃を構えて対抗するというふうな戦況だった。それが逆になったのである。さらに接近戦・格闘戦に至ったが、そのさいも日本側は冷静であった。格闘戦でも日本側は個々人別個的に戦うのではなく、二、三人の組を作って一人の敵を相手に闘うというような訓練は十分に積んでいた。一方、露側は個人個人がそれぞれ思い思いに暴れまわるだけである。となれば時間がたつにつれて戦況は日本側に傾いてくる。その結果、「敵は言うべからざる混乱をもって退却した」（『紀念帖』）。隊列を乱し、思い思いの方向に逃げて行ったということである。突入してから三〇分後の午後九時三十分頃のことだったらしい。

なお、佐藤師は戦闘終了後の翌十日早朝、主戦場となった郭三屯集落に至り、彼我戦死者の死体収容にあたったのであるがそのさい、相互に差し違えたまま果てていた死者の組が何十組もあり、また露側の死者のほとんどは将校で、一般兵卒のそれはごく少なかったと伝えている。そのとき逆襲してきた露兵約一〇〇〇名は、自軍本隊の退却を援護するための、いわば「捨て石」的役割を担っていた。その空しく果てるしかない〝捨て石〟役を下級兵士に強要するのではなく、上級指揮官自らが果たしていたのである。さすがはモスクワ周辺の一小国から身を起こし、四世紀か五世紀たらずで全ユーラシア大陸の半分ほども領する大陸軍国家にのし上がれただけのことはあると、佐藤師は言外にほのめかしている（久直も後に同様の意味のことを語っている）。

ついでに言うと、前章で述べたように文豪トルストイは日露戦の半世紀ほど前のセバストポリ要塞攻防戦にロシア軍の若き（当時二十六歳）砲兵少尉として参戦した。さらにその約一年間に及ぶロシア軍の戦いの内実を描いた『セバストポリ物語』は、将校・一般兵卒、あい手をたずさえ合って、特に難戦・苦戦的事態に至るや、将校はその特権的地位に安住していることなどなく（当時の露軍では将校のほとんどは貴族階級者で自らの従卒を連れているものだった。トルストイも下級ではあるが貴族階級者の一人であった）、率先して苦難にも危険にも身を投ずるというふうな内容で、それがロシア国民一般の共感を呼び、当時のベストセラーになった。

だが、トルストイがいざ一般社会に復帰してみると、富める者と貧しい者との階級分化がますます進行しつつあったその頃のロシア社会では、そのようなことは現実にはまずありえない夢物語にすぎないと知り、（現実社会に）絶望のあまり家郷を捨てて放浪の旅に出、シベリアのある寒駅でのたれ死に同然の死に至った。トルストイのその〝夢〟の一端がこのとき、日露戦争の最終的局面において現出していたのである。ただし、トルストイがそのことを知っていたかはわからないが（トルストイの死は日露戦終了五年後の一九一〇年）。

また、佐藤師はその九日の露軍大逆襲に関し、あるエピソードを伝えている。その日、露軍は第一次逆襲のさい、いったんは日本側守備部隊の銃砲撃に圧倒されて郭三屯集落から撤退し、畑地にまで後退した。だがそのとき、露軍の後方に金の十字架を掲げた従軍僧がいた。そして退却兵を十字架で仰ぐと（退却兵も）我に還ったらしく、再び郭三屯集落目指して突進して来たということである。さらにそのような金の十字架を掲げ持った僧が三名もいて、そのうちの二名までが日本側からの流れ弾に当たり、死に至ったということである（十字架で退却兵をあおぐ必要上、屹立していたためらしい）。佐藤師は同じく従軍僧侶として、このエピソードを特に伝えたかったものと思われる。

長蛇を逸す（三月十日）

今次大戦がはじまる四か月前（昭和十六年八月）に生まれた私の少年時代は、身辺に戦争体験者が少なからずいた。そのうちの一人にきいてみたことがある。「戦争って怖くないのか」と。答えはこうだった。「慣れればそうでもない。特に追撃戦になるとむしろ楽しかったりする」。その元兵士は日中戦争の体験者であった。日中戦争では大陸各地で逃げる中国軍を相手に追撃戦が行われていたものである。逃げるだけの相手を一方的に追いまくれ、撃ちまくれる。それは本来的に闘争本能を有する男子（近頃の草食系男子はそうでもないらしいが）にとって、自らの身体生命の損傷の危険などそれほど意識することなく、相手側だけを一方的に攻撃できる。

それは楽しい行為にもなりうる、ということらしい。

三月十日は奉天戦に参加した多くの日本兵にとってその〝楽しい〟日であった。逃げる露軍を相手の追撃戦が行われたからである。ただしその追撃戦は、ある意味では奇妙な光景であった。逃げる露側の方が、追う日本側より人数がはるかに多かったからである。そのとき、露側は全体で二〇万ほど、日本側はその半分以下の七、八万程度であったらしい。特に追撃戦の主体となった第三軍の兵力は少なく、おそらくは全体でも一万名以下にまで減じていた。しかもその日、北方から大風が吹きつけてきて砂塵を巻き上げ、視界は五〇メートルもなかったりした。そのこともあって追撃戦がはかどらないことに関し、総司令部から第三軍司令部に、さらに第三軍司令部から傘下の各師団司令部に対して、〈追撃〉督促の急電がしきりに至った。第三軍司令部からそのような指令がきたさいの、第九師団参謀長足立大佐の応答はこうだった。

「〈第九師団は〉名目は師団であっても実力は二千を越えない。なんと〈追撃を〉督促されても師団の働きはできない」

奉天戦開始時、第九師団は約一万一五〇〇名の兵力を擁していた。それがわずか十日間の激戦で五分の一以下にまで減じていたのである。もちろんその減じた九〇〇〇名あまりのすべてが戦死者ではない〈〈死〉は二〇〇〇名ほど、残りは〈傷〉と、感冒・脚気・赤痢など病者や連日の強行軍による体力が尽きての落伍者などがそれぞれ半数くらいずつであったらしい〉。だが、総司令部、さらに第三軍司令部としては、「あくまでも猛進し、死力を尽くして敵部隊を殲滅せよ」と、命ずるしかなかった。ただし、第三軍の司令部は第九師団に対して兵力の増強は行った。十日の午後になってようやく後備歩兵第十三旅団約二〇〇〇名を増派してくれた。通常は後方にあって警備的部隊として前線にはあまり出ることはない平均年齢四十余歳の老兵集団でも、追撃戦ならなんとか役に立てるだろうということだったものと思われる。

「第九師団はこれに勢いを得て敵を駆逐し、奉天停車場に達したが間もなく午後二時、敵の大逆襲を受け、全く前進は阻止された」

と、津野田記は伝えているが、『紀念帖』はさらに詳しい。

「この日、些少の兵力で朝十時頃から追撃に至ったが、敵の退却部隊は約一個師団ほどもあった。（追う）第九師団は午前中は実力二〇〇〇名くらい。追えばその倍くらいの兵力でさえぎられる。それでも追撃しないわけにはいかない。さらに敵は本隊の退却援護のためか時折（一部の部隊が）反撃してくる。ただ（敵は）追撃はして来ない」

その結果、津野田記によればこのような事態に至った。

「午後二時頃、約一個中隊に護衛された敵の高等司令部らしい一団が、軍旗を先頭に整然と退却して行くのを遠望した。第一師団長はただちに砲撃を命じたが、距離は約四〇〇〇メートル。遠すぎて効果はあまりない。切歯しているうち、その敵大部隊は視界から去った。あとで調べるとそれは敵将クロパトキン大将とその護衛部隊であったらしい」

またこの日、日本軍の追撃があまりはかどらなかったことに関し、別の方面からの証言がある。第三軍に隣接しそのすぐ右方に位置して同様に追撃していた、第二軍の第二師団に属する多門二郎中尉（当時小隊長、後に中将）によるものである。多門中尉は日露戦後、『多門二郎日記』（芙蓉書房）という日露戦に関する大部の記録を遺しているがその中で、三月十日の追撃戦に関してこのように記している。

「この日、北から大風が吹きつけて来て砂塵を巻き上げたりし、視界があまりなかった。また（日露両軍とも）交綏《こうすい》的状態に至ったこともあり、追撃戦どころか戦闘行為そのものもあまり行われなかった」

「交綏」とは古くからある戦闘用語で、出典は中国古代のころ春秋戦国時代（紀元前二〜三世紀）の史書『春秋左氏伝』で、「両軍とも疲れ果てて戦闘などする体力も気力もなくなり、どちらともなく兵を退く」ことをいう。実際、日本軍側はその十日頃は、それまで十余日間に及ぶ連日の強行軍とそれに続く戦闘行為により、まさしく交綏的事態に至っていたものと思われる。特に追撃戦の主体となった第三軍は、日中は主として行軍、日が暮れてからは深夜に至るまで戦闘、明け方あたりになってようやく、ときには雪中に伏したりして仮眠をむさぼるというような状態であった。体力・気力とも限界的状態にあったものと思われる。

さらにこの日の追撃戦があまり有効でなかったことに関し、もう一つの原因があった。津野田記をひいてみよう。

「本日正午、奉天占領の急電が全軍に告知され、志気とみに上がり雄大なる敵に対して更に攻撃するも、敵も死に物狂いになったと見え、午後の四時頃になると退却援護のためか中央、および右翼（日本側から見れば左翼）、つまり第三軍の守備する側に兵力を増強してきた。だが、そのとき師団（第一師団）には曳《えい》火弾が尽き、榴弾しかなくなっていたので砲撃の効果が少なく、遂に戦闘停止に至った。この日、敵は戦地に遺棄した死体だけでも一千はあった」

体力気力だけでなく、弾薬も尽きかけていたのである。その日露戦時、大規模な会戦にあたっては両軍とも十日分くらいの弾薬を備蓄していた。遼陽戦・沙河戦とも十一日間で終了したのはそのためでもあった。奉天戦でもその三月十日で開戦十二日目、両軍とも弾薬の残量が少なくなっていたのである。

以上のように津野田は三月十日をもって戦闘停止としているが、それは（津野田が派遣されていた）第一師団だけのことで、正式な停止命令が出たわけではない。その追撃戦のとき第一師団に先行して、つまり全軍の先頭になっていた第九師団の戦闘行為は十日以後も続いた。このようにである。

第九師団はまず、一戸少将率いる歩兵第六旅団が全軍の先頭になって十一日、露軍を追って奉天の北七里（二八キロ）あたりまで進撃した。その間、戦闘行為はほとんど行われなかった。さらに翌十二日も同様に露軍の抵抗を受けずに一方的に進撃し、鉄嶺（奉天の北五〇キロほど）付近に至ったがそのとき、全軍に進撃停止命令が発せられ、奉天戦における第九師団軍の作戦行動もほぼ終了した。午後四時頃のことだった。なお津野田は奉天戦全体の総括として、次のようにしめくくっている。

「奉天戦における日本側の作戦に関しては全体として小手先的にすぎた。東西の全戦線の間は二〇〇キロ近く離れている。それほど広大な地で大兵を迅速に展開などできるものではない。現に第五軍などはあまり動けず、結果としてその方面での戦闘行為はほとんど発生しなかった。もっとうまくやれる方法があったのではなかったのか」

言外に、遊んでいたような軍団もあったため、わが第三軍が酷使されたとの不満がこめられていたことはいうまでもない。

最後にその酷使された第三軍の中でも最大的に苦難を嘗めた第九師団軍に、というよりは第九師団長大島久直に、軍司令官乃木が示したある配慮についてふれておこう。前述したように年齢は久直が一歳上であったこともあり、その二人は久直が軍司令官、乃木がその下の師団長とされてもおかしくない関係にあった。それが旅順攻めにあたり、おそらくはたまたま乃木が日清戦争時その（旅順攻略を担当していた）経験者であったことから、軍司令官とされた。奉天戦では今さらその関係を逆にするわけにはいかず、旅順戦時のままの編成で臨んだ。また個人的には両者は明治陸軍草創期以来からの同僚だったこともあり、気のおけない間柄であった。にもかかわらず久直は旅順戦でも奉天戦でもそのことをおくびにも出さず、上官乃木に対して常に敬語で接していた。そのことを徳としていたものと思われる。奉天戦終了後、乃木は総司令部にこのように強硬にかけ合っている。

「第二軍にあっては傘下の二師団に感状が授けられている。しかるに我が第三軍に対しては一つもない。特に第九師団は奉天戦では参戦した十余師団中随一といってよいほどの働きをしてくれた。第九師団に対しても感状を授与してほしい」

その要望は聞き届けられ、第九師団に対しても感状が授けられた。その全文を次に挙げる（現代語訳）。

「奉天付近の会戦にあたり、四方台の攻略以来、第二軍の左翼に連携して猛烈に敵を追撃し、これを奉天付近に圧迫し、次いで第三軍の奉天西方に繞回《じょうかい》するにあたってはその基軸となって造化屯・八家子において敵軍を撃退し、最後に軍の左翼に出て些少なる兵力をもって郭三屯付近において優勢なる敵を防止した。その功績絶大なるをもって感状を授与する。

明治三十八年三月十七日、満洲派遣軍総司令官　伯爵　大山巌」

ほとんど常に敵軍より少ない兵力でありながら全戦線でよく戦い、（敵軍を）撃退せしめ、奉天戦全体の勝利にも至らしめてくれた、ということである。なお、以上のような第九師団に対する感状授与うんぬんは、乃木の個人的気配りだけによるものではない。その頃、鵜崎鷺城という軍事評論家がいた。軍人に対する評点の辛いことで有名であった。その鵜崎は日露戦時における久直をこう評している。

「旅順に於けるまた奉天に於ける戦争振りの驍勇《ぎょうゆう》無双にして其功績著大なるは参加師団長中第一人に推すべく」

全国民による勝利

奉天戦というよりは日露戦全体をしめくくるにあたり、いくつかのエピソードをつけ加えておこう。まず前章でもあげた民間人兼軍人石光真清に関するものである。石光は異色の軍人であった。陸軍士官科学校を出たエリートでありながら、日清戦争後は軍籍を離れ、一民間人として大陸に渡り、満洲各地で放浪同然の生活をしていた。当時、匪賊と呼ばれていた現地人秘密結社組織にまで入り込み、その一員として活動していたこともあったらしい。日露開戦時にはその経歴を買われ、また露語に堪能であることから現役に復帰し（大尉）、第二軍司令官奥大将の副官の役を務めていた。

石光は奉天戦終了後、総司令部から出張してきた川上素一大尉を案内して激戦地を廻った。川上大尉は日清戦争時の日本軍総参謀長川上操六大将の長男である。大山総司令官と川上大将は共に元薩摩藩士の旧友であった。その関係で川上大尉は大山大将を子供の頃から知っていた。満洲派遣軍総司令官の副官つまり個人的秘書という、余人なら気おくれして尻込みしかねない難役を、軍は幼少時から面白いおじさん（大山はそのいかつい容貌に似ず、薩摩弁でいうチャリ（冗談）を言って周囲の雰囲気を和ませるのが上手であった）として見知っていた川上大尉に押し付けたものと思われる。また石光は陸士時代、川上大尉の指導教官の役を務めていた。そのような縁もあり、川上大尉の案内役とされ、第二軍関係の激戦地を巡った（以下は石光の手記『望郷の歌』中公文庫より）。

「第一線に近づくにつれて黄塵に蔽われた沙漠のような畑地には、戦死者や重傷者が遺棄した銃器・弾薬・水筒などが死屍とともに散乱して、半ば黄塵に埋もれていた。兵士の一人一人が機関銃の銃弾を避けるために、円ぴ（スコップ）で自分の頭を入れる穴を掘った跡が、点々と残っていた。この日露戦全域の戦場に若い生命を散らした哀れな兵士の営みが、馬上の私の胸をしめつけた（略）。それらを廻っていると、川上がこう口を開いた」

「総司令官はいつもこう言っておられます。『皆様のおかげで各方面とも連戦連勝、とうとうわしの出番はなかった。しかし、これが国家の慶事だ。わしの出る時は全軍総崩れになった時だ。その時はわしは陣頭に立って（戦って）死ぬ』と、申されております」

さらに続いて川上はこう言った。

「いつも戦場を巡って感じますことは（川上は大山の副官として各軍激戦地の視察に派遣されていたらしい）、このような戦闘は命令とか督戦ではできないということです。命令されなくても強制されなくても兵士一人一人が勝たなければ国が亡びる、ということをはっきり知って、自分で死地に赴いております。この勝利は天祐ではなく陛下の御稜威《ごみいつ》でもありません。兵士一人一人の力によるものです。さように考えることは教官殿、けしからぬことでしょうか」

「いやいや……そのとおり。僕もそう思っているよ。天祐とか御稜威とかいうのは、あれは君、陛下にご報告するときの文飾だよ。しかし川上君、兵士の一人一人がこのように戦ったのは、小隊長も中隊長も大隊長も、いや連隊長までが抜刀し、いつも皆の先頭に立って進んだからだよ。だが……つくづく思うねぇ。両軍の間にこれだけ兵器の威力の差があって、よくまあ……ここまで来つる（結果的に戦勝に至れたこと）ものかねぇ……」

石光は日露戦の直前期、大連で露軍出入りのクリーニング屋や写真館を経営していたこともあり、その関係で露側の兵備的状況をよく知っていた。さらに川上が、「総司令部にあっても全く勝利の確信が持てませんでした」と続けると、石光は「第一線もそうだったよ。ここでこうして斃れている兵士たちも、死を決して戦う、自らの死生を脱却しなければ戦えるものではなかったじゃろうよ……」と応じ、二人ともしばらくその場に立ちつくしていた。最末端の一兵士までが自らの死生など念頭におかず、というよりは死を決して戦ったがゆえにかろうじて獲得しえた勝利、ということである。

最後にその最末端の一兵士でありながら、（おそらくは自らの死生など念頭におかず）一日本国兵士としての本分を尽くして戦い、そして人知れずして消えていった無名戦士のケースをあげておこう。私の大伯父である。

大伯父、つまり母方の伯父であるから、私とは二世代半くらいの年齢差がある。大伯父は明治十年代頃の生まれだったものと思われる（そのあたりの正確なことは現在に至ってもわからない）。私が子供の頃は大伯父はすでに相当な老人であった。大伯父家は農家で私の実家とはほど近く、また（大伯父家には）同年の男の子がいたこともあり、子供の頃はよく遊びに行ったものである。大伯父はその頃、七十歳前後ではなかったかと思われるが、いつ行っても納屋か屋敷内の畑で農作業をしていたという記憶しかない。奥さんを早く亡くしていたこともあり、ともかく寡黙であった。私とは会話らしい会話を交わしたという記憶はない。ただ、納屋の二階に上がったり、農機具の間を飛び廻ったり、庭木に登ったりと危ない遊びをしたがる私たち男の子のことを、大伯父は農作業をしながら見守ってくれていたものと今頃になって思われる。

大伯父には秘密の小箱があった。それだけは厳重に封印をして仏壇の奥深くにしまい込み、中身は跡継ぎの息子さんにも誰にも見せようとも知らせようともしなかった。老人が死の床に就いたとき、その小箱はいつの間にか（老人の）枕元に置かれてあった。老人の死後、家人が初めて開けてみると、「日露戦時の（老人の）二等水兵としての従軍章と、日本海海戦での勝利を報ずる当時の新聞の切り抜き」が入っていた。それで家人は老人が元海軍軍人で日本海海戦に参加していたことを初めて知った。それまで家人は老人が若い頃、戦争に行っていたということは承知していたが、陸軍なのか海軍なのか、どこでどのようにして戦ったのかなどほとんど知らなかった。老人は軍人時代のことは、何一つと言ってよいほど語らなかったからである。

明治期、特に海軍では除隊してからも軍関係のことは一切話してはいけないと、戒められていたものである。乗っていた船の大きさ（基準排水量）、主砲・副砲の口径、数量が知れると戦力がわかる。それは厳重な機密的事項だからである。老人は除隊してからもその戒めを固く守り、軍人時代のことは奥さんにも誰にも話さなかったものと思われる。おそらくは海軍軍人であったことも。

日露戦時、海軍志望者はごく少ないものだった。私の周辺にも元軍人が何人かいたが、海軍関係者はその老人だけである。そのような風潮の中で老人がなぜ海軍を志向したのかは、今となっては調べようがない。よく言われる。日本海海戦の英雄、東郷平八郎元帥は若い頃の薩英戦争で薩摩軍の一少年戦士として従軍し、英艦隊の威容を眼のあたりにした。それで、海からの大敵は海に於いて防ぐに如かずと維新後、海軍軍人を志向したと。私の郷里は日本海に面した秋田の寒村である。古くから対岸の露領あたりからの漂着物が少なくなかった。小舟とともに赤ら顔でひげもじゃの異人（おそらくは露人漁師）の死体が流れ着いたこともあったらしい。老人なりに対岸露国の脅威を意識したがゆえの、海軍志向だったのかもしれない。老人の名を田口勘次郎さんという。

奉天戦勝利の最高的貢献者は一人の日本人軍属

以上のように日露戦に関しては、最高的指揮官や将校だけでなく末端の一兵士に至るまで、敗戦になど至ったら国家の破滅にもなりかねない難戦・大戦であると認識していた。最下級の水兵、二等兵までが一戦士としての自らの本分を尽くそうとの心構えで戦地に赴いたものである。いや、兵士だけではない。全国民同様であった。さらに、たんに思うだけでなく、ときには実際に死を決して行動したりした。そのうちの一つ「シベリア鉄道爆破決死隊」のことを、かつて私は『宰相桂太郎』（光人社NF文庫）の中で取り上げたことがある。日露開戦早々、二名の現役兵に引率された民間人一〇名が現地人隊商に扮して露軍の後方に潜入し、二隊に分かれてシベリア鉄道の爆破を試みた決死行のことである。そのうちの一隊は成功し、一隊は失敗した。失敗した隊の参加者（六名）は戦闘死するか捕らえられて処刑されるかして全員死に至った。同書では失敗した隊についてのみ触れておいたが、本書では成功した隊についてのべておこう。

シベリア鉄道は当時、極東方面における露軍の生命線とされていた。モスクワやペテルブルグなど西部の大工業地帯、人口密集地帯から物資・兵器・兵員を馬車で運搬するとなると三か月近くかかる。その間、大道が通じていない箇所があったりして、重い大砲類は運べなかったりした。シベリア鉄道はその運送期間を十分の一に縮め、しかも重砲類の運搬も可能にした。日露戦争時、彼我の戦力的格差は大きかった。潜在的戦力といえる人口は約一億四〇〇〇万人（露）対約四四〇〇万人（日）、表面的戦力といえる兵力も約三五〇万人（露）対約一二〇万人（日）と、いずれも三倍程度の差があった。近代戦を遂行するにあたって必須的保有事項といえる工業力水準も、わが国は劣勢的であった。それら優勢な戦力を極東方面に迅速に展開されたらわが国に勝ち目はない。というわけで、その迅速な展開を阻止するための決死的作戦であった。

もちろん露側も、日本側がシベリア鉄道に対して何らかの破壊的工作を行うであろうことは想定していた。その防禦として露側はチタからハルビン、さらに奉天に至るシベリア鉄道沿線一帯に、警備部隊としてミシチェンコ少将率いるコザック騎兵団約一万名を配備していた。コザック騎兵とは中央アジアからコーカサス山脈にかけての平原地帯に居住していた騎馬遊牧民族の末裔で、その特性である機動力を発揮し、ナポレオン軍のモスクワ遠征（一八一二年）のさい、迎撃戦、特に追撃戦に活躍したことは、あまりにも有名である（前述民間人主体のシベリア鉄道爆破決死隊のうちの失敗した隊は、監視のコザック騎兵に捕らえられたものである）。

なお、コザック騎兵の片鱗は、現代人もボリショイ（ロシア国立）サーカス団における人馬一体となっての曲芸的演技によってうかがい知ることができる。私も先年それを見に行ったが、全員一五〇センチそこそこの、したがって騎乗に適した短軀ながら半径一〇メートルほどの円陣を周回しつつ、馬上に屹立したり馬腹に身を潜めたりと、乗馬を自在に操って疾駆する有様は、さすがは騎馬民族の末裔との思いがしたものだった。

ともかくシベリア鉄道は日露戦時、極東における露軍の生命線のようなものであった。それに対する破壊的工作を民間人だけにやらせるわけにはいかない。ということで奉天戦に至る直前、満洲派遣軍の正式な作戦として軍人によるシベリア鉄道爆破隊が結成された。独立騎兵第八連隊に属する永沼秀文中佐率いる「永沼挺進隊」である。挺進（挺身とも書く）という名のごとく身を挺して敵中深くにまで潜行し、破壊・妨害的作戦をすることを目的とする部隊である（以下は島貫重節著『ああ永沼挺進隊』原書房より）。

永沼挺進隊の編成は騎兵部隊二個中隊、兵員は一七六名、出発は明治三十八年一月九日のことであった。奉天戦開始の二か月ほど前である。目標はその頃、すでに奉天からその後方約三〇〇キロの長春あたりにまで進出し、さらに南下しつつある露軍の生命線といえる鉄道軌道の爆破であった。それによって露軍部隊の奉天付近へのさらなる大部隊の集結を妨害し、奉天決戦を日本側有利に導こうとするものであった。

シベリア鉄道沿線一帯にはすでに露軍部隊が展開していたから、直進はできない。永沼隊はまず、図6―4に示したように出発地の煙台から西方に大きく二〇〇キロほど迂回し、そこを前進基地とした。さらに前進基地からは北方に直進し、二〇日ほどかけてチチハル付近にまで至り攻撃基地を構えた。そこまでは乗馬の疲労を抑えたゆったりとした行軍だった。

攻撃基地で一週間の休養をとったあとは一気の強襲であった。二日で長春南方の新開河鉄橋に殺到し、守備隊との交戦に至った。交戦しながら鉄橋に爆薬を取り付け、爆破に成功した。使用した爆薬は三〇〇キロほどであった。ある隊員はその（爆破時の）瞬間のことを、「大音響とともに高々と火柱が上がり、レールも枕木もその中に舞い上がったのが見えた」と、証言している。さらに全隊員は交戦中の身であることも忘れ、思わず「天皇陛下万歳」と唱和した伝えられる。

図6-4 永沼挺進隊の進撃コース

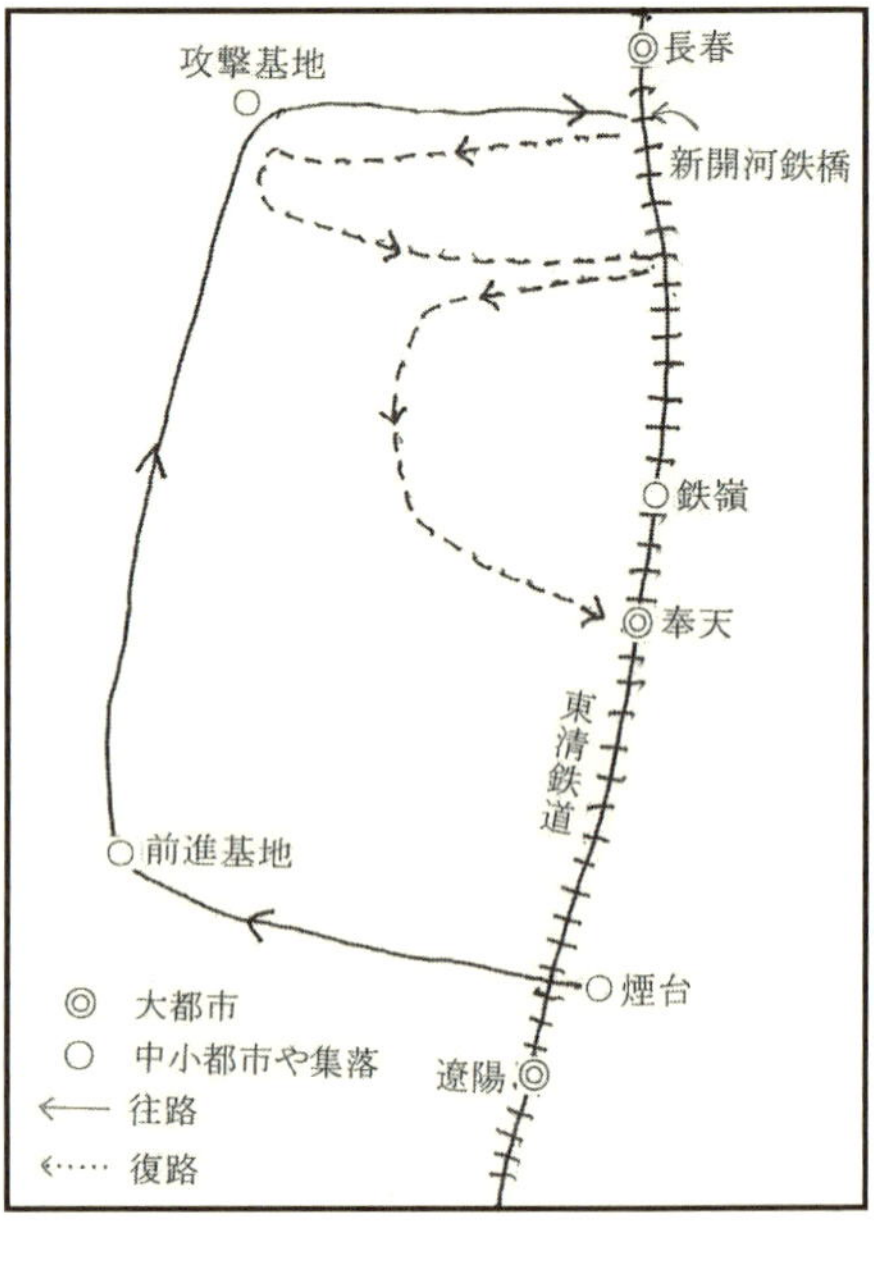

永沼隊の鉄道軌道爆破はそれだけではなかった。コザック騎兵部隊の追跡を受け、ときには騎兵対騎兵の白兵戦を演じたりしながらさらに潜行し図6—4のように帰路も二か所で鉄道軌道爆破を敢行している。永沼隊が無事に目的を達成し、その頃日本側が占領していた奉天に至ったのは出発から七五日目の三月二十四日のことであった。その奉天戦における日本側勝利の要因として、前述したように日本軍第三軍が、まず奉天の西方に大きく展開しさらに後方にまで進出し、（奉天に集結していた）露軍全体を包囲する態勢をとれたことが挙げられている。そのように包囲されて退路を断たれることをおそれた露軍主力部隊が退却する姿勢を示し、それが全軍に波及して敗勢、さらに敗退にも至ったのである。

その奉天戦において、露軍右翼方面つまり日本軍左翼方面における（露軍の）主たる警備部隊は、ミシチェンコ騎兵団約一万名であった。それらが永沼隊の鉄道軌道爆破作戦により、当初の任務であった奉天西方警備から、はるか後方の長春、さらにハルビンからそのまた後方のシベリア鉄道本線あたりまでの警備に役割変更とされたことにより、結果として乃木軍の進出を許したのである。

ただし、永沼隊の損害は少ないものではなかった。爆破成功後はコザック騎兵部隊の追跡を受けた。それをどうにか振り切って奉天に凱旋したとき、健兵は本部要員ら二十数名しかいなかったといわれる（死は二十五名、重傷者が六十数名）。

以上のように奉天戦の以前と戦中にかけて、露軍のはるか後方にまで三隊のシベリア鉄道爆破を目的とする日本側軍民による決死的部隊が派遣され、そのうちの二隊までが成功した。その成功した二隊のどちらにも参加していたただ一人の隊員がいる。軍人ではない。若林竜雄という民間人である。

若林は民間人主体の爆破隊には通訳官としての参加であったらしい。蒙古語に堪能であったらしい。明治の中期あたり、「狭い日本にゃ住み飽きた。僕も行くから君も来い」とばかり、大陸に雄飛する夢を抱いて海を渡った若者が少なからずいた。当時の表現によれば大陸浪人である。若林もそのうちの一人だったらしい（熊本濟々黌《せいせいこう》学舎の出身といわれる）。民間人主体の爆破隊成功の理由の一つは、現地モンゴルの地理に詳しく現地語を話せる案内人若林を得られたことが大きかったものと思われる。

そのウデを永沼挺進隊に買われ、再度のお勤めとなったものらしい。永沼隊は替え馬を持たず、一人一頭の軍馬だけで行動した。迅速な行動をするためである。一頭の軍馬に積める荷など限られている。武器類の他は少量の食糧、私物くらいしか持てない。永沼隊は行動秘匿のためもあり、人家などほとんどない内モンゴルの半砂漠地帯を主として潜行した。その間の食糧や物資の確保・運搬、宿営地の選定・設営などはどうしたか。若林が一人で受け持ったのである。

永沼隊における若林の身分は「蒙古馬隊指揮官」であった。現地モンゴル人二〇〇名ほどの馬隊（輸送部隊）を引き連れ、本隊と寄り添うようなかたちで行動し、行く先々で物資や食料の調達、現地人との交渉など、輜重輸卒《しちょうゆそつ》の役を一人で果たしたのである。さらに新開河鉄橋爆破のさいは陽動作戦も行っている。若林がまず蒙古人部隊を引き連れて新開河鉄橋南方の鉄道軌道を小爆破させ、露側の警備部隊をその方面に引き寄せておき、その間隙を衝いて永沼本隊が鉄橋を大爆破させたのである。

なお、当時は一つの大きな作戦が終了すると、ただちに論功行賞が行われるものだった。奉天戦終了後ももちろんそれが行われた（その結果、久直率いる第九師団に感状が授与されたことについては前述した）。永沼隊帰還後もむろん感状の対象とされ。満洲派遣軍総司令部から永沼隊長に何人か感状に値する働きをした隊員を推薦するようにとの、内示が至った。そのさい永沼隊長は五名を推薦し、そのうちの功績第一位者に若林を挙げた（個人に対する感状は功績第一位は誰、第二位は誰などと順位をつけるものだった）。それに関し、総司令部から内々にクレームがついたらしい。軍による作戦なのに功績第一位者に民間人を充てるのはいかがなものかと。だが永沼隊長は断固としてその総司令部からの要請をはねつけた。こう言ってである。

「我々軍人は勲賞を得たいがために行動するとまでは言わないまでも、どこかにそのような意識がある。だが彼（若林氏）には、そのようなところはみじんもない。純粋に軍の為、国家の為に働いてくれた。しかもその功績たるや全満洲派遣軍二十数万人中随一と言ってよいくらいである。彼以外に勲功第一位に相当する人物はいない」

もちろん、永沼隊長の言い分は通り、民間人若林が永沼隊における勲功第一位者とされ、感状が授与された。ただし、若林はそれを授けられても日本には帰らず、内モンゴルあたりに戻ったらしい。以後の消息はわかっていない。

ロマノフ王朝の終焉

日露戦時におけるロシア側の最高的地位者ニコライ二世に関して、全四〇〇ページにも及ぶ大部の伝記（『ニコライⅡ世』日本経済新聞社）を著した英ロンドン大学教授ドミニク・リーベン

（東京大学の客員研究員として訪日経験もある）は、同書の中でこう述べている。まず、日露戦争とは露側にとって不必要な戦いであったと規定した。露はなにも無理して本国から一万キロも離れた極東の僻地（満洲や朝鮮半島）にまで触手を伸ばす必要などなく、また同地を獲得したところで、当時の露の国力・軍事力からして守り抜けるものではなかった、というふうな意味である。さらに続いてこうも裁断している。

「日本との悲惨で不必要な戦いの全責任は、（当時の露国は皇帝独裁的政体であったから）全面的にニコライにある。まずかれは、あえて大きな危険を冒してより強大と思われたロシアに挑もうとした日本の断固とした決意と、戦争を継続する能力を甘く見た」

日本（人）の断固とした決意については実際にそうだった。日露戦争に至る前、当時の日本軍における最高的地位者（参謀総長）山県有朋は、政界における最高的地位者（枢密院議長《すうみついん》）の伊藤博文にこう言った。「万が一、敗戦的事態になど至ったらわれわれ軍人は生きていない。（文官の君は生き残るだろうから）以後の処置は頼む」。伊藤はこう応じた。「われわれ文官だって同じだ。自分もそのときは俊輔の昔に還って銃をとり、山陽路において侵攻してくる露軍を迎え撃ち、戦闘死するつもりだ」。桂太郎首相はさらに用意周到だった。師と仰ぐ吉田松陰の遺骸が葬られている松陰神社（東京都世田谷区）の隣接地に、自らの生前墓を造営している。もちろん、敗戦的事態になど至ったら自決の覚悟であったことはいうまでもない。

このように当時、交戦国首脳部の少なからずは敗戦すなわち自らの〝死〟を想定し、その覚悟でいたものである。それは民間人に限らない。王朝側も同様である。身体生命的死には至らなくても、体制的〝死〟は免れえないものだった。実際、日清戦争における敗戦国清は（敗戦によって）王朝が崩壊したようなものであるし、第一次大戦（一九一四～一八）でも同様、敗戦国独・墺では皇帝が退位に追い込まれ、帝政そのものも廃止されている。

日露戦争における敗戦国露でも、同様の運命を免れえなかった。その端緒はまだ戦中の明治三十八年一月二十二日の、いわゆる「血の日曜日」事件であった。戦時的事態が続いていることにより重税が課せられ、また物価の高騰により生活苦がますます進行しつつあることに不満を有する一般民衆、工場労働者ら約十万人が、王宮に向かってデモ行進をした。それに警護の警官・軍隊らが発砲し、王宮側の発表によれば一〇〇〇人ほど、デモ側によればその十倍もの死者が出た事件である。それで国民一般のロマノフ王朝に対する尊崇的感情は一気に崩れた。それまでロシア民衆の多くは、皇帝一家に対しては忠良なる臣民であった。そのデモ行進も武器など特に持たず、せいぜいプラカードを掲げての皇帝に対する請願、つまり「生活が苦しくなっているからなんとかしてください」というようなかたちのものだったことでもわかる。以後は、特にそのデモ行進の主体となった工場労働者や無産階級者にとっては、帝政は打倒すべき対象とされた。

ただ、日露戦後ただちに帝政崩壊とまでには至らなかった。なんといってもロマノフ王朝五〇〇年の統治の歴史は重い。帝政打倒派の社会主義革命派（赤軍派）がまず台頭し、それに対抗する今日的に言えば民主的改革派（白軍派）も現れ、旧来の王朝擁護派も一定の勢力を維持しており、その三者が三すくみのようなかたちになった。ロマノフ王朝が形式的には日露戦後十二年も続いたのは、その三者のいずれが主導権を握るかの決着がなかなかつかなかったからである。

それが決着に至ったのはやはり戦争（第一次世界大戦）が契機になっていた。いつの世でも戦争によって最も多く惨禍を被るのは工場労働者や一般庶民ら、下層階級者である。一次大戦でも同様で、まだ大戦中の一九一七年三月、無産階級者ら主体によるいわゆる「三月革命」が勃発して赤軍派が政権をとり、当然のことながら帝政は廃止に至った。ニコライ一家は王宮を追われ、トポリスクというウラル山中にほど近い小都市の元知事公舎に移送され、幽閉同然の身となった。そこでの生活ぶりはそれほど悪くはなかったらしい。使用人が十数人もつき公舎内を動き回れる自由もあったらしいからである。

ただ、一家を虜囚《りょしゅう》の身においた赤軍派もその処遇に困っていたらしい。戦時中という財政面での窮乏のおり、いつまでも金がかかる〝別荘暮らし〟をさせているわけにはいかない。始末に困って同盟国（第一次大戦では英・仏・露が同盟し、いわゆる協商側の独・墺・伊らと戦っていた）英に亡命の話もでたらしい。前述したように当時の英王ジョージ五世はニコライと従兄弟の関係にあり、その二人はともに皇太子時代、北海あたりでクルージングを楽しんだりしていた遊び仲間でもあった。だが、当時の英は立憲君主制国家、英議会がニコライ一家の受け入れを拒否し、亡命には至らなかった（ジョージ五世自身も従兄弟一家の受け入れにそれほど乗り気ではなかったらしい）。

ニコライ前皇帝一家の知事公舎暮らしは一年近く続いた。一九一八年に至り、第一次大戦の終局が近づいてきた。その頃、英・仏・露ら同盟側の最終的勝利は確実というような情勢になっていた。ニコライ一家を幽閉していた赤軍派も、もう同盟国英に配慮して（一家を）知事公舎という〝別荘暮らし〟をさせておく必要はないとばかり五月、トポリスクからエカチェリンブルクというボルガ河中流域のやはり小都市の一民家に移送された。普通の民家に主従合わせて二十数人が押し込められたのである。もはや幽閉というよりは監禁である。実際、そこでは女性たちがトイレに行くのにも監視人つきであったらしい。一家はそのあたりで、自らの運命が終局に近づきつつあるとの認識にも至ったものと思われる。

だが、それでただちに決着という事態にはならなかった。一家を虜囚の身に置いたのは赤軍派の支部で、その最終的処置にはモスクワの本部にうかがいを立てる必要があった。それで一家の運命は決した。モスクワの赤軍派最高的幹部の一人がレーニン（一八七八〜一九二三）だったからである。レーニンはその二十数年前の高校生時代、兄アレクサンドルがニコライ二世の父アレクサンドル三世を暗殺しようとして捕らえられ、処刑されていた。当時、露では政治犯の処刑は衆人注視のもと、公開で行われるものだった。絞首台に歩む我が子に向かい、（アレクサンドルとレーニンの）母は警吏に制止されながら、「勇気を出すのよ、勇気を出すのよ」と、声を限りに叫び続けていたと伝えられる。ギリシャ正教が規定する神のみもとに赴くのであるから、死など恐れることはない、との意味合いを有する絶叫ではなかったのか。

そのような体験を有するレーニンがニコライ前皇帝を許すはずはない。モスクワの本部の決定は当然のことながらニコライだけでなく、一家全員の処刑であった。そのさいレーニンは「革命に歴史はいらない」と言ったと伝えられる。我々は改革ではなく革命を起こそうとしている。過去とは一切断絶する必要がある、ということであったものと思われる。

ニコライ一家の処刑は一九一八年七月二十三日、場所はその監禁されていた民家の地下室であった。午前二時、一家総員、ニコライとアレクサンドラ前皇妃、二十三歳を頭とする二十一歳、十九歳、十七歳の四人の前皇女、さらに十三歳の前皇太子アレクセイに従者十六人の全員がたたき起こされた。急遽、他に移動することになったとの口実であった。外では数台の車がエンジンを全開にさせていた。その二十三人の被処刑者たちは、それが自分たちを移送するための処置であるものと考えていたのかもしれないが、もちろんそうではなかった。処刑のさいの銃声を打ち消すためであったことは言うまでもない。

地下室は日本風にいえば畳十二帖ほどの広さの食糧貯蔵庫であったらしい。突然、地下室のドアが開いた。十二人の死刑執行人が現れた。そのうちの五人は永年にわたってロシアとは仇敵的関係にあったハンガリー人の捕虜であった。十二挺の連発式軍用拳銃が火を吹き、ほどなく二十三人全員の処刑が終わった。前皇帝一家の中で真っ先にこときれたのはニコライで、最後まで息があったのは二人の末娘であったといわれる。その二人をも含む一家全員の写真が遺されている(前記『ニコライ二世』など)。特に末娘二人は乙女盛りとあって、愛くるしい顔立ちをしている。死刑執行人たちもさすがにその二人には銃を向けるのをためらったものと思われる。死体は毛布にくるまれて焼却された後、遺骨は近くの廃坑に投げ込まれ、上から厚く土砂がかけられた。一家全員処刑終了の報を受け、モスクワの共産党本部は全世界に向けて次のような声明を発表した。

「地区幹部会は人民の意志に従い、前皇帝ニコライ・ロマノフを多くの人民の血を流した犯罪により、人民の名において有罪とされ、銃殺に処せられるものと決定した。

地区幹部会の決定は、七月二十三日から二十四日にかけての夜に、刑の執行により、遂行された。

ロマノフの家族たちはエカチェリンブルクから他の安全な場所に移動させられた」

つまり、処刑されたのは前皇帝一人だけであるとしたのである。第一次大戦の終局が近づきつつあるとはいっても、まだ終戦には至っていなかった（終戦はその四か月後）。同盟国英に対する配慮もあったものと思われる。

それが後年、意外な事態を生じさせた。われこそはそのとき処刑を免れた一人であると称する人物が、何人か現れたのである。特に末娘二人の〃ニセ者〃が多かったらしい。それを持ち上げ、はやし立てるマスコミも登場するなど、当時の西欧社会をにぎわせたりした。

その事件の決着がついたのは第二次大戦後、科学の発達によるものであった。周知のようにニコライは皇太子時代の明治二十四年（一八九一）、日本訪問のさい警護の警官に切りつけられ、頭部を負傷した。そのときの血のついたシャツがロシア側のある博物館に遺されており（日本側にも介抱したさいの血のついたタオルが遺されているらしい）、それからニコライの細胞のＤＮＡ型が検出された。それが後に廃坑から掘り出された人骨五体（四人の前皇女と一人の前皇太子）のそれと一致し、一家全員の処刑死が最終的に確定に至った。処刑から七十五年後の一九九三年のことであった。

終章　晩節

戦争の世界には次のような格言、というよりは軍人として功名成し遂げた人物に対する箴言《しんげん》がある。

「老兵は死なず、ただ消えゆくのみ」

ここでいう〃老兵〃とは、字義どおりの意味の「年老いた兵士」のことではない。そもそも単なる老いた兵士なら、わざわざ消えゆくのみなどと言う必要はない。自然消滅的に消えている。兵のもともとの意味の「つはもの」、つまり強者・勇将的人物のことをいう。そのような強兵・猛将的人物とははやいはなし、人殺し術にたけた者である。そんな技術など平時にはなんの役にも立たない、どころかむしろ有害でさえある。したがって戦時が終了して平時的時代に至ったら、勇将的人物は自らの存在の無意味性・有害性を自覚し、一般社会にしゃしゃり出ることなどしないでひっそりと生きよ、というふうな意味合いを有する（勇将的人物に対する）戒言なのである。

勇将にして驍将《ぎょうしょう》とうたわれた本書の主人公、大島久直の場合どうだったろうか。久直の晩年を追う。

講和、そして凱旋

戦争的事態に関しては次のような格言もある。

「兵は出すのは簡単である。だが退くのは難しい」

日清戦争ではこのことをあまり意識しないですんだ。日清戦争における最終的決戦といえる田庄台戦（明治二十八年三月）で日本軍が圧勝し、清軍そのものが消滅してしまったようなものだったからである。対抗する軍事的勢力がほとんどなくなったため、日本側は清国から自在に撤退も凱旋もできた。

日露戦争ではそうはいかなかった。陸軍における最終的決戦といえる奉天戦で、日本軍は露軍を潰滅させたわけではなかった。露側は大部分の兵力、おそらくは全軍の三分の二ほどの約二十万余を温存し、奉天から五〇〇キロほど北方のハルビンあたりまで後退したにすぎなかった。しかも本国からの応援部隊が続々と到着していた。一方、日本側は奉天戦終了時は健兵十万そこそこに減じていた。本国からの補充部隊の到着もあまり多くはなかった。奉天戦が終了して休戦的事態に至っても、さらに講和条約が締結（三十八年九月一日）されても、ただちに全軍撤退というわけにはいかなかった。実際、その撤兵の時期を誤ったため敗戦にもさらに亡国にも至ったという例は古来、少なくない。そのことに関して最も有名な例の一つは、楚漢争闘の際の楚側の対応であろう。

紀元前二〇二年、項羽率いる楚軍約十万と劉邦を将とする漢軍約二十万が南京郊外の垓下《がいか》において最終的決戦を行った。兵力は漢軍がはるかに多いが、項羽は名にし負う勇将、勝敗の決着はなかなかつかない。両軍とも疲れ果て、ひとまずは休戦にしようとなった。講和協定が結ばれ、正直者の項羽は軍を解散させて撤兵にかかった。そのとたん劉邦軍が急襲した。項羽軍は壊滅的事態に陥り、項羽本人も敗死に至り以後、四〇〇年も続く漢の天下となった。

個人的武闘でいえば、竜虎相争って勝敗の決着が容易につかない。ひとまずは仲直りしようと互いに剣を収め、一方が背を向けたとたん、もう一方が後ろから襲いかかったようなものである。討たれてから背後から襲いかかるとは卑怯千万、講和協定違反なりなどといくら騒いでもどうにもならない。ともかく〝死〟だけはいったんそれが発生してしまうと、旧に復することは不可能である。個人的武闘の集団的形態といえる戦争だって同様である。休戦的事態に至ろうと、講和条約が締結されようとどうなろうと、兵を簡単に退くわけにはいかない。相手側が退かない限りは。

もちろん日露戦争における日本側首脳部は、以上のようなことは十分に認識していた。当時の満洲派遣軍首脳の中で、楚漢争闘の故事も、さらに「兵は出すのは簡単だが退くのは難しい」という格言も承知していない者は、おそらく一人もいなかったろう。それでも事故は発生した。その最大的規模であったのは八月下旬、第二軍の第二師団に関するものだった。最前線で警備していた一個中隊約二〇〇名が露軍部隊に急襲され、ほとんど全滅に至った。その頃、日本海海戦（三十八年五月末）での日本海軍完勝の報が全軍に告知されており、前線では休戦的気運が満ちていた。さらに講和交渉団派遣のことも知れ渡っており、終戦も近いとの観測も流れていた。また、その急襲された部隊は本国から到着したばかりの応援部隊で、前線に満ちていた弛緩《しかん》的気運に染まり、警戒を厳にしておかなかったためもあったらしい。

第九師団に関しても同様な事態が発生した。講和条約発効（九月十六日）後の九月二十三日のことである。やはり最前線の警備部隊が露軍部隊に急襲され、十三名の死が発生した。なお、その二例の相手はともにコザック騎兵部隊であった。コザック騎兵団は前章でのべたように、奉天戦の期間中は日本軍のシベリア鉄道破壊作戦に対応するため主として後方警備に充てられ、実戦にはあまり参加しなかったこともありその頃、エネルギーを持て余していたらしい。ともかく、講和条約が締結されようとどうなろうと、いったん出した兵は簡単に退くわけにはいかない。相手側が退かない限りは。

それは露側においても同様である。日本側が退かない限り撤退などできない。現代ならばそれら交戦軍の最前線的地帯に中立国、もしくは国連軍による監視団などを置き、それらの監視のもと相互的・順次的撤退ということにもなりうるが、そんな時代ではない。だがその頃、最前線では両軍のホットラインが通じていた。軍使であることを示す旗（通常は白旗と隊旗の二旒を掲げる。白旗だけなら降伏のしるし）を掲げた軍使の往来があった。その軍使団の交渉により順次的撤兵が始まったのが十月中旬あたりから。その頃の状況を第九師団に関する正史といえる『紀念帖』はこう伝えている。

「(十月十八日)、この日から各部隊とも前哨なしの宿営に至った」

最前線部隊は敵側からの奇襲・急襲に備えてその前方数キロほどに監視所（哨所）を置く。その敵側最前線部隊が遠くに去ってしまい、奇襲の恐れがなくなり、それこそ枕を高くして寝られるようになったということである。その哨所を廃止したあたりから一般兵卒も、これで日露戦は終了した、あとは凱旋あるのみ、というような心境にも至れたものと思われる。その凱旋にあたり現地人の反応を『紀念帖』はこうも伝えている。

「(日本軍凱旋のうわさを聞き)、現地人の代表者が第九師団本部にやってきた。彼らがいうには、『日露戦に至り、日本軍がこの地に進駐して来た当初はわれわれは、(日本軍も)昔からこのあたりに出没していた盗賊や匪賊《ひぞく》の類だろうと恐れていた。家々は戸締りを厳重にし、女・子供を一人歩きなどさせなかった。だが、いざ日本軍が来てみると、軍規の厳正さ、それを固く守る日本兵の規律正しさに驚いた。今や家屋敷を荒らされる心配など全くなく、婦人も夜間でさえ一人で外出できる。全軍を撤退などさせず、一部の部隊だけでもこのまま駐屯していてほしい』」

むろん、その願いは聞き届けられた。ただし、現地人保護のためではない。全部隊が撤退するとそのあとに露軍部隊が進出して来たりする。それではなんのために戦ったかわからないからである。

その交代部隊が到着した三十八年の暮れあたりから満洲派遣軍の撤退が始まった。全軍の中で最も北方にまで進出していた第九師団のそれが最も遅く、年が明けてからになった。第九師団がその頃進出していた奉天北方五〇キロほどの鉄嶺出発は三十九年一月九日。往きはひたすら行軍であったが帰りはもちろん汽車旅行である。首脳部は客車であったが、一般兵卒は有蓋貨車である。それでも兵士たちは「往きに比べたら天国、天国」と、はしゃいでいたらしい。

一日半で大連に至り、さらに二日間の船旅で宇品(広島市の外港)入港。そこでも日清戦争経験者の古兵が案じていたような事態には至らなかった。日清時はせっかく内地に到着しても、検疫のため一週間から十日も船内にカン詰めにされたものである。当時、大陸はコレラ・ペスト・赤痢など悪性の病原菌の宝庫。特にコレラは発症すると短時日で死に至ったりするため

〝三日コロリ〟と恐れられていた（実際、日清戦争期はコレラで年々国内だけで五万名ほども死者が出たりしている）。だが、日露戦時は検疫体制が整備されていた。衣服はまとめて消毒され、人間は頭からシャワー状の消毒液を浴びせられた後、風呂に入れられただけでおしまい。合わせて二時間ほどで検疫は済んだらしい。第九師団軍全部隊が金沢駅に降り着いたのは、大陸の戦地を出発してわずか二週間後の、一月二十三日のことだった。

なお、余談を一つつけ加えておくと、以上のように日本軍は北満の最前線的地帯に少数の警備、というよりは露軍に対する監視部隊を残置させた。露軍も同様に全軍を撤退はさせず、少数の部隊を残置させた。それら残置部隊間の小衝突が発生したりし、互いに（残置部隊を）増強させたりした。さらに日本側がたんなる兵力増強に止まらず、残置部隊に対する後方支援も兼ねて、民間人も入植させ（満洲国の建設）たりした。

それら民間人の保護のためもあり、さらに兵力を増強させ（関東軍の創設）、それに対抗するため露側も同様にし、はては両軍の大規模な衝突（ノモンハン事件、昭和十四年）が発生し、その北方からの露国の脅威（その頃、露は共産的態勢になっていたが）に対抗するためもあり、日・独・伊三国による防共協定の締結（昭和十五年）となり、はては今次大戦の勃発（昭和十六年）にも至ったことは歴史的事実である。それもこれも結局は、「兵は出すのは簡単であるが退くのは難しい」という兵理によるものであることは、言うまでもない。

ついでにもう一つ蛇足をつけ加えておくと、以上兵理が真である限り、国後・択捉などいわゆる北方領土はまず永久的にわが国に返還されることはない。北方領土はもともと両国の平和的交渉（安政二年（一八五五）両国代表団の交渉によって締結されたいわゆる下田条約）により、日本国の領土とされたものである。そこに今次大戦末期のドサクサにまぎれて露軍が不法に進駐し、軍事占領してしまった。だが、以上兵理により、露側は北方領土から撤退などできない。実際、国後・択捉に露軍は最精鋭的部隊を多く配置しているらしい。そのように兵を退くことなどできない以上、日本側に北方領土を返還することもできないのである（かりに露国政府首脳が返還するとしても軍部が必ず反対する）。

日露再戦に備えて

日露戦はとりあえず終了した。だが、それは勝った日本側に関してだけのことで、負けた露側の特に宮廷内部ではそうでなかった。実際、講和交渉団派遣にさいし、露国皇帝ニコライ二世はこう厳命したと伝えられる。

「わが国は負けたわけではない。現にわが国土に日本軍は一兵たりと攻め入ってはいない。（したがって）一寸の土地も譲らず一コペイカの賠償金も払う必要はない」

結果はそうであった。日本側は賠償金など一銭もとれず、領土も露国にとっては植民地のようなものだった樺太の南半部だけを得たにすぎなかった。しかも露側は日露戦では陸海軍とも全軍の三分の一ほどを出兵させたにすぎず、残りの三分の二はまだ本国に温存していた。さらにその三分の二で再戦という意図も、日露戦終了直後あたりから露側にはもうあった。そのあたりは有史以来、大きな外戦など二度しかなかった島国日本と、十五世紀の建国当初から五〇〇年間、周囲を外敵に囲繞《いじょう》され、したがって外戦の連続のようなものであった大陸国家露との感覚の違いでもあったろう。

もちろん、日本側政府・軍首脳は露側のそういった再戦の意図は察知していた。実際、それに備えて日露戦終了直後から陸軍側は従来の十三個師団体制から倍ほどの二十五個師団体制へ、海軍側も日露戦時の主力艦の総トン数二五万トンからやはり二倍の五〇万トン体制への増強計画を立て、その実現に向けて動き出したりしている。

日露再戦に備えたのは本書の主人公大島久直に関しても同様であった。凱旋後ほどなく明治三十九年五月、久直は第九師団長から近衛師団長に転勤した。近衛師団とは首都防衛にあたる師団中の師団、栄転といえる。また近衛師団は外戦的事態に至ったら、真っ先に渡海することが既定の路線のようなものであった。さらに一年後の明治四十年五月、大将に昇進した。

ところがその頃〝久直退任〟との観測記事が新聞紙上に載った。大将の師団長は異例のことだったからである。といっても現代人にはなぜそれが異例なのかはわかるまい。当時、軍では階級と職制は連動していた。少将は旅団長、中将は師団長、大将は一丁上がりのようなもので現場の第一線からは引退し、軍の帷幕《いばく》などに入り統率的役割をになうというふうにされていた。実際、日露戦争では七人の大将が海を渡ったが、すべて軍司令官や総司令官といった統率的役割を務め、第一線には至っていない。その七人の大将のうちの一人であった児玉源太郎だけは二〇三高地奪取指導で、第一線に赴いたがそれは例外中の例外的措置である。つまり軍部では久直を大将に昇進させると同時に、現場の第一線から身を退かせるつもりだったのである。

それを知って久直は直接、当時の陸相寺内正毅のところへ真相を確かめに、というよりは「(師団長からの)退任は困る」と、談判に行っている。それが通り久直は大将のまま近衛師団長をしばらく(二年ほど)務めた。大将の師団長とは現代風に言えば、本社の重役が支社の営業部長を兼ねるようなもので、それをされた当人にとっては降格的人事といえる。だが、久直にしてみれば降格でもなんでも、日露再戦になど至ったら、当時の日本軍首脳の中で露陸軍に関しては最高的交戦経験を有し、したがっておそらくは最高的権威でもあった自分が再び第一線に立つ以外にない、との覚悟のもとでの師団長留任運動でなかったのか。ちなみに久直以後、大将で師団長職を務めたものは一人もいない。

結果をいえばもちろん、日露再戦には至らなかった。歴史に仮定はあまり意味のないことであるが、それを承知であえてするならば、再戦になど至ったら今度こそ日本側に勝ち目はなかった。そもそも日本側には近代戦における最重要的〝戦力〟といえる金がなかった。第五章で詳述したように、日露戦勝に至れた最大的要因はおそらく、日清戦勝によって得られた巨額の賠償金であった。その賠償金など日露戦の準備の段階で使い果たし、（日露）戦後は逆に当時の国家予算の四倍ほどにもあたる、十七億円という巨額の借金負担まで発生していた。実際、その借金負担で陸海軍とも身動きがとれず、戦後、陸軍は一個師団の増設もできず、海軍に至っては逆に戦力（主力艦の総トン数）削減を余儀なくされたりした。

なお、その日露再戦に至らなかった理由の一つに、当時の露国宮廷内におけるある〝不幸的事態〟も関係していた。まだ戦中の一九〇四年七月、ニコライ二世一家に初めての男児が誕生した。それまで皇帝夫妻の間に四人の子がいたがすべて女子であった。当時、露国では女子に皇位継承権はなかった。ところが、初めての皇帝となりうる皇子の誕生の喜びはほどなく、ぬか喜びに変わった。アレクセイと名付けられたその皇子は血友病患者であることが判明したからである。負傷したりして出血すると流血が止まらなくなる業病である。もちろん、いつまでも止まらないというわけではなく、ある程度出血して流れ出る血液の勢いが弱くなると止まる。ただ、人によってはその最初に出血した時点で死に至ったりし、また打撲しての内出血でもその部分に大きな血の塊ができたりする。現代ならば血小板の移植や正常な血液の輸血などにより、それほどの業病でもなくなっているが、そんな時代ではない。ともかく当時の医学・科学のレベルでは治癒不可能的で、したがって血友病患者で成人に達するまで生き永らえるのはほとんど不可能的とされていた。

跡継ぎの皇子の業病に最も衝撃を受けたのは生みの母、アレクサンドラ皇妃であった。アレクサンドラはロシア人ではなかった。デンマーク公女として生まれ、デンマークで育ち、ロシア語をほとんど話せなかった。今日的感覚でいえば、ある国の皇太子に嫁ぎ、しかもその国の言語を解せないなど想像もできないが、当時の王族間の婚姻の多くは、戦争的事態を避けるための政略的結婚であったためである。そのこともあり、ニコライ二世と独皇帝ウィルヘルム二世、さらに英王ジョージ五世は母親同士が姉妹（デンマーク公女）の従兄弟関係にあったことはさきに述べた。

異国の皇太子に嫁ぎ、自らに課せられた最重要的役割と言える跡継ぎの皇子を五人目でようやく産めたものの、その皇子は明日をもしれぬ業病患者。しかもその業病は当時の科学・医学のレベルでは治癒不可能的、となれば皇妃アレクサンドラのとるべき方途は決まってくる。非科学・巫術・加持祈祷の類である。それはあった、というよりはいた。モスクワ近郊の森に住むラスプーチンという旅の祈祷師である。その独特な祈祷により数多くの奇跡を具現したとされていた。

あるとき、アレクセイが出血したさい、試しにとラスプーチンが呼ばれた。ラスプーチンは侍医・侍臣をすべて去らせ、アレクセイを寝台に横たわらせ、皇妃と三人きりになり、なにやら加持祈祷をした。ところがそれでアレクセイの出血が止まったのである。一度だけなら偶然の一致ですむが、そのようなことが二度、三度と続いた。もう偶然ではない。必然、つまりラスプーチンの〝超能力〟のためである、としか考えようがない。ラスプーチンは一介の旅の祈祷師から超的能力を有する霊能者と、あがめたてまつられるようになったことは言うまでもない（現代科学的に言えば、出血が止まったのはもちろんラスプーチンの超能力のためではなく、皇子を寝台に横たわらせ静謐《せいひつ》な環境のもとで加持祈祷をすることにより、患者を一種の催眠的状況に陥らせたことで、患者の細胞の働きが沈静化されたためとされているらしい。ただし、ラスプーチンがそのこと（催眠効果）を認識していたかはわからないが）。

都合の悪い（ラスプーチンにとっては都合の良いことであったろうが）ことに、ニコライ皇帝は知的水準はそれなりに高かったらしいが、「皇帝はおそるべき早さで自らの考えを変える（『ニコライ二世』日本経済新聞社）と評されたように、どちらかといえば主体性のあまりない人物。ラスプーチンが一介の旅の祈祷師から、皇帝一家専属の医師、さらになにやら超的能力を有する霊能者、はては政治的顧問にまで昇格するのにそれほど時間がかからなかった（ラスプーチンの写真が残されている。身長二メートル近い痩身の大男。眼はくぼみひげもじゃのいかにも〝怪僧〟といった容貌をしている。現代人はネットでそれを見ることができる）。

ラスプーチンの政治顧問就任以来、当然のことながら露国の政治・統治体制は乱れた。ウイッテら近代的感覚を有する能臣は斥けられ、ラスプーチンにこびへつらう佞臣《ねいしん》がはびこり、それらの間で派閥闘争が発生したりし、日露再戦どころではなくなったのである。ラスプーチンは結局、第一次大戦中の一九一六年十二月、宮廷内の良識派によって暗殺されたのであるが、そのときはもう遅かった。ラスプーチンの神通力がなくなったためかはわからないが、その三か月後に「三月革命」が発生し、ロマノフ王朝そのものも崩壊に至ったことは前章で述べたとおりである。

権勢に阿諛追従しての出世という秋田人からの〝罵声〟

日露再戦の可能性はまずなくなった。あとは平時である。その平時の軍隊において、久直はさらに位官階級を昇っていった。まず明治四十年九月、子爵への陞爵《しょうしゃく》である。男爵位はそれ以前、日清戦争から凱旋直後の明治二十八年八月、すでに授けられていた。次いで明治四十一年十二月、近衛師団長から退任し教育総監就任である。教育総監とは現代人にはなじみが薄い。当時は陸軍大臣、参謀総長と並んで陸軍における三大長官とされていたほど権威があった要職であった。つまり久直は軍人として最高的地位にまで昇りつめたのである。

ただ、そのような出世に関し、郷里の秋田人は素直に評価しなかった。どころかむしろ批判的な見方をする者さえいた。『秋田人物伝』（山方泰治著、秋田人物伝発行所、大正十二年刊）から、それを引いてみよう。

まず、久直は日露戦争における旅順戦・奉天戦で勇戦したことを挙げ、勇将であったことは疑いないとし、続いてこう記している。

「この時代の大将は出世の頂点である。（そのような出世に対し）ほめたたえる人もいたが、批判的な人もいた。ことに後輩の若い軍人にそれが目立ち、大島は軍人らしからぬ、処世術の大家だとの声も出たという（略）。

明治の屋台は薩長を二大支柱としている。ことに軍部ではそれが徹底化され、薩長人以外で陸海軍大将になれるものは雨夜の星にもひとしい。したがって出世欲をみたすためには、なんらかの手段で薩長関係者とむすぶことがもっとも近道であった。大島とて職業軍人である以上、大将位をねらうのは当然である。おそらく薩長とか、これに続く土肥の高官にとりいるような行為もあったのだろう。

これが（秋田人）若手軍人の心境を損ねたらしい。なかには短刀と書簡を送りつけ、〝秋田人の名誉のために自決をねがう〟などという過激なものもあった。大島がはたして世渡りじょうずで、社会遊泳術にたけていたかはわからないが、うなづけるようなフシも決してなくはない」

『秋田人物伝』の著者が、具体的になにをもって〝うなづけるようなフシ〟としたかはわからないが、ともかくその頃、薩長人以外の陸軍大将は雨夜の星ほど少なかったことは事実である。ちなみに久直が陸軍大将に昇進した明治三十九年二月当時の陸軍大将の、出身県別人数は次のとおりであった。

山口九人　鹿児島八人　福岡二人　三重一人　秋田一人

薩（鹿児島）長（山口）からは全体の約八割にあたる十七人。秋田の一人はもちろん久直であるが、福岡の二人は日露戦争時の第二軍司令官で西南戦争時、熊本城籠城軍から決死的突出部隊を率いて西郷軍の重囲を突破し、政府軍との連絡に成功したことで武名を挙げた奥保鞏と、同じく日露戦時の第四師団長というよりは、児玉源太郎とともに日露戦全体の戦略策定を担当し、今謙信と称された小川又次。三重の一人は戊辰戦争以来の勇将として知られ、日露戦でも第八師団長として黒溝台における奮戦でさらに武名を高くした立見尚文である。以上でもわかるように久直以外はすべて西日本出身者。その中でただ一人の東北人ということもあり、秋田人には異様にも感じられ、その出世を素直に評価できなかったのかもしれない。

素直に評価しなかった、もしくはできなかったのは秋田人ばかりではない。前述したように久直は爵位も得た。ちなみに明治期以来、秋田人で爵位を授けられたものは九人（九家）いるが、久直以外はすべて先祖の威光（昔の藩主など）によって授爵したもので、本人の功績によって得たもの（勲功華族という）は久直だけである。そのように久直に爵位が授けられたことに関し、『華族総覧』（千田稔著、講談社現代新書、二〇〇九年刊。ただし同書は大正期あたりからの著名人に関する当時の世評をまとめたものらしい）は、こう記している。

まず日露戦争時の久直の勇戦ぶりをあげ、その功もあって明治四十一年に子爵に陞爵したとし、

「これ（陞爵）を抜きんでた才能によるものとみたいのが秋田県民の感情だろうが、秋田士族大島久直は山県ら長州閥の引きのもとに長州士族と同様の軍階級的陞爵を実現していたのである。久直の心中を察するならば、はたして長州閥の引き立てを心から喜んでいたろうか」

ともかく、久直の軍人としての能力・功績は評価する。だが、出世はそればかりによるものではない。長州閥の引きにもよるものである、ということである。

そのような久直に関する見方は、今日に至ってもそれほど変わっていないようである。『歴代陸軍大将全覧』（中公新書ラクレ、二〇〇九年）からそれを引いてみよう。同書は半藤一利氏、横山恵一氏、秦郁彦氏、原剛氏という現代を代表する戦史評論家諸氏による座談を筆記したものである。同書では久直に関しては前二著とほとんど同様的な評をしている。まず、久直の実戦部隊の長としての勇戦ぶりに関しては申し分なかったとし、続いて平時にあってはこうであったとしている（以下、敬称略）。

秦「そのあと（日露戦後）教育総監ですね。在任中『騎兵操典』が改定されるのですが、草案が軍事参議院で阻まれ再審議となると、寺内（正毅――当時陸相で長州人、筆者注）の意を体して改定してしまった」

半藤「長閥全盛のときですから、非長閥はつらいんですよ」

原「大島は実戦家としての評価は高かったでしょう。権勢に阿諛《あゆ》して総監の権威を失ってしまった。惜しまれますね」

以上三書でもわかるように、久直に関しては戦時における軍将としては申し分ない、勇将であり軍功も十分にあった。だが、実戦の場を離れた平時にあっては時の権勢者、特に長州閥に阿諛追従したりして出世したと、一致して結論づけている。そのようにある事項に関し、評価・見方が同一的ということは、出所・出典が同一的ということでもある。そういった久直に関する同一的評の源泉は、おそらく（『日本軍閥興亡史』（松下芳男著、芙蓉書房）あたりではないかと思われる。同書には久直に関して次のような、前掲諸書と同様のさらに具体的記述が掲載されているからである。

「(久直に関し、軍将としては申し分なかったとし、続いて)、かれは教育総監、さらに軍事参議官になった。ただ、心事はむしろ陋劣《ろうれつ》であった。つねに権勢に阿諛するの風あり閥外にありながらよく大将になったのは、長閥に対することのゆえんであった、といわれるのは遺憾である。

かれが総監時代に『騎兵操典』が改訂されたが、その草案が軍事参議院に阻まれ、再審議を命じられると、長州の大庭二郎、河村正彦の意を体し、寺内の意を受けて改訂してしまった。そのため総監の権威を失った」

なお、同書の著者の松下氏は大正二年陸士卒(第二十七期)の元陸軍中尉(大正九年退職)。いわゆる大正デモクラシーの洗礼を受けた世代人である。その頃は明治後半期の軍人全盛時代の反動を受け、反軍的気運が巷に満ちていた。軍人は制服を着て町に出るのもはばかれた時代である。軍内部でもその余波を受け、明治期のいわゆる名将・聖将とされた人物に対しても反評価運動が盛んであった。乃木などは愚将もいいところ、児玉も日露戦時、旅順戦ではともかく、奉天戦のときはモーロクしていた、聖将東郷平八郎にしても相手が勝手にこけてしまって勝てただけの凡将、というようなことが若手軍人たちの間では言われていたと伝えられる。

久直に関しても戦時における指揮官としてはともあれ、平時にあっては長閥に媚《こ》びを売ったりして出世をはかった佞将というふうな評が、陸士内部における定評のようなものではなかったのか。

長州三大長官とは「死生を共にした間柄」

ともかく軍人大島久直に関しては、次のような三つの事項がいわれていた、もしくは（今日に至っても）いわれているらしいのである。

① 戦時における軍将・最高的指揮官としては申し分ない働きをした。

② 秋田人でありながら長州閥に属している。

③ ②に関し、平時ではその長州閥に媚びを売ったりし、長州閥の引きで出世した。

これら三事項がどの程度真であるか、もしくは真でないかは、本書をこれまでに読み進んでこられた読者にはもう結論が出ていると思われるが、あらためて検証してみよう。ただし、①に関しては以上諸書とも一致して認めており、また本書でもこれまでにそれが真であることを縷々説明しているから除外し、②③についてだけの検証とする。

まず②であるが、これは「真」である。そもそも久直の軍人としての出発点は「長州軍人」のようなものだった。第一章でふれておいたように、久直は慶応四年（明治元年）六月、当時能代（秋田県北部）にまで来ていた桂太郎率いる新政府側奥州鎮撫軍長州部隊に、秋田藩勤王派からの密使として派遣された。以来一か月近く、一〇〇人ほどいたその長州部隊と願勝寺という寺院で同宿している（先年、私は本書関係の取材もかねて同寺を訪れてみたが、遠方からの参詣者のための宿坊つきの大きな寺院であった。桂部隊の一〇〇人くらい、本堂だけでも寝泊りできるほどの広さがあった）。

長州部隊は午前中は通称を風の松原といわれた近くの広大な松林や、そのすぐ前面に広がる砂浜などで軍事教練を行うものだった。それに久直も参加している。久直はそれまで青春時代の五年間、年齢でいえば満十四歳時から十九歳時まで、江戸浅草の秋田藩下屋敷に引きこもり、ひたすら勉学的生活をおくっている。それ以前の今でいえば小学校高学年時から中学二年生時までは、秋田藩の藩校明徳館の生徒であった。その生徒時代、軍事教練的な課業もあったろうが、それは現代ふうにいえば整列・行進・駆け足といった、体育の授業のようなもの。秋田藩戦士としての正式な訓練などは特に受けていない。つまり、久直の軍人としての出発点は〝長州軍人〟のようなものだったのである。

当時、軍隊としての調練方式などは各藩ごとに異なっていたものだった。明治陸軍は長州藩士の大村益次郎が創設したようなものである。調練方式も当然、長州流に沿ったものが少なくなかったはずである。久直は明治陸軍に出仕してたちまち頭角を現したと先述した。久直にしてみれば勝手知った方式。しかも運動能力抜群ときている。頭角を現したのも必然といえる。

さらに③に関してであるが、明治陸軍における山県・桂・児玉のいわゆる長州人三大長官との関係である。大村亡き（明治二年暗殺された）あと明治陸軍はその三人が主体となって建設し、発展させたようなものである。桂と久直との縁は明治維新後、いったんは途絶えた。復活したのは明治七年頃、桂が四年間に及ぶ欧州への軍事留学から帰朝したあたりからだったらしい。その頃、久直は東京鎮台勤務の大尉、一方桂は陸軍省勤務の同じく大尉（参謀）であった。共に東京地域勤務者ということもありその頃、二人はどこかで再会した。そのさい、桂側からすれば「なんだ、オマエ、ここにいたのか」となり、以後両者の交友が復活したであろうことは言うまでもない。

桂は兄弟縁が薄い。すぐ下に妹が一人いるが、男兄弟は九歳下に弟（三郎）が一人いるだけである。若いころの九歳下では弟という感じはしない。そのかわりといってはなんだが、明治新時代になっての再会以来、一歳下の久直を実の弟、いやそれ以上に頤使した。日清戦争の直前期、桂は陸軍次官兼軍務局長という陸軍における人事権を一手に左右できる権力者であった。その権力を駆使し、久直をまず明治二十五年二月第五旅団長に、さらに翌年の十二月には第六旅団長に転勤させている。桂は結局、第三師団長（中将）としてその二旅団を率いて渡海したのであるが（そのとき久直は第六旅団長、少将）、傘下二軍団の幹部・一般兵卒に久直をあらかじめ〝面どおし〟させておいたのである。ともかく桂は戊辰時の初めての出会い以来、久直を完全に弟分扱いにし、実の弟以上にこき使ったといってよい。久直もよくその使役に耐え、〝兄貴分〟桂の負託に応えたことは第三章・第四章で詳述したとおりである。

児玉との縁のはじまりは西南戦争である。西南戦争時、児玉は熊本城籠城軍の幹部（参謀少佐）の一人であった。女性・老人・病院関係者ら非戦闘員も含む約三五〇〇名とともに二か月ほど、熊本城に籠城した。糧食尽きかけたころ、政府軍の二軍団が背面（南方）と正面（北方）の二方向から進撃してきた。

まず四月十四日、背面軍が西郷軍の包囲を突破して城に至った。だが、それは裏口から奇襲的に突入してきたようなもので、表口の正面側はまだ西郷軍が重囲していた。翌十五日、表側から正面軍の三部隊が競い合って進撃してきた。真っ先に城に到着したのは久直少佐率いる東京鎮台第一旅団・第一連隊・第一大隊約五〇〇名であった。そのさい、城から出迎えた三人の幹部のうちの一人が児玉であった。以来、両者の関係も深くなり、久直は児玉が創設したようなものである陸軍大学校の校長職を、初代の児玉に次いで二代目のそれを、さらに日清戦争期をはさんで計三度も務めたことは前述した。

山県との縁のはじまりも西南戦争であった。西南戦争における政府軍の最高司令官山県中将（当時）は、最終的局面といえる明治十年九月二十四日の城山戦にあたり、傘下八軍団からそれぞれ一五〇名くらいずつの計約一三〇〇名による（城山）突入を敢行した。そのさい前日の二十三日、突入部隊を率いる指揮官八名を集め、次のようなおそらくは日本陸軍史上空前にして絶後的命令を発した。

「城山に突入したさい、西郷軍に圧倒されたりして逃げてくる者がいたら、味方であってもこれを撃ってよい」

敵はもちろんのこと自軍兵であっても、逃げてくる卑怯者がいたら全員、〝死〟に至らしめてもかまわない、としたのである。その一か月ほど前の長井村における包囲のさい、突出してきた西郷軍に圧倒され、攻囲軍が（西郷軍と）入り混じって退却してきた。味方もいるから撃つわけにいかず、まごまごしているうちに西郷軍に囲みを破られ逃走を許してしまったことの轍を踏まないためである。ようするに山県は、突入部隊員に〝死〟を命じたのである。そのとき、山県の前に整列して〝死〟の命令を受領した八名の指揮官のうちの一人が久直であった（その中に日露戦における第五軍司令官川村景明大将（当時は少佐）もいた）。

以後、山県との縁も深くなった。山県は日清戦争時の明治二十七年八月、第一軍司令官（大将）として桂太郎率いる第三師団とともに海を渡り、朝鮮半島中部から中朝国境を越えて南満洲地域まで攻め入った。第一軍も第三師団もそれ自体は、実戦力をあまり有しない。その実戦部隊として久直率いる第六旅団を常に帯同し、以後二か月間久直と（もちろん桂も）同道している。個人的武闘でいえば、決戦の場に赴くにあたり用心棒として久直を連れて行ったようなものである。そもそも両者はともに宝蔵院流十文字槍の遣い手である。昔の武芸者は所作・ふるまいなど流派ごとに特有のものがあり、同門者はたちどころに見分けられたものだという。もしかすると以上三者の中で、久直と気質的に最も近しかったのは山県であったのかもしれない。ただし、久直には山県のような詞藻的資質はあまりなかったが。

以上、みてきたように前述②、つまり「久直は秋田人でありながら長州閥に属している」は〝真〟である。そもそも久直の軍人としてのはじまりは〝長州軍人〟としてのようなものだった。桂や児玉・山県ら明治陸軍における長州人三大長官にしても、久直を異郷人としては認識していなかったはずである。それどころか、「死生を共にした経験を共有するごく親しい仲間」として遇していたはずである。

ただし③、つまり「長州閥に媚びへつらったりしての出世」は〝偽〟である。その理由については あらためてうんぬんするまでもない。そもそも彼ら（長州三大長官とその後継者たち）とは同類項のようなのである。あらためて媚びなど売る必要性は全くない。もちろん前述、児玉から陸軍大学校の校長職を引き継いだように、長州閥要人から引き立てられたようなことはあったろう。だがそれは久直の実力のなさしむる結果であり、阿諛追従的行為などによるものでは全くない。

なお、そういった誤伝や誤説が生じたのは、以上のべてきたような久直と長州三大長官らとの縁のはじまりが、一般にはほとんど知られていなかったためとも思われる。桂との戊辰戦争期のなれそめのことは私の知る限り、一般の史書や戦史書類にはまず載っていない。桂の伝記

(『公爵桂太郎伝』原書房、全二巻一〇〇〇頁もある大冊)くらいにしか記載されていない(秋田藩側の記録『戊辰秋田藩戦史』には載っている)。

児玉・山県との西南戦争時における縁にしても、市販の戦史書類にはまず載っていない。市販の西南戦争関係の史書で最も詳しいのは『日本の戦史8維新・西南戦争』(徳間書店)であろうが、それには載っていない。西南戦争に関しては最も詳細で、したがって最高的根本史料といえる『征西戦記稿』(参謀本部編、全四巻三二〇〇頁余の大冊、前記徳間書店版はそれを要約したもの)くらいにしか、記載されていない。

つまり久直の名が一般の戦史書類に現れるのは、日清戦争期以来のことなのである。そのさい、久直はほとんど常に桂・山県らと行動を共にしている。その両者と久直との日清戦争期以前の関係を知らない一般の読者にとっては(もちろん秋田人やさらに軍関係者にしても)、児玉も含めて久直は長州閥要人らと妙に親しい。加えてそれら要人の後継者といえる寺内らとも通じているようである。はては彼らの歓心を買うような行為をしたりしての結果ではないのか、というふうな邪推にも至ったというあたりが、〝久直長州閥に媚びを売っての出世事件〟の真相ではなかったのか。

勇将にして佞将はありえない

ともかく秋田軍人大島久直に関しては、「戦時においては驍勇無双、勇将であった」。がしかし、「平時にあっては心事陋劣的でときの権力者、特に長州閥要人に阿諛追従したりして出世をはかる佞将的人物であった」、というようなことが軍関係者の間で、もちろん一般にもいわれていたらしいのである。だが実をいうと、この二つの命題は同時には成り立たないものである。

最高的指揮官一人がいくら奮戦したところで戦いはどうにもならない。最高的指揮官が勇将であり勇戦したということは、その配下の中級的指揮官（佐官や上級尉官など）も下級的指揮官（下級尉官や下士官など）も一般兵卒も、同様に勇兵であり勇戦したということである。それら中級的・下級的指揮官も一般兵卒も、最高的指揮官の言動を常に注視している存在なものである。かりにその最高的指揮官の心事が陋劣的で、上司にこびへつらって出世をはかるような言動が少しでも感じられたら（平時における軍人はそのような噂には敏感なものである）、勇戦にはまずならない。

この指揮官となら死生を共にしてかまわない、うちのオヤジ（親父、昔は一般兵士たちは自らの最高的指揮官のことを親しみをこめてこう呼んでいた）のためなら、もしくはこのオヤジと共になら笑って死ねる、というような想いがあってはじめて勇戦にも奮戦にも至れる。上司に媚びを売り、阿諛追従したりして出世をはかるような佞将などのために、もしくは佞将などと共に、誰が死地に飛び込もうとする心境になれるものか。すなわち最高的指揮官が「勇将でありかつ勇戦した」ということはとりもなおさず、（その最高的指揮官が）「上司に媚びへつらうような言動はしなかった」ことの〝証明〟なのでもある。

平時だったこの限りではない。人は〈利〉でも〈理〉でも〈威〉でも動かせる。たとえば会社における通常の仕事であったら、嫌みな上司の指示・指令にも、とりあえずは自らに〈利〉があることだからと従えもする。だが、〈死〉というすべての人間存在にとって最重要的課題が関係する戦争的事態ではそうはいかない。人と人とを結びつけるおそらくは最強的、かつ唯一的緊帯は〈情的連帯意識〉なのである。そしてそのような情的連帯意識とは、佞将的人物とその配下的立場にある者との間には絶無的といってよいほど生じないものでものであるから。

なお、（私が秋田人だから言うわけではないが）秋田人は本来、阿諛追従的言辞や行動は苦手なものである。阿諛追従とは気心のあまり知れない人物に対し、その存在をことさら誇大的にほめそやし、彼らの歓心をかったりして同時に自らをも売り込もうとする行為、と言ってよい。秋田人は通常、一年のうち半分ほどは雪に降り込められ、他人のあまり入り込むことの少ない限られた空間で、家族やごく親しい仲間だけで過ごす。他人に対して、そのような阿諛追従的行為をする必要性など特にない生活である。そのことも関係するものと思われる。その他人に対する阿諛追従が仕事のようなものである大政治家も大財界人も、秋田からはまず出ていない。首相は一人も出ていないし、大臣も両手の指で数えられるほどである（片手で間に合うのかもしれない）。名の知れた財界人も一人もいないと言ってよい。

そのように閉鎖的空間で逼塞《ひっそく》して暮らすことに慣れた秋田人や若手軍人にとっては、久直の前記した長州閥要人との関係を知っていなければ、（久直の）異例の出世の理由がわからない。理解できない。ただ、それら長州閥巨頭らとは妙に親しいらしい。はては彼らの歓心を買うような言動をしての出世と邪推し、秋田人にあるまじき行為となり、若手軍人らからの〝自決勧告〟にも至ったのではなかったのか。

落合村の孤老

久直の晩年は長かった。後備役編入は満六十五歳時の大正二年（一九一三）。そのときの身分は軍事参議官という、一種の名誉職であった。ただ名誉職とはいえ、まだ軍人である。万が一、たとえば強大な外敵などが攻めてきて国民皆兵的事態になど至ったら、応召の義務はあった。さらに五年後の大正七年、退役となった。もう万が一の招集もない。一介の老人である。

郷里秋田との縁も遠くなった。久直が秋田を訪れたのは教育総監時代の明治四十一年九月、皇太子殿下（後の大正天皇）が北東北地方の視察旅行をしたさい、供奉官として大館（秋田県北部）に立ち寄ったのが最後といわれる。そのさい久直は大館から馬を飛ばし、かって青春時代後期の二年ほど、鬱屈した心境で過ごしたであろう十二所（大館から一〇キロほど東）に赴き、父源治の眠る長源寺を訪れている（先年、私も帰省の途次、本書関係の取材のため禅宗系の同寺を訪れてみたが、大島久徴(源治は通称もしくは幼名。昔の武家や貴人は成人後や死後は別の名にしたものだった。それを名乗りという。ただし、久直は通称も名乗りも同じく久直)と記された古ぼけた墓石は確かにあった。住職氏によれば十年ばかり前までは、一〇二歳まで長命した久直の娘さんの一人からの音信があった、とのことだった)。

以来、秋田との縁はほとんど絶えた。功二級・子爵・元陸軍大将の郷里訪問ともなれば、お忍びというわけにはいかない。県知事・市町村長以下、モーニングに威儀を正し、学童らは日の丸の小旗をうち振っての大歓迎ともなりうる。そのような煩わしさを厭う気持ちと、やはり郷党人からの〝長州閥に媚びを売っての出世〟という、いわれなき罵声のこともあったものと思われる。

その万が一の招集もなくなり、一介の老人に至った頃、久直は都会の喧騒から離れ、居を郊外の豊多摩郡落合村（現東京都豊島区落合）に移した。現在はそのあたりは山手線目白駅にほど近い住宅地になっているが、当時はまだ鄙《ひな》びた農村地帯。以来、その地でひっそりと生きたといってよい。もともと久直には引きこもり癖がある。年を重ねて心臓に持病を抱えていたこともあり、出歩くことも少なくなった。年に一度の秋に近くの代々木が原で行われる陸軍大演習を陪観するのを、最大の楽しみとしていたらしい。公的な職には一切つかず、秋田人の育英組織（秋田育英会館）の名誉館長職を引き受けたくらいのものであった。

そのころの逸話がいくつか伝わっている。あるとき、日露戦時の従兵の一人が尋ねてきた。用件は決まっている。金銭関係の無心である。事業を始めたいからいくらか出資してくれないかとのことだった。その事業の有望性をとくとくと弁じる元従兵氏の話を久直は黙って聞き、申し出の金額を差し出した。こう言ってである。

「オマエは金もうけのことばかり言う。自分は一介の軍人で事業のことは何もわからない。だが、その事業が世のため人のためならともかく、金もうけが目的ではたしてうまくいくものだろうか。そのあたりをとくと考えることだ」

期限が来ても元従兵氏は金を返済しに来なかった。久直は人力車を飛ばして元従兵氏のところに行ってみた。恐縮して謝る彼にこう言った。

「返せないなら返せないでかまわない。だが、それならそうと一言くらい、断りに来るものだ」

そのあたりは旧藩時代は藩士全体の教育・統制をつかさどった家職の秋田藩大目付、さらに明治新時代にあっては、同様に軍人階級者全体の〝大目付〟的役割を担っていた、元教育総監としての訓戒であったものと思われる。

もう一つは晩年の趣味に関してである。久直には特に趣味らしい趣味はない。書画骨董に興味はなく、演劇・演芸関係についても同様である。軍人時代の旧友たちのほとんどはすでに鬼籍に入っている。元陸軍大将のもとを訪れる人もまずいない。人間関係の交友が少なくなったこともあり、唯一の趣味といえるのは非人間的事象、つまり盆栽であった。

あるとき近くの盆栽市に行った。十五円で買い、植木屋に自宅に届けてくれるように伝えた。植木屋が届けに来たさい、十三円にまけると言った。それをきいて久直は機嫌を損ねた。

「十五円で買ったのだ、それをまけろとは言っていない。約束どおり十五円で買う。それがイヤなら買わない」

植木屋はあっけにとられた。まけると言ったのに、それを断った客はおそらく初めてではなかったのか。きょとんとしている植木屋に久直はこう言った。

「まあ、上がれ、一杯やろう」

知友の多くはすでになく、訪れる人とて特になくなった孤老の、人恋しさのためもあったのかもしれない。

久直の死は昭和三年（一九二八）九月二十五日、満八十歳の誕生日を迎えて二〇日後のことだった。死因は心臓関係の疾患であった。新聞各紙は一斉にこう報じた。

「一代の勇将逝く」

墓はかつて青春時代の五年間、引きこもり的生活をおくった浅草鳥越の旧秋田藩下屋敷にほど近い（直線距離にして三キロ程度）、田端与楽寺にある。同寺の一画にひときわ大きな記念碑状の（久直の）墓銘碑と、それに寄り添うように高さにしてその半分ほどの貞子夫人の墓石に加え、前面左手には日清戦争時の半年間、共に大陸の戦野を駆け巡ってくれた愛馬「脱兎号」の、さらに小ぶりな墓標も添えられているのが、いかにも久直らしい。

あとがき

書き終えてあらためて感じていることが二つあります。一つはわが国の図書館機能の充実ぶりについてです。

本書は戊辰・西南・日清・日露の、いわゆる明治四大戦争すべてに従軍し、特に後者二つの外戦では日本軍勝利のために重要な役割を果たし、東北人初の陸軍大将となった旧秋田藩士大島久直の軍人としての事績を詳述することと、併せてそれら四大戦争の実相を叙述することを二つの目的とするものです。

ある人物の評伝と、その人物が関係した事件などの〈実相〉ですから、主人公が自らの体験を語ったか、主人公の身辺に近侍していたりして同種の経験を共有しているか、共有していなくてもその経緯を聞き知ったりした人物の記録など、つまり〈一次的資料〉を主たる参照文献として記述する、という原則を立てました。久直が自伝や回想記などを遺してくれていたら都合が良いのですが、そのようなものはありませんでした。新聞記者などの取材に応じて語った短い談話類が、いくつか見つかっただけでした。

ただ、戊辰・西南・日清戦争までは、良好な一次的資料が見つかりました。そのいちいちは本文であげておきましたから再掲はしません。しかし、日露戦争篇のところで行きづまりました。良好な一次的資料がない、というよりは見つかりません（二次的、三次的資料ならくさるほどありますが）。思い余って金沢市の石川県立図書館に電話してみました。「第九師団の日露戦争に関する詳細な記録などはないでしょうか」と。それまで戊辰戦争関連の取材のさい、関係した市や町ではたいてい、郷士部隊の戦いぶりに関する詳細な記録類が遺されていることは知っていました。金沢はいうまでもなく加賀百万石の城下町。裏日本地域最大の文化都市でもあります。日露戦争に関する良好な一次的資料くらいあるはず、と考えたのです。電話で用を果たせなかったら実際に金沢まで行き、自分で探してみるつもりでした。

だが、金沢まで行く必要はありませんでした。一時間ほどして担当の図書館員氏（女性でした）から、折り返しの電話がありました。「二冊あります」と。早速、送ってもらいました（もちろん送料は私もちで、当地の図書館あてに送っていただいたのですが）。そのうちの一冊が第五章・第六章で何度か（何十度かもしれませんが）参照文献としてあげた、『第九師団凱旋紀念帖』です。第九師団と同行し、久直の身辺に近侍していたり、ときには危険を冒して最前線にまで至ったりし、日露戦争における第九師団関係だけに限らず、もしかすると日露戦争全般に関しても、最高にして最良と思われる一次的資料を後世に伝えてくれた著者の西本願寺派教誨師佐藤嚴英氏と、それを浩瀚な書籍の中から探し出していただいた石川県立図書館の担当者氏に、あらためて感謝の意を表する次第です。

もう一つは〝愉しかった〟ということです。私は少年時代から相当以上熱烈な戦争関連書ファンでした。特に三十代から五十代にかけてはその最盛期で、戦争とさえ名がつけば古今東西を問わずジャンルを問わず、フィクション以外はとにかく買って読んでみる、というようなことをしていた時代がありました。物事を勝った負けた、強い弱いで判断したがる単細胞的人間ということなのかもしれません。そのかわり、勝った負けたにあまり関係しない文学や芸術関係には全くというほど興味はありませんが。そのような戦争的事象大好き人間として、明治四大戦争のことをあらためて調べたり、軍人大島久直の事績などを追い求めたりする作業は、基本的に愉しい時間だったということです（などと言ったら、その戦争で果てた多くの将兵たちに申し訳ありませんが）。

また、そのような愉しさの理由の一つは、大島久直元大将は私の母校秋田高校の前身である旧秋田藩の藩校明徳館の出身者、つまり一〇〇年ほど昔の大先輩にあたる、ということもあったのかもしれません。郷里秋田を離れて六〇年近く、今や首都圏の片隅で老残の身を養っているだけの後期高齢者としては、秋田の風物や精神的風土性などを想い浮かべたりしながらこの偉大な先輩の事跡を辿ることは、（秋田を）精神的に訪遊しているようなものでした。そのこともあって愉しかったものと、書き終えてあらためて感じている次第です。もちろん、そういった個人的因縁や想念などのために筆を曲げるようなことはしていないつもりですが、主人公の事績の評価に関し、多少は点が甘い部分は否めなかったのかもしれません。そのあたりは凡人の悲しさと、ご宥恕していただけたら幸いです。

主要参考文献

■戊辰戦争関係

田原嗣郎『平田篤胤』吉川弘文館、一九八六年
『新修平田篤胤全集』名著出版、一九七六〜八一年
『藩史大事典　第一巻　北海道・東北篇』雄山閣出版、一九八八年
『三百藩家臣人名事典　第一巻』新人物往来社、一九八七年
松田敬之『次男坊たちの江戸時代』吉川弘文館、二〇〇八年
秋田県編『秋田県史巻四』加賀谷書店、一九九八年
郡義武『秋田・庄内戊辰戦争』新人物往来社、二〇〇一年
『由利戊辰戦史』佐林宏編訳・発行、二〇一四年
奈良本辰也『吉田松陰東北遊日記』淡交社、一九七三年
『復古記』全十五巻、東京大学出版会、一九七五年
大山柏『戊辰役戦史』上・下、時事通信社、一九六八年
『秋田県の歴史』山川出版社、二〇〇一年
佐々木克『戊辰戦争』中公新書、一九七七年
斎藤正一『庄内藩』吉川弘文館、一九九〇年
井上勲『王政復古』中公新書、一九九一年
歴史群像編集部『幕末維新人物事典』学研、二〇一〇年
松岡司『武市半平太伝』新人物往来社、二〇一〇年
近世名将言行録刊行会編『幕末・明治名将言行録』原書房、二〇一五年
田口勝一郎『秋田県の百年』山川出版社、一九八三年

市村佑一・大石慎三郎『鎖国・ゆるやかな情報革命』講談社現代新書、一九九五年
佐藤常雄・大石慎三郎『貧農史観を見直す』講談社現代新書、一九九五年
田尻祐一郎『江戸の思想史』中公新書、二〇一一年
頼祺一編『日本の近世　巻13儒学・国学・洋学』中央公論社、一九九三年
田中彰編『日本の近世　巻18近代国家への志向』中央公論社、一九九四年
石井孝『維新の内乱』至誠堂、一九六八年

■西南戦争関係

参謀本部編『征西戦記稿』巻一～四、青潮社、一九八七年
小島慶三『戊辰戦争から西南戦争へ』中公新書、一九九六年
橋本昌樹『田原坂』中央公論社、一九七二年
落合弘樹『秩禄処分』中公新書、一九九九年
小林重喜『明治の東京生活』角川選書、一九九一年
小林和幸『谷干城』中公新書、二〇一一年
長野浩典『西南戦争・民衆の記』弦書房、二〇一八年
小川原正道『西南戦争』中公新書、二〇〇七年
石光真清『城下の人』中公文庫、一九七八年
徳富蘇峰『近世日本国民史・西南の役編』講談社学術文庫、一九九四年

■日清戦争関係

参謀本部編『明治二十七八年日清戦史』全八巻、東京印刷、一九〇四年
檜山幸夫『日清戦争・秘蔵写真が明かす真実』講談社、一九九七年

岡崎久彦『陸奥宗光とその時代』ＰＨＰ研究所、一九九九年
加地伸行『儒教とは何か』中公新書、一九九〇年
岡本隆司『李鴻章』岩波新書、二〇一一年
岡本隆司『袁世凱』岩波新書、二〇一五年
加藤徹『西太后』中公新書、二〇〇五年
大谷正『日清戦争』中公新書、二〇一四年
伊藤正徳『大海軍を想う』文藝春秋新社、一九五六年
藤村道生『日清戦争』岩波新書、一九七三年
石光真清『曠野の花』中公文庫、一九七八年
寺田隆信『紫禁城史話』中公新書、一九九九年
汜文瀾『中国近代史』中国書店、一九九九年
ユン・チアン『西太后秘録』上・下、講談社、二〇一五年
原田敬一『戦争の日本史19日清戦争』吉川弘文館、二〇〇八年
内藤湖南『中国近世史』岩波文庫、二〇一五年
坂内正『森鴎外最大の悲劇』新潮選書、二〇〇二年
窪徳忠『世界宗教叢書9道教史』山川出版社、一九八七年
亀井茲明『日清戦争従軍写真帖』柏書房、一九九二年
村上兵衛『守城の人』光人社ＮＦ文庫、二〇〇二年
北岡伸一『後藤新平』中公新書、一九八八年
高島俊男『中国の大盗賊』講談社現代新書、二〇〇四年
上法快男『陸軍大学校』芙蓉書房、一九七三年
Ａ・Ｖ・ドルクノフ『現代朝鮮の興亡』明石書店、二〇一三年

油井大三郎『好戦の共和国アメリカ』岩波新書、二〇〇八年
田中宏巳『東郷平八郎』ちくま新書、一九九九年
森村宗冬『海賊』新紀元社、二〇〇七年
桃井治郎『海賊の世界史』中公新書、二〇一七年
君塚直隆『物語イギリスの歴史上・下』中公新書、二〇一五年

■日露戦争関係

参謀本部編『明治卅七八年日露戦史』全十巻、東京偕行社、一九一二〜一四年
谷寿夫『機密日露戦史』原書房、一九七八年
平塚柾編『図説日露戦争』河出書房新社、一九九九年
太平洋戦争研究会編著『図説日露戦争と明治の群像』世界文化社、二〇〇九年
佐藤嚴英『第九師団凱旋紀念帖』恩地五右衛門発行、一九〇五年
多門二郎『日露戦争日記』芙蓉書房出版、二〇〇四年
桜井忠温『肉弾』国書刊行会、二〇一〇年
内藤湖南『東洋文化史』中央公論社、二〇〇四年
松下芳男『乃木希典』吉川弘文館、一九六〇年
津野田是重『斜陽と鉄血』偕行社、一九二六年
津野田是重『軍服の聖者』香風閣、一九三五年
森本良男『ソビエトとロシア』講談社現代新書、一九八九年
戸高一成『海戦から見た日露戦争』角川書店、二〇一〇年
木村汎『日露国境交渉史』中公新書、一九九三年
大江志乃夫『バルチック艦隊』中公新書、一九九九年

ドミニク・リーベン『ニコライⅡ世』日本経済新聞社、一九九三年
ロバート・K・マッシー『ニコライ二世とアレクサンドラ皇后』時事通信社、一九九七年
ホーランド・ファイジス『クリミア戦争』上・下、白水社、二〇一五年
田畑則重『日露戦争に投資した男』新潮新書、二〇〇五年
島貫重節『ああ永沼挺進隊』上・下、原書房、一九九三年
井口和起『日露戦争の時代』吉川弘文館、一九九八年
岡崎久彦『小村寿太郎とその時代』PHP研究所、一九九八年
横手慎二『日露戦争史』中公新書、二〇〇五年
山田朗『戦争の日本史20世界史の中の日露戦争』吉川弘文館、二〇〇八年
読売新聞取材班『検証・日露戦争』中央公論社、二〇〇五年

■その他・総合

徳富蘇峰編述『公爵桂太郎伝』乾の巻・坤の巻、原書房、一九六七年
ドナルド・キーン『明治天皇』上・下、新潮社、二〇〇一年
松下芳男『日本軍閥興亡史』上・下、芙蓉書房出版、二〇〇一年
中村隆英『明治・大正史（上）』東京大学出版会、二〇一五年
古賀牧人編著『近代日本戦争史事典』光陽出版社、二〇〇六年
千田稔『華族総覧』講談社現代新書、二〇〇九年
松下芳男『明治軍制史論』上・下、国書刊行会、一九七八年
黒野耐『参謀本部と陸軍大学校』講談社現代新書、二〇〇四年

著者略歴

渡部 由輝（わたなべ よしき）
1941年、秋田県生まれ。東京大学工学部卒。元予備校の数学教師。数学関係の著書多数。数学教師の傍ら戦史を研究。著書に『宰相桂太郎』（光人社ＮＦ文庫）、『数学者が見た二本松戦争』（並木書房）がある。

東北人初の陸軍大将 大島久直《おおしまひさなお》

2019年 4月18日　第１刷発行

著　者
渡部《わたなべ》 由輝《よしき》

発行所
㈱芙蓉書房出版
（代表 平澤公裕）
〒113-0033東京都文京区本郷3-3-13
TEL 03-3813-4466　FAX 03-3813-4615
http://www.fuyoshobo.co.jp

印刷・製本／モリモト印刷

ISBN978-4-8295-0758-2

【芙蓉書房出版の本】

初の国産軍艦「清輝《せいき》」のヨーロッパ航海

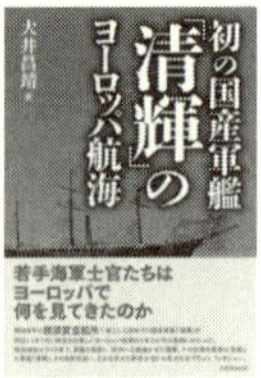

大井昌靖著　本体 1,800円

明治９年に横須賀造船所で竣工した初めての国産軍艦「清輝」が明治11年１月に横浜を出港したヨーロッパ航海は１年３か月の長期にわたった。若手士官たちが見た欧州先進国の様子がわかるノンフィクション。

◆ヨーロッパ派遣費用は現在の５億円◆イギリス領コロンボで牢獄を見学◆マルセイユでは連日200人のフランス人が艦内見学◆テムズ川を航行し大がかりな艦上レセプション◆シェルブールに入港、パリ万国博覧会見学◆コンスタンチノーブルでトルコ皇帝に謁見

知られざるシベリア抑留の悲劇

占守島の戦士たちはどこへ連れていかれたのか

長勢了治著　本体 2,000円

この暴虐を国家犯罪と言わずに何と言おうか！

飢餓、重労働、酷寒の三重苦を生き延びた日本兵の体験記、ソ連側の写真文集などを駆使して、ロシア極北マガダンの「地獄の収容所」の実態を明らかにする。

誰が一木支隊を全滅させたのか

ガダルカナル戦と大本営の迷走

関口高史著　本体 2,000円

わずか900名で１万人以上の米軍に挑み全滅したガダルカナル島奪回作戦。この無謀な作戦の責任を全て一木支隊長に押しつけたのは誰か？　従来の「定説」を覆すノンフィクション。